LE MOYEN ÂGE
POUR
QUOI FAIRE?

Régine Pernoud
Raymond Delatouche
Jean Gimpel

Le Moyen Age pour quoi faire?

Stock

Régine Pernoud

A passé son enfance et sa jeunesse à Marseille, puis à Aix-en-Provence où elle a préparé sa licence de lettres classiques avant de venir à Paris faire l'École des chartes, qui lui a révélé la richesse de ce monde médiéval auquel elle a consacré ses travaux, à commencer par sa thèse de doctorat sur l'histoire du port de Marseille au XIIIᵉ siècle.

Son premier ouvrage, *Lumière du Moyen Age* paru en 1945, lui a valu l'année suivante le prix Femina-Vacaresco de critique et d'histoire.

Intéressée surtout par l'histoire de la civilisation, a publié en 1960-1962 une *Histoire de la Bourgeoisie en France*. A orienté ensuite ses travaux sur l'étude de la femme au Moyen Age.

Conservateur aux Archives nationales où elle a notamment réorganisé le musée de l'Histoire de France, après avoir commencé sa carrière dans les musées (Reims). A fait de nombreux séjours à l'étranger, notamment aux États-Unis, au Canada, au Japon. Docteur *honoris causa* du Collège Anna-Maria de Paxton (U.S.A.) A fait partie, pendant trois ans, de la Commission d'Histoire nationale au C.N.R.S. Conseiller technique de la revue *Archéologia* à ses débuts (1965-1970). A fondé sur la suggestion d'André Malraux le Centre Jeanne-d'Arc à Orléans en 1974 : ce Centre de documentation historique rassemble sur micro-fiches tous les documents du XVᵉ siècle concernant l'héroïne (plus de 13 000 pièces ou pages de registre actuellement traitées par ordinateur) avec une bibliothèque, une photothèque, une cinémathèque.

Ses ouvrages les plus récents :

La Femme au temps des cathédrales, Stock, 1980; réédition 1984.
Les Templiers, P.U.F., 1974, rééd. 1977.
Jeanne d'Arc, P.U.F., 1981.
Le Tour de France médiéval, avec Georges Pernoud, Stock, 1982.
Le Moyen Age raconté à mes neveux, Stock, 1983.
Aliénor d'Aquitaine, Albin Michel et Livre de poche.
Héloïse et Abélard, Albin Michel.
La Reine Blanche, Albin Michel.
Christine de Pisan, Calmann-Lévy, 1982 et Livre de poche.
La Plume et le parchemin, avec Jean Vigne, Denoël, 1983.
Les Saints au Moyen Age, avec Madeleine Pernoud, Plon, 1984.
Saint Louis et le crépuscule de la féodalité, Albin Michel, 1985.

RAYMOND DELATOUCHE

Bachelier lettres, philosophie et mathématiques. Licencié en histoire; diplômé d'Études supérieures de droit public, droit romain et histoire du droit; diplômé de l'École des chartes (promotion 1929); lieutenant de réserve d'artillerie (campagnes 1939-1940 et 1944-1945).

Président-fondateur d'une coopérative agricole de vente et d'achat, administrateur du Crédit Agricole (1932). Fondateur d'une fédération de syndicats agricoles (1936). Membre de la Chambre d'agriculture de la Mayenne. Syndic départemental et régional. Ses fonctions agricoles qui ont pris fin le 31 décembre 1965, l'ont amené à s'occuper de banque, de négoce, d'exportation, de menuiserie, de laiterie, de boucherie; à fréquenter les Halles, la Bourse du Commerce... et les tribunaux. A présidé le Herd-Book jersiais de France.

Élève et fils spirituel de Roger Grand, a collaboré à son ouvrage *L'Agriculture au Moyen Age* (1950) et reçu avec lui la première médaille du Concours des Antiquités de la France (Académie des Inscriptions); élu à l'Académie d'Agriculture de France; secrétaire, puis président de la Société d'Économie et des Sciences Sociales (école de Le Play).

A l'exploitation familiale qui l'a initié à la pratique de l'agriculture et de la paysannerie traditionnelles, a adjoint une exploitation directe qu'il a menée personnellement jusqu'en 1960 sur les données de l'agriculture moderne.

JEAN GIMPEL

Né à Paris, élevé successivement en Angleterre, puis en Suisse et enfin au Lycée Louis-le-Grand à Paris.

Son père René Gimpel, d'origine alsacienne, était un ami de Monet, de Renoir et de Proust; dès 1907 à New York, il avait ouvert une galerie de tableaux. La mère de l'auteur était la dernière fille de Sir Joseph Duveen.

Publications

Les Bâtisseurs de cathédrales, Éditions du Seuil, 1958.
Réédition illustrée, 1980. En 1983, l'auteur a fondé
l'association Villard-de-Honnecourt dans le but de faire
mieux connaître ce grand architecte-ingénieur du
XIIIe siècle, le seul à avoir laissé un carnet de notes.
Contre l'Art et les Artistes ou Naissance d'une Religion,
Éditions du Seuil, 1968.
La Révolution industrielle du Moyen Age, Éditions du
Seuil, 1975.
L'auteur a édité le journal de son père, René Gimpel,
écrit entre les années 1918 et 1939 : *Journal d'un Collec-
tionneur*, Éditions Calmann-Lévy, 1963.
L'auteur s'intéresse surtout à l'histoire des techniques
et tout particulièrement aux rapports entre la technologie
du Moyen Age et la technologie moderne.
Était, en 1939, membre de la Société française d'astro-
nautique où les scientifiques discutaient des moyens de se
rendre sur la lune.
Décorations : Légion d'honneur, médaille de la Résistance, croix de guerre.
Jean Gimpel est également l'auteur de plusieurs scéna-
rios pour la TV. La mise en place du projet du Népal,
évoqué ci-après, a fait l'objet d'une émission de télévision
de 52 minutes réalisée par Jean Lallier et Monique
Tosello pour Antenne 2 : « Des maquettes au village ».
S'est également occupé d'archéologie industrielle, la
protection et conservation des monuments et machines
témoins d'une partie de notre histoire.
Nouveau livre :
Ultime rapport sur le Déclin de l'Occident, aux Éditions
Olivier Orban (1985). Ce livre est fondé sur la croyance
de Jean Gimpel que l'Histoire est cyclique et que la
fragilité du système bancaire international est
aujourd'hui une menace pour notre civilisation.

Introduction

Trois médiévistes
dans le (xxᵉ) siècle

Quand trois médiévistes se rencontrent, de quoi parlent-ils? De notre époque à nous, des gens du XXᵉ siècle.
Et, comme on le sait, les sujets de conversation ne
manquent pas. Du chômage aux sources d'énergie, de la
faim dans le monde aux pollutions atmosphériques...

Et ils font tout naturellement référence à la base de
comparaison qu'ils possèdent en commun : les temps
médiévaux dans leurs phases différentes. Car il est toujours fascinant pour l'historien de comparer entre elles les
civilisations, de rechercher les racines, de suivre les
linéaments de ce qui a pu les caractériser. Les rapprochements de ce genre ont suscité bien des réflexions, provoqué bien des analyses et amené bien des conclusions sur
les thèmes Grandeur et Décadence, ou, plus récemment,
sur les cycles de longue ou de courte durée dans la
succession des civilisations. Mais, très généralement, les
conversations prennent alors pour points d'appui l'Antiquité classique : l'Égypte, la Grèce, Rome, dont les
prestigieux souvenirs restent à la base des études dites
aussi « classiques ». Le millénaire qu'on appelle « Moyen
Age » a été jusqu'à nos jours si mal connu, si peu
pratiqué, que même le public cultivé aurait hésité à y
chercher des références : on pouvait comparer le siècle de
Louis XIV à celui de Périclès, mais il eût été beaucoup
plus compliqué de le comparer à celui de Saint Louis.

Or des points de comparaison s'imposent à l'esprit des médiévistes à propos d'une question qui est sans conteste la plus urgente de notre temps : le développement de ceux qu'on appelle « sous-développés ».

Raymond Delatouche et Jean Gimpel, ayant consacré comme moi-même une bonne part de leur existence à l'étude de cette période qu'on appelle médiévale, chacun sous des angles différents, ont rejeté depuis bien long-temps les préjugés classiques entretenus par la routine de nos programmes scolaires, et savent que la période d'apogée – les quatre siècles qui vont du Xe au début du XIVe siècle – offre un exemple convaincant de développement; et cela, en exploitant ce qu'on peut appeler les moyens du bord, sans recourir au pillage de biens étrangers, à la conquête, à l'asservissement des autres, uniquement par une complète et méthodique mise en œuvre des ressources locales.

Que ne connaît-on mieux, à notre époque, les sources du développement médiéval! Est-ce que cela ne donnerait pas l'idée de solutions à trouver pour ces foules qui meurent de faim, et parfois sous des climats qui ne sont pas plus hostiles que le nôtre, et faute de moyens techniques en notre temps de techniques de pointe.

De là à ce que naisse un ouvrage, il n'y a qu'un pas, que ces trois médiévistes ont décidé de faire simultané-ment.

Ils sont pourtant aussi dissemblables que possible. Imaginons, d'une part, un cultivateur dans la région sans doute la plus foncièrement agricole de France; au XIIIe siècle, on l'eût appelé seigneur de Soulgé, voire d'Argentré : pour son domaine, il aurait fait hommage au comte du Maine. Une allure de patriarche, mais un patriarche sans la barbe, et que nuance une originalité affirmée par le curieux calot de toile blanche dont il se couvre le chef; en été, lorsque les temps de la moisson lui ont fait un teint hâlé, on croirait quelque gourou indien entouré de toute une tribu : sa femme, ses sept enfants, ses gendres et ses belles-filles, ses amis, ses clients. Une passion l'habite : l'orgue dont les puissantes mélodies lui sont familières. Son curriculum est, par ailleurs, éloquent en ce qui concerne sa curiosité d'esprit et son inlassable activité.

Raymond Delatouche avait quitté ses terres quelque temps et c'est ainsi que nous nous sommes connus : il a eu l'idée en effet, à vingt-trois ans, de faire l'École des chartes. Un chartiste pas tout à fait comme les autres : il gardait le souci de ses champs et de ses récoltes, sa mère veuve ne suffisant pas à y veiller. Nous ne savions pas qu'il s'évadait chaque mercredi pour aller à la Bourse du commerce se renseigner sur les cours du blé. Mais nous savions ses attaches paysannes qui intriguaient les fils ou filles de professeurs ou d'intellectuels qu'étaient la plupart de nos confrères. « Comment peut-on être paysan ? »

Puis, chacun suivant son destin, les événements du milieu du siècle n'ayant guère facilité les rencontres, je n'avais plus eu de contact avec Raymond Delatouche qu'à travers sa collaboration au travail monumental et passionnant, *L'Agriculture au Moyen Age,* signé par lui et par notre commun professeur d'histoire du droit, Roger Grand. Quelques articles çà et là qui me faisaient souhaiter une synthèse de sa part. On verra dans les notes biographiques que le hobereau s'était aussi révélé pionnier et homme d'affaires.

En ce qui concerne l'agriculture en France, qui a occupé 90 % de notre population, il est seul en son domaine, seul à posséder à la fois l'irremplaçable expérience du terrien et le maniement des textes : l'érudition aussi nécessaire que le hoyau, la houe, que Roger Grand fit graver au verso de la médaille offerte à l'occasion de son entrée à l'Institut.

Or, quand les circonstances nous ont permis de nous retrouver à nouveau, nous avons découvert notre préoccupation commune : comment peut-on, en notre XXe siècle, demeurer à ce point sourd aux leçons de l'histoire ? Qu'attend-t-on pour communiquer aux peuples qui meurent de faim les recettes qui ont permis l'épanouissement de nos Xe-XIIIe siècles? On parle de lois agraires, de redistribution des terres, mais ne serait-il pas intéressant de savoir qu'entre la propriété absolue et le collectivisme, il y eut une troisième voie, que sur une même terre une multitude de gens ont pu posséder des droits qui permettaient à chacun d'en vivre, qui assuraient la sécurité, qui prévenaient les évictions, stimulaient l'esprit d'initiative et le zèle des travailleurs? Connaître ce qui fut fait dans le passé, quand se coudoyaient sur notre sol les populations hétéroclites des migrants qui s'appelaient Goths et Wisigoths, Alains et Vandales, Alamans et Burgondes. De ces migrants si nombreux qu'ils en ont fait oublier aux historiens eux-mêmes le fond de la population, ces Celtes qui se croyaient devenus romains? Ne serait-ce pas stimuler réflexions et réactions pour les immenses *latifundia* d'Amérique du Sud, par exemple? Ce qui fut accompli laborieusement ne pourrait-il pas provoquer aujourd'hui l'idée d'une autre solution, celle de notre temps? Rappeler que quelques idées simples du genre : *Que celui qui a travaillé n'aille pas perdre le fruit de son travail, que chacun récolte ce qu'il a semé* – idées aussi éloignées de l'idéologie que du légalisme – ont en fin de compte permis d'élever la cathédrale de Chartres, nous laissant le témoignage irrécusable d'une prospérité épanouie en beauté, est-ce que cela ne pourrait pas engendrer une sorte d'émulation? amener à se dire que les crises et les nécessités d'aujourd'hui devraient, elles aussi, provoquer les solutions nouvelles dans lesquelles l'intérêt élémentaire du plus humble travailleur serait la première considération, la plus essentielle, celle que les immenses moyens modernes devraient d'abord satisfaire?

Parler de la cathédrale de Chartres, c'est par une inévitable association d'idées inviter Jean Gimpel à se faire entendre. Quand on dit Chartres, on pense aux *Bâtisseurs de cathédrales,* un ouvrage traduit dans toutes les langues ou à peu près. Or, dans ce domaine d'une réflexion nourrie du suc même des temps médiévaux, appliquée au Tiers Monde, Jean Gimpel nous a tous précédés. Il est le médiéviste qui s'est promené partout, en Afrique et en Asie, au Kenya et au Népal, muni de ses inestimables maquettes.

Il est temps de présenter l'homme : un être paradoxal et bondissant, mobile, rapide, possédant, ou peu s'en faut, le don d'ubiquité, car on le retrouve un peu partout à la fois. On le croit à Londres, il est à Ménerbes; on le laisse à Paris, on le retrouve à Washington. Aussi mouvant que Raymond Delatouche est stable, enraciné, supputant les moissons là où il a fait semer. Jean Gimpel, lui, passe son existence à filer d'un continent à l'autre, mais avec une surprenante fécondité. On a dit du bourgeois qu'il est « un homme assis »; rien de commun entre Jean Gimpel et le personnage du bourgeois; personne ne l'a jamais vu assis plus d'un quart d'heure de suite. Un feu follet; mais non, ni fol, ni les dérivés du terme ne conviennent au personnage, quelque application qu'il mette parfois à se faire attribuer ces qualificatifs. Rien de fol dans ce qu'il fait, pense, réalise. Ses ouvrages sont là pour le prouver. Après *Les Bâtisseurs,* il y eut ce petit travail si profond, si riche d'expérience, *La Révolution industrielle du Moyen Age;* le domaine du médiéviste, dans lequel il a pénétré en quelque sorte par effraction, lui a très vite été familier parce qu'il a immédiatement senti que seuls comptaient les textes et, bien sûr, les monuments du temps. Par atavisme, ce sont les objets d'art qui auraient dû l'inspirer; ayant vécu depuis son enfance entouré de certains des plus beaux chefs-d'œuvre de la peinture et de la sculpture grâce à son père, René Gimpel.

Comme Jean Gimpel est étonnamment doué pour passer de la pensée à l'action, il a le premier et par avance réalisé ce que cet ouvrage voudrait démontrer : que les moyens qui ont suscité le développement de l'Europe aux Xe-XIe siècles et plus tard pourraient aider efficacement le développement des peuples d'Afrique, d'Asie et de bien des régions d'Amérique centrale ou méridionale.

Et c'est pourquoi Jean Gimpel a élaboré des maquettes,

des modèles réduits de moulins à roues verticales, à roues horizontales, des vis d'Archimède, des mécanismes propres à actionner des soufflets de forge, ou une scie, un appareil de levage, etc. Et avec ses maquettes il va sur place, de village en village... Mais n'allons pas anticiper sur ce que lui-même est mieux placé pour nous détailler.

Sa conviction, c'est qu'en maints pays le développement technologique n'a pas atteint le degré qu'avait atteint notre XIIIᵉ siècle; or il semble illusoire de faire l'économie des étapes indispensables. Le fils du paysan de la Dordogne peut aller à Toulouse faire Sup-Aéro, mais c'est parce que depuis dix siècles ses ancêtres ont su atteler leur cheval et actionner le moulin et la forge. Cette étape indispensable, elle n'a pas été ménagée aux paysans du Centre Afrique que l'avion visite quotidiennement; or on retarde le moment où eux-mêmes seront capables de piloter l'avion en ne leur fournissant pas l'occasion d'aménager leur moulin, de perfectionner leur agriculture et, ce faisant, de développer les cultures vivrières qui leur permettront d'éloigner la famine.

On sait évidemment combien d'intérêts puissants s'y opposent, chez eux et hors de chez eux; mais répandre une meilleure connaissance des conditions grâce auxquelles une population peut se développer est encore, nous en sommes persuadés, la méthode la plus efficace pour aller au-delà de ces oppositions d'intérêts et les dépasser; méthode plus efficace, l'histoire nous l'enseigne, que celle des poseurs de bombes; méthode qui demande d'ailleurs davantage d'audace, d'entêtement, et aussi de capacité de raisonnement.

Jean Gimpel acclimate en Afrique et en Asie ce que nous révèlent les Carnets de Villard de Honnecourt, – cet ingénieur-bâtisseur du XIIIᵉ siècle qui nous a légué notes et dessins, lesquels ont fait l'objet aux U.S.A. d'une édition en livre de poche et vont être prochainement publiés en France aux Éditions Stock. Il a d'ailleurs éveillé le village de Honnecourt en Picardie en lui révélant son grand homme, en suscitant la construction de la scie mécanique qui orne à présent la grand-place de ce petit bourg, très bel hommage de la population locale à cet architecte, mais un architecte dans le style de son temps, voyageur attentif, amateur de gadgets, curieux de tout, y compris de recettes médicales, et, par-dessus tout, admirable dessinateur qui au passage fait des croquis de tout ce qu'il voit de beau : la rose de la cathédrale de Lausanne, les tours de celle de Laon, une libellule, un hérisson... C'est le seul architecte de cette grande époque architecturale que fut le XIIIe siècle à nous avoir légué ses Carnets. Et il n'était que temps que cette gloire mondiale redevienne une gloire locale, celle du village qui l'a vu naître.

Mais, tout en restituant Villard à Honnecourt, Jean Gimpel ne cesse de parcourir les pays du Tiers Monde ; il est même parvenu à attirer l'attention de ceux qui, à l'adresse de ces mêmes pays, entassent interminablement rapports et dossiers. Après avoir provoqué l'ironie, puis une indulgence amusée, il retient aujourd'hui l'intérêt, voire l'admiration ; car ses méthodes révèlent son extraordinaire sens pédagogique : ses maquettes sont en effet propres à stimuler le seul développement qui compte, celui du village, de la bourgade, de la localité ; elles permettent aussitôt à l'homme de métier d'apprécier les modifications à apporter aux moulins pour qu'ils soient mieux adaptés, plus rentables. Par un surcroît d'habileté, il a fait réaliser ses petites mécaniques médiévales dans des matières modernes, plastiques, chromes, de peur qu'on ne hausse les épaules devant des matériaux trop communs ; le bois blanc rappellerait plutôt l'artisanat, les plastiques étincelants permettent de convaincre qu'il ne s'agit pas d'ancrer le bon peuple dans des pratiques ancestrales, mais au contraire de lui faire faire un pas en avant, d'accéder aux techniques d'aujourd'hui. Procédé pédagogique encore, qui fait qu'on l'écoute, qu'on examine la maquette, que le meunier comprend qu'en la reproduisant à grandeur il doublera son rendement. Jean

Gimpel pousse jusqu'au génie son aptitude à démontrer, à convaincre. Et il le fait si habilement qu'on ne se rend même pas compte que, ce faisant, il paie de sa personne et se dépense pour les autres.

Entre deux collaborateurs de cet ordre, on serait tenté de se taire. Il y aurait quelque ridicule, au sortir de trente ans et plus passés dans les archives, à vouloir suggérer des solutions applicables aux gens qui ont faim aujourd'hui dans le monde. Mais on peut tenter, d'après une telle masse de documents qui nous ont passé entre les mains, et bénéficiant de tant de travaux de nos confrères, tous plus érudits les uns que les autres, de tracer au moins l'esquisse, les « lignes de force » selon lesquelles a pu penser et agir cet « homme du Moyen Age » qui a su maîtriser les microclimats, faire disparaître l'esclavage, rendre honneur au travail manuel, à l'effort physique aussi bien qu'intellectuel, et dont le legs, après les siècles tant vantés de la Renaissance et de l'humanisme qui ont ramené l'esclavage, la conquête brutale, les génocides, nous est encore le témoin d'une si étonnante ardeur à promouvoir la beauté, la grandeur de l'homme et celle de la femme.

Régine PERNOUD.

Première Partie

Retour vers l'avenir

1

Les conditions du développement

Au moment même où cet ouvrage se trouvait en préparation, un événement a drainé l'attention générale : la nuit du rock, celle du 13 au 14 juillet 1985. « Succès mondial », a titré la presse : seize heures de concert, un milliard et demi de spectateurs à travers le monde; cent soixante pays ont pu en bénéficier. Cela, grâce à un chanteur irlandais dont il faut retenir le nom, Bob Geldof, qui a pris l'initiative de cette organisation géante, mobilisant douze satellites de télévision.

(Empressons-nous, pour être honnête, de préciser qu'en fait de rock notre ignorance est totale, et que par définition les événements musicaux comptent peu pour une archiviste, espèce prudente qui fuirait plutôt le bruit et ses dérivés tant par nécessité que par goût.)

Mais un tel événement force l'attention de l'historien, d'abord par son ampleur, ensuite à cause du motif qui l'a déclenché : l'aide aux pays de la faim, pour lesquels il a rapporté la somme fabuleuse de 50 millions de dollars.

Autant dire qu'il s'agit d'une entreprise à la mesure de notre civilisation de masse : par les chiffres que cette manifestation fait aligner, par le nombre de gens qu'elle a tenus éveillés, par l'immensité des besoins à secourir, l'énormité des moyens mis en œuvre – tout est à l'échelle de la fantastique disproportion qui coupe en deux notre monde. Or, qu'on veuille bien m'autoriser à hasarder une

affirmation : de l'humble charte de donation qui permet à
une famille de s'établir sur un terroir et lui en garantit la
jouissance, au gigantesque mouvement de la nuit de ce
14 juillet-là, c'est une même générosité. Et qui devrait
susciter un profond espoir, à la mesure, lui aussi, des
abîmes à combler.

Le monde entier aura été, le temps d'une nuit, parcouru d'un tressaillement à l'idée de ces milliers d'enfants, de femmes, d'hommes, à qui manque le pain de
chaque jour. L'inquiétude à leur égard aura, enfin, pris sa
vraie dimension. Une détresse immense, répercutée sur
des ondes qui auront ému la planète entière. Ce qu'on
savait très généralement, tout le monde a été obligé d'y
prêter attention.

Un mouvement sans lendemain? Une manière de se
donner bonne conscience? Nous ne le pensons pas [1]. Au
contraire, c'est à présent une épine enfoncée dans cette
bonne conscience généralisée qui caractérise notre civilisation. Et l'on va peut-être comprendre que ce combat
pacifique contre la faim et pour le développement éclipse
tous les autres au niveau humain, les rend secondaires,
accessoires.

---

1. Il est plutôt inquiétant que la France ait été le seul pays où cette initiative
n'ait eu qu'un faible retentissement. Plus inquiétant encore que le dimanche
des « Chanteurs sans frontières », la sympathique initiative d'Hugues Auffray,
le 13 octobre 1985, dans la même intention de secours aux populations en proie
à la famine, n'ait réuni que 20 000 personnes au lieu des 150 000 qu'on
espérait... Au fait, quelques observateurs (peu nombreux) avaient fait la
remarque une vingtaine d'années déjà auparavant : les innombrables revendications formulées en Mai 68 ne révélaient pas le moindre souci de ce qui
pouvait bien se passer en dehors de nos frontières, si ce n'est d'un point de vue
strictement idéologique.
   Faudrait-il penser que nous demeurons englués dans nos querelles mani-
chéennes de droite ou de gauche à l'heure où tant de nécessités criantes autour
de nous appelleraient un effort commun? On a souvent stigmatisé l'égoïsme du
bourgeois de 1848 qui savait que tant de prolétaires souffraient de la faim dans
les faubourgs de Paris; mais nous sommes mieux renseignés sur les affamés du
Sahel qu'il ne l'était sur ce qui se passait dans les faubourgs!
   Ou faudrait-il croire que l'intérêt du public, en France, se réduit aux rapports
du tiercé et du loto?

Priorité au monde rural

C'est peut-être l'enseignement le plus évident à tirer des deux textes qu'on lira plus loin.

Le grand oublié de notre temps : le monde de l'agriculture et de la vie paysanne, l'histoire nous enseigne qu'il a joué un rôle primordial dans le développement d'avant-hier. Raymond Delatouche montre bien le renversement qui s'est opéré depuis lors dans la considération accordée aux secteurs primaire, secondaire et tertiaire; les deux derniers ont supplanté le premier sans lequel ils n'existeraient pas. On peut se demander s'il n'est pas temps de redresser une manière de voir devenue largement anachronique devant la faim du monde. Cette préoccupation est bien loin d'avoir atteint la mentalité générale; elle ne commence pas moins à s'inscrire parmi les buts de quelques associations internationales et de certaines autorités dans les pays en voie de développement.

Au mois de janvier 1980, l'Association mondiale de prospective sociale [1] réunissait son premier congrès à Dakar pour une réflexion sur l'agriculture dans le Tiers Monde. Parmi les participants se trouvait une médiéviste, Lucie Bolens, professeur à l'université de Genève, invitée à parler de l'agronomie hispano-arabe médiévale. Son rapport, comme en général les travaux de cette médiéviste, méritent être connus de tous ceux que ces questions intéressent : soulignons qu'ils apportent une solide confirmation à ceux de Raymond Delatouche et de Jean Gimpel.

Lucie Bolens réunit une triple tradition dont elle fait avec aisance la synthèse : juive, arabe et occidentale; elle a su s'en servir pour exploiter à fond les sources auxquelles puise sa vaste et très sûre érudition. Son ouvrage, intitulé *Agronomes andalous du Moyen Age*, paru à

1. Dirigée depuis 1976 par Albert Tévoèdjré, qui fut directeur général adjoint du Bureau international du travail, elle a son siège à Genève, au palais des Nations.

Genève (Droz, 1981), rendrait de grands services à ceux que passionnent les recherches de moyens de développement; et de même les études qu'elle a publiées dans les *Annales E S C* et diverses autres revues, composant un corpus important sur les questions agricoles à l'époque féodale [1]. A les lire, on constate par exemple que l'amélioration du sol par les fumiers et composts tenait dans le travail du paysan au XIe siècle une place que ne sait lui ménager, au témoignage de Jean Gimpel, l'agriculture africaine d'aujourd'hui; que ce souci primait même sur celui de l'alternance de pluie et de sécheresse, à laquelle on attribue aujourd'hui la première importance; que l'on mettait, d'autre part, à conserver les eaux de pluie et à prévoir l'irrigation un soin et une science qui n'existent pas encore en maints pays du Tiers Monde à l'heure actuelle; enfin qu'on prenait, pour conserver les sols, des soins élémentaires : cultures en terrasses, creusement des sillons et rigoles dans un sens différent de celui des pentes de collines, négligés jusqu'à notre temps; autant de préoccupations très humbles qui auront été beaucoup plus importantes pour le paysan d'Andalousie aux temps médiévaux que ne sont aujourd'hui les déclarations les plus fracassantes de chefs d'État ou les régimes politiques instaurés à grand renfort de soulèvement et répression alternés. L'étude de Lucie Bolens sur l'usage respectif de l'araire dans les sols légers, de la charrue dans les sols lourds eût probablement évité certaines erreurs commises

---

1. Lucie BOLENS : *Agronomes andalous du Moyen Age*, Genève, Droz, 1981.
   Se reporter aussi à ses articles, en particulier :
   – « Pain quotidien et pains de disette dans l'Espagne musulmane », dans *Annales E S C*, mai-août 1980, 3-4, p. 462-475.
   – « L'eau et l'irrigation d'après les traités d'agronomie andalous au Moyen Age (XIe-XIIe s.) », dans *Options méditerranéennes*, 16, déc. 1972, p. 64-77.
   – « Engrais et protection de la fertilité dans l'agronomie hispano-arabe (XIe-XIIe s.) », dans *Études rurales*, 46, avril-juin 1972, p. 34-60 des publications de l'École pratique des hautes études, 6e s. et plusieurs autres; mais surtout :
   – *Alimentation protéinique et développement de l'enfant : l'agronomie hispano-arabe médiévale à l'appui d'une réflexion prospective sur l'agriculture dans le Tiers Monde*, publié par l'Association mondiale de prospective sociale lors de son premier congrès mondial, Dakar, 21-23 janvier 1980.

en notre temps, que souligne Jean Gimpel; et tous ces travaux mettent en valeur la prudence dans le traitement de la terre et aussi le recours incessant aux façons à main, binage à la houe, etc., dont Raymond Delatouche nous dit l'importance dans l'agronomie médiévale : « Une agronomie qui fait grand cas du retournement du sol, avec un outillage extrêmement diversifié et un investissement considérable en travail humain. L'impression reste d'une exploitation intensive de la propriété sans économie de main-d'œuvre », écrit-elle à propos du terroir andalou (ouvrage cité, p. 121); et ne serait-ce pas d'une semblable agronomie que maintes terres du Tiers Monde auraient besoin, avec de vastes populations qu'il importe avant tout de nourrir? De même relève-t-elle la pratique des cultures par rotation afin d'éviter autant que possible les années de jachère, l'apport des légumineuses pour enrichir les terres qui ont précédemment porté du blé, etc.

Signalons enfin, parmi les intérêts multiples de ses études, la terrifiante menace que Lucie Bolens nous fait toucher du doigt dans sa communication au congrès de Dakar : celle du danger que la malnutrition de la mère et de l'enfant fait peser sur l'avenir de toute une portion de l'humanité : « L'effet sur l'enfant d'un régime insuffisant en protéines pendant les onze premières semaines de vie montre une apathie qui produit une soumission à tout contrôle, une baisse généralisée de l'attention, des capacités d'observation, du tonus, de l'activité sexuelle, par rapport à une norme établie suivant des critères physiques et sociologiques. De même sont atténués les réflexes d'expressivité faciale, d'exploration à l'égard de l'environnement et de mobilité. Par contre l'émotivité devient exacerbée jusqu'à l'anorexie nerveuse. » (Page 10 de son rapport.) Cela après avoir fait remarquer que la sous-nutrition de la mère « retarde la croissance fœtale et... réduit le poids à la naissance et spécialement le développement du cerveau ».

Autrement dit : ces mères, ces enfants sous-alimentés

annoncent pour l'avenir une génération d'êtres quelque
peu demeurés dont l'esprit d'initiative serait de plus en
plus réduit, tandis qu'augmenterait leur émotivité. C'est
assez dire que le sort même de l'humanité dépend de la
possibilité pour des populations entières de se nourrir
normalement aujourd'hui. Or les mêmes études constatent, et c'est un corollaire important, que le remède le
plus simple est encore l'existence du jardin familial, qui
pourrait être irrigué et périodiquement enrichi grâce à des
techniques dont on devrait à présent disposer presque
partout.

Depuis longtemps du reste les organisations internationales ont mis en valeur semblable nécessité, sans parvenir
pourtant à se faire toujours écouter. L'accent était mis par
la F.A.O. sur la nécessité d'accroître la production
vivrière et de promouvoir le développement rural en
1982, et le tout était exposé de façon très claire dans le
rapport publié l'année suivante sur l'alimentation mondiale par cette organisation. Mais dans le même temps on
assistait dans certaines parties du monde à l'interdiction
du lopin individuel, dans d'autres à l'éviction de paysans,
cela tantôt au nom d'une idéologie qui ignore l'homme,
tantôt à cause de « nécessités commerciales » qui le
sacrifient au gain de quelques-uns.

La double culture

L'époque féodale nous offre l'exemple d'un monde
rural civilisateur, dans lequel le terme culture a eu
pleinement son double sens. L'extrême sagacité du président Léopold Sédar Senghor avait fait porter l'effort
principal sur le budget de la culture au Sénégal, avec des
résultats aujourd'hui reconnus. Mais il resterait beaucoup
à faire pour qu'un effort culturel soit partout répandu
dans les populations agricoles à développer, afin de
réaliser ce qui n'a pas été fait dans la France des XVIIᵉ et
XVIIIᵉ siècles. Et, comme le dit encore Lucie Bolens, il

devrait s'agir d'une « culture vraie, non simpliste »; nous voulons dire une culture équivalente, en notre temps, à celle qui a fait surgir partout des clochers à l'époque romane, jusque dans ces coins de campagne ou de montagne qu'on qualifie de « reculés » à l'époque actuelle. Sous quelle forme? Elle ne peut qu'être infiniment variée, mais un tel témoignage de culture, évidemment différent dans le village de l'Inde et dans celui du Centre Afrique, devrait affirmer, pour les générations du XXIe siècle, une prospérité enfin conquise. Le monde rural aux immenses ressources pourrait tenir un rôle équivalent à celui que jouèrent dans le passé les campagnes de France. A l'heure actuelle, quand on parcourt des zones aujourd'hui arides et inhabitées de notre haute Provence, on retrouve des traces de villages entiers, de monastères, de chapelles, en des coins complètement délaissés, même par les amateurs de résidences secondaires. L'effort qu'il avait fallu pour les faire surgir n'a pu être supérieur à celui que pourraient fournir les techniques de notre temps. Mais cela suppose qu'on ne néglige pas les étapes intermédiaires dont Jean Gimpel nous dit l'importance : de la technologie douce à la technologie avancée, de façon à ce que la population sur place puisse maîtriser et apprendre à entretenir les acquisitions, des plus humbles aux plus sophistiquées. Peut-être pourrait-on entrevoir alors une « domestication » de l'environnement semblable à celle qui permit à l'homme de s'installer et de vivre dans des régions qu'on jugerait aujourd'hui trop ingrates pour lui.

Vivre ou vendre

L'effort le plus important ne consiste-t-il pas à modifier la mentalité générale? L'agronomie aux temps féodaux a pour programme : « vivre »; notre agriculture, elle, s'est vu imposer comme but premier : « vendre ». Moyennant quoi les temps féodaux ont inventé et mis en place

l'économie de marché, dans sa forme originelle et contrô-
lée, alors que les objectifs purement commerciaux aboutissent à des saccages de fruits, de légumes, d'animaux et
finalement de l'environnement lui-même. Le changement
indispensable de mentalité se trouve parfaitement illustré
par les palabres auxquelles on se livre aujourd'hui sur la
question des pluies acides qui détruisent les forêts; or elle
se résume en fait à savoir si le sacrifice d'une forêt vaut
celui de la vitesse – celle-ci dépendant, nous dit-on, de la
proportion de plomb que contient l'essence des moteurs,
générateurs de l'acidité des pluies. Et il est réconfortant
de voir la jeunesse opter pour la forêt, alors que les
puissants intérêts commerciaux en jeu prolongent, en
France et dans plusieurs contrées européennes, les pluies
acides. Aurait-on quelque jour imaginé que la pluie,
l'élément bienfaisant s'il en fut pour l'agriculture,
devienne une menace? Reste qu'il serait temps de sauver
un capital forestier que nous ne pouvons même plus
entretenir et que les incendies d'été ravagent désormais
autant que les pluies d'hiver, simplement parce que nous
n'y faisons plus pâturer le bétail qui dans la forêt féodale
dévorait le taillis.

Que de leçons à tirer des équilibres que l'on savait
autrefois assurer pour le bénéfice général de la population! Que de notions simples seraient à réinventer! Entre
autres : rendre au commerce sa fonction, celle d'un
service, qui devrait rester moins rémunérateur que la
production de biens nouveaux.

Lorsqu'on voit à quelles tracasseries administratives se
heurtent toutes les initiatives susceptibles d'amener à des
contacts plus sains entre vendeurs et acheteurs, et quelle
course d'obstacles (en papiers, mais efficaces!) il leur faut
accomplir, que ce soit dans le domaine des transports
aériens – songeons à telle compagnie de Mulhouse – ou
celui des circuits commerciaux en général – songeons à tel
« épicier de Landerneau » qui aura révolutionné les conditions du commerce, mais non sans risques ni périls! –
on mesure mieux la dégradation du marché depuis

l'époque où l'acheteur privé avait le pas sur le revendeur. Et l'on peut avec fruit comparer la « transparence » du marché concurrentiel tel qu'il devrait être avec les conditions actuelles de fixation du prix des denrées provenant des pays dit « en développement ». Car les prix de ces matières premières indispensables et qui jouent un tel rôle dans l'économie des pays « développés » ne sont jamais fixés par les pays producteurs, mais invariablement par des puissances boursières qu'on ne voit jamais, « qui ne paraissent jamais à une table de négociations » (nous citons ici Albert Tévoèdjré [1]) et qui font subir aux autres, à ceux qui produisent, les « lois invisibles » d'un marché tout-puissant.

Il resterait à signaler qu'aux temps féodaux toute publicité était interdite. Thème inépuisable de réflexion. Les Français de notre temps, des sondages en tout genre nous l'affirment, sont très contents de la publicité. Et ne se rendent même pas compte que sur tout produit qu'ils achètent il leur faut payer le prix de la publicité. Tout Français, il faut le croire, a quelque chose de Georges Dandin. Reconnaissons que s'ils acceptent ainsi d'être dupés par la publicité, c'est signe que celle-ci a largement gagné la partie.

A propos d'une porte fermée

L'hôtel de Soubise, qui abrite aujourd'hui les Archives nationales à Paris, 60, rue des Francs-Bourgeois, est un de nos plus magnifiques ensembles du XVIIIᵉ siècle-. Lorsqu'on y pénètre, on est impressionné par la majesté sans raideur de la façade et par l'ample harmonie de la cour qui la précède.

Or il y a un détail que les visiteurs ne remarquent pas forcément : sur la gauche, lorsqu'on se place au centre de la cour, devant la façade, une vaste porte cochère se

1. Exposé fait au Meeting pour l'amitié entre les peuples, Rimini, 29 août 1985.

devine sous la colonnade; elle est rigoureusement fermée.

Pourquoi cette vaste porte, alors que le portail d'entrée
s'ouvre dans une architecture en demi-lune, quelques
mètres plus loin, sur la rue des Francs-Bourgeois?

Parce qu'il y avait là une rue, la ruelle de la Roche, et
que quand Delamair, l'architecte du prince de Soubise,
décida de construire le long de cette ruelle la façade de
l'hôtel, il dut bon gré mal gré respecter la voie de passage
qu'elle constituait pour les habitants du quartier désireux
de se rendre de la rue du Chaume (aujourd'hui rue des
Archives) à la rue Vieille-du-Temple. Lorsqu'on se place
dans l'axe de la porte fermée, on voit se dessiner cette rue
absolument droite, encore que, côté Vieille-du-Temple,
elle ait été bloquée par un mur.

Cette porte est demeurée ouverte. Du moins jusqu'à la
Révolution. La servitude qu'elle constituait devait être
fort gênante pour les princes de Soubise, avec les passages
de piétons et de cavaliers le long de la majestueuse façade
principale et des trois marches de leur perron : la porte
n'en fut pas moins ouverte chaque matin (on la fermait le
soir) jusqu'en 1789 [1].

Il fallut la Révolution pour que les gens fussent privés
de l'accès direct que constituait la ruelle de la Roche et
obligés de contourner par la droite ou par la gauche les
vastes bâtiments de l'hôtel. Celui-ci n'appartenait plus
aux Soubise; il appartenait à l'État.

Moyennant la fiction qui l'identifie avec le peuple,
l'État seul a pu s'octroyer le pouvoir de fermer la porte,
une fois pour toutes.

Menu fait de vie quotidienne, mais combien significatif! A lui seul, si l'on y réfléchit, il permet d'apprécier les
contenus respectifs de la loi et de la coutume, de la
propriété et de l'usage, de l'État moderne face aux

---

1. Voir *Les Archives nationales. Notes sur les bâtiments*, par J.-P. BABELON,
Paris, 1953, p. 34.

pouvoirs féodaux. Ce dernier terme, qui dans le langage courant est aujourd'hui synonyme d'oppression et d'absolutisme, a marqué au contraire les temps où aucun pouvoir n'était absolu, où n'existait pas de seigneurie sans contrôle d'une autre seigneurie, et où le roi lui-même n'était qu'un seigneur parmi d'autres seigneurs.

Une fois de plus, il faut dissiper un malentendu. C'est à l'époque de la Révolution que le terme « féodal » a pris cette acception qui en fait le synonyme de tyrannique, absolu; on ira par la suite jusqu'à assimiler féodalité à trust, puissances d'argent, etc. Ce qui prouve qu'en sept cents ans un terme peut évoluer jusqu'au contraire de sa signification première.

Féodalité vient de fief, étymologiquement *feodum;* et le terme fief désigne un droit. A l'École des chartes, ce n'était pas sans ahurissement qu'avec mes confrères de première année, j'entendais le maître très regretté Alain de Boüard nous dire : « On appelle fief aussi bien le morceau de pain et de fromage auquel tout mendiant a droit lorsqu'il se présente à la porte d'un monastère... »

Et le terme de *féodalité* englobe à l'époque *féodale* (X\u1d49-XIII\u1d49 siècle) l'ensemble des rapports personnels qui s'établissent sur un domaine entre seigneurs et vassaux, et jusqu'aux serfs, là où le servage aura subsisté, réglant leurs obligations qui se caractérisent par leur réciprocité : fidélité-protection, sécurité-redevances, etc.

Ajoutons qu'au moment où nous le saisissons, le fait signalé n'est plus qu'une survivance, car au XVIII\u1d49 siècle on se trouve très loin des temps féodaux et en pleine monarchie absolue. Mais cette survivance est bien l'image de toutes celles qui avaient subsisté tant bien que mal sous l'Ancien Régime et à laquelle la Révolution seule aura mis fin.

Ce qui s'y opposait auparavant, c'était la force de la coutume. Nous avons quelque mal à comprendre cela en notre temps où tout est loi et institution. La coutume, c'est un ensemble d'usages que le temps a consacrés. Usages souvent particuliers à une région, à une ethnie, voire à une famille. La coutume part de l'expérience et suppose une transmission généralement acceptée. Le cas typique d'une application de la coutume, aux temps féodaux, c'est le cultivateur qui s'installe sur une terre en friche et qui y demeure pendant la période traditionnelle, « an et jour », qui va du labour à la moisson : si personne durant ce laps de temps n'a trouvé à redire à cette occupation du sol et n'a pu arguer d'un droit antérieur, ce cultivateur restera maître des lieux et ses enfants après lui.

On le voit, la coutume émane de la « base », comme disent les syndicalistes. Le propre de la loi, au contraire, c'est d'émaner d'un pouvoir central, d'en être même l'expression et l'instrument. Aussi bien n'a-t-elle pas cours à l'époque féodale dans laquelle l'État centralisé n'existe plus. Le roi lui-même n'est pas un souverain, mais un simple suzerain que ses pairs ont élu à l'origine pour qu'il soit entre eux l'arbitre, et pour tous le garant de la coutume du lieu; mais on ne le voit pas faire des lois; tout au plus peut-il émettre des ordonnances en ce qui concerne son domaine propre, celui dont il est le seigneur.

C'est assez dire que la loi, expression d'une volonté souveraine – que ce soit au demeurant celle d'un homme ou d'une assemblée d'hommes –, est l'instrument privilégié de toute idéologie, laquelle est incompatible avec la coutume, née de l'expérience.

Ce sont là notions assez simples, mais qui ne sont pas familières à tous les historiens, voire à tous les médiévistes; d'où certaines incompréhensions de la part de ceux qui n'ont pas pratiqué l'histoire du droit privé, ni apprécié le fossé qui sépare la loi de la coutume : deux mondes différents en toute réalité. Nous avions eu entre les mains, il y a une trentaine d'années déjà, l'étude d'un historien devenu très connu par la suite, qui s'attachait à l'histoire de l'enfant et de la famille; il le faisait d'après des sources fort intéressantes : miniatures, gravures, imageries diverses, mais sans la moindre référence à l'histoire du droit; or, si l'abondance des représentations figurées, descriptives, à partir du XVIe siècle, lui permettait de tirer des conclusions approchant la vérité, la période féodale, pour laquelle n'existe en fait de famille que la Sainte Famille, en fait de personnes que celles de l'hagiographie – en ce qui concerne la représentation figurée –, l'amenait à des réflexions péniblement inexactes. Que n'avait-il pris la précaution de se renseigner sur nos anciennes coutumes familiales, qui lui auraient appris, par exemple, que, tout au moins pour les familles roturières, dans la France féodale, une fille était majeure à douze ans, un garçon à quatorze ans.

Disons à sa décharge que ces coutumes sont fort mal connues : elles ne commencent à être mises par écrit qu'à l'extrême fin du XIIIe siècle, et il y en a bien peu qui soient à l'heure actuelle accessibles aux lecteurs non avertis; la plupart de celles qu'on trouve dans les grands recueils, dits Coutumiers, au XVIIe siècle, sont très déformées et déjà largement teintées de ce droit romain dont les légistes étaient imprégnés.

La méthode historique élaborée au XIXe siècle, dont l'excellence n'est pas à démontrer, s'appuie sur des textes. Or la coutume est, par définition, orale; elle se transmet de bouche à oreille, et le lieu privilégié de cette transmission n'est autre que la famille, le village avec les assemblées communales, la paroisse avec les assemblées paroissiales. Autant dire qu'elle nous échappe pour une bonne part. Les spécialistes de l'histoire du droit, en France et surtout en Belgique, où les coutumes ne se sont effacées que tardivement devant l'influence du Code civil, s'emploient à combler ces lacunes, mais leurs travaux, généralement remarquables, n'ont guère pénétré le public même cultivé.

Ce n'est pas sans quelque étonnement qu'en notre époque où l'expression orale reprend une importance insoupçonnable il y a un demi-siècle seulement, on apprend que l'Afrique noire francophone, par exemple, a largement utilisé le *Journal officiel* pour construire son

appareil d'État et organiser son autonomie sur le modèle
de l'État moderne. On peut se demander si, en pensant au
monde de demain, il n'eût pas été indiqué d'emprunter
aux Africains leur sens de la tradition, si vivante, nous
dit-on, dans la plupart des régions de l'Afrique noire en
leur extrême diversité. Se doter d'une administration et
d'une armée a pu être un désir très légitime, certes; il
n'est pas certain que ce soit la voie la meilleure pour
affronter la civilisation de demain tout en conservant son
identité. Précisons que le sens de la tradition ne peut être
confondu tout uniment avec le « maintien des traditions », et qu'en tous ordres d'idées, du politique au
religieux, une tradition n'est vivante qu'autant qu'elle
peut accueillir la nouveauté pour l'accepter ou la rejeter
après essai. « La tradition, c'est la jeune pousse », disait
Henri Matisse dont on ne peut nier qu'il sut porter un
regard neuf sur les gens et les choses.

Reconnaissons qu'en dépit de ce qu'elle peut avoir
d'incertain, voire d'arbitraire, la force de la coutume
convenait étonnamment à un pays tel que le nôtre, dans
la diversité de ses régions et de ses microclimats. Nous
l'avons remplacée par la loi, expression de l'État centralisé, qu'il soit représenté par un monarque ou par une
assemblée; cet État tout-puissant s'est donné un Code qui
a fixé avec force le destin des personnes, ou plutôt des
individus. N'est-ce pas Taine qui disait de ce Code qu'il
semblait fait « pour un enfant trouvé mort célibataire »?
Et on ne saurait mieux le caractériser. Il est amusant de
confronter sa remarque avec le phénomène de société que
l'on constate aujourd'hui : la recherche passionnée de
leurs racines à laquelle se livrent tant de familles françaises et qui fait surgir d'innombrables vocations de généa-
logistes, jusqu'à surmener les services d'archives et susciter revues, associations, cours de paléographie même.
Peut-être les Français commencent-ils à en avoir assez
d'être traités en « enfants trouvés ».

Toujours est-il que, face à la fixité du Code dont on
espérait, non sans quelque présomption, qu'il établirait

pour toujours une série de lignes de conduites fixes et immuables, la vie qui vient a obligé d'y introduire une multitude de correctifs – toujours sous forme de lois émanant du pouvoir central, dotées donc au départ du même privilège d'immutabilité et d'universalité, avec à la racine ce même optimisme quelque peu infantile selon lequel on croit avoir tout changé quand on a changé la loi. Le phénomène s'est reproduit tout récemment avec une vraie pléthore de lois, dictées souvent par des intentions fort louables, généralement aussi par des idéologies dont on ne se rend même pas compte qu'elles datent de quelque cent cinquante ans ou davantage et ont été dictées par des situations de crises auxquelles le Code, justement, empêchait de porter remède; ce fut le cas, en France surtout, au moment de la révolution industrielle.

Au service de l'État centralisé, l'Administration non moins centralisée date, elle aussi, du début du XIXe siècle. Avec les caractères du temps, c'est-à-dire qu'elle rassemble une armée de fonctionnaires anonymes, inamovibles et irresponsables, sauf à subir le contrecoup de volontés d'ordre politique; cela selon une hiérarchie qui, elle, remonte souvent au-delà même de la Révolution : ainsi du tableau d'avancement, à l'ancienneté ou au choix, dont le principe est dû à Colbert.

Le système couvre la France entière, mais il est intégralement urbain, né en ville, mis en place et surveillé par des organismes émanant du pouvoir central, et donc de Paris. Encore, sous l'Ancien Régime, le curé, les notables du village gardaient un certain rôle dans la répartition des tailles, levées par un État déjà largement centralisé.

Exposée à toutes les manipulations, l'Administration n'en est pas moins synonyme de routine, d'inertie. On aura parlé périodiquement de la moderniser, mais c'est toujours avec le même fameux sourire des augures se rencontrant entre eux. Dans ses grandes lignes, elle remonte à Napoléon; en deux siècles on a ajouté une multitude de tiroirs pour répondre hâtivement aux nécessités les plus criantes, mais dans son ensemble le meuble est resté ce qu'il était.

On ne modernise pas une commode de style Empire, même en installant des ordinateurs dans ses profondeurs. Mais peut-être serait-il temps de la mettre à sa place : au musée.

Nous avons sous les yeux, en notre fin du XXe siècle, l'image d'un pays entièrement sous l'emprise d'une administration toute-puissante. C'est celui des queues interminables, de l'armée omniprésente, du goulag aux dimensions sans cesse croissantes, prêt à absorber toute individualité un peu originale; c'est aussi celui qui a réussi ce tour de force de transformer l'Ukraine, le pays à la terre noire qui donnait deux récoltes par an et fournissait ses blés à l'Europe entière, en un sol poussiéreux et desséché. Entre agriculture et administration il y a antinomie, irréductible.

La chapelle interdite

Mais beaucoup plus près de nous, à portée de vue des plus myopes, une multitude de petits faits pourraient être cités. Nous nous bornerons à un seul auquel nous avons été personnellement mêlée.

Cette touffe de verdure qu'on apercevait de loin, près de bâtiments de ferme assez anonymes, c'était « la Chapelle ». Si l'on avait la curiosité de s'en approcher on découvrait que, sous la véritable forêt qui la dissimulait aux regards (des amandiers avaient poussé jusque sur le toit), la Chapelle était une superbe construction qui pouvait dater du début du XIIIe siècle, mais de facture encore romane; visiblement une église élevée par les hospitaliers, spécimen à peu près unique d'architecture militaire, abandonnée depuis l'époque des guerres de religion dont les assauts l'avaient laissée à peu près intacte, avec ses trois chapelles absidales ouvrant sur une nef dont la voûte est lancée à onze mètres de haut.

Un cri d'alarme devant l'état de la Chapelle avait d'abord été poussé par Gilbert Tournier, ex-directeur adjoint de la Compagnie du Rhône, qui, passant par hasard dans la région, avait été frappé à la fois par la beauté de l'édifice et le « vandalisme agricole » dont elle était l'objet : servant de grenier à foin et de poulailler, on avait pratiqué une brèche dans l'un des murs pour que les poules puissent plus facilement entrer et sortir, tandis que des clapiers s'accrochaient au même mur et que l'on entassait à la saison les bottes de foin sous les voûtes en tiers-point, retombant sur de très curieux chapiteaux sculptés.

Après avoir, non sans peine, constitué un comité local, on se mit en devoir de rechercher des fonds que la municipalité (la Chapelle est située sur le territoire d'une commune qui ne compte pas cinq cents habitants) n'était évidemment pas en mesure de fournir. La Sauvegarde de l'art français, association privée dont l'action silencieuse est extrêmement féconde, montra une grande générosité en fournissant 150 000 francs, puis encore 50 000 pour la restauration de la Chapelle, ce qui permettait d'obtenir les fonds du département et de l'État comme il est de règle en pareil cas.

L'administration compétente n'utilisa cette subvention qu'au bout de trois ans pour la première tranche, de deux ans pour la seconde... Les travaux (dégagement, rejointoiement des pierres de l'appareil, dont chaque coup de mistral menaçait l'équilibre dans la partie supérieure, aménagement des toits, couverture enfin) ont été menés avec une lenteur, une pauvreté de moyens que les fermiers sur place appréciaient narquoisement : « Ça coûtera trois fois son prix ! » Mais, la Chapelle ayant été classée, il fallait en passer par l'administration, ce qui signifiait : lenteur obligatoire et entreprise privilégiée dont les chantiers dispersés sur toute la région n'étaient par la force des choses que vaguement approvisionnés et plus vaguement encore surveillés.

La ténacité du petit comité local de sauvegarde, comportant le maire en exercice, celui des exercices précédents, une institutrice, un entrepreneur en maçonnerie, un agent des Eaux et Forêts et d'autres, cultivateurs, bouchère, épicière, etc. – bref des habitants du cru – en est cependant venue à bout : tous se sont passionnés en découvrant que leur terroir contenait un trésor, un chef-d'œuvre de notre architecture médiévale jusque-là ignoré.

Le tout a été effectué sans que le propriétaire de la ferme et du domaine sur lequel s'élève la Chapelle ait eu un centime à débourser.

Cependant, la couverture terminée, lorsque le comité demande à ce propriétaire d'autoriser un jour de visite hebdomadaire pour la Chapelle désormais rendue à elle-même, il refuse. Défense aussi de poser le moindre panneau de signalisation permettant aux touristes, qui commencent à découvrir la région, d'aller voir la Chapelle. Motif : ce propriétaire, qui habite en ville et ne passe que de rares week-ends à la campagne avec sa famille, n'entend pas « être dérangé ». Épisodiquement il reproche aux restaurateurs de n'avoir pas reconstruit ses clapiers ! Il semble bien qu'il n'ait jamais levé son regard qu'à la hauteur des clapiers.

Or, le propriétaire est dans son droit : celui que lui octroie le Code civil.

Et cela nous amène à une autre question : celle de la propriété en France, telle que le Code la garantit et que l'administration la protège.

Notre conception de la propriété est calquée sur le modèle romain : « inviolable et sacrée », elle est exclusivement à l'usage de l'individu, qui ne rencontre de limitation que de la part de l'État, de la puissance publique ; celle-ci se révèle, entre autres, à la mort du propriétaire, obligeant au partage qui démembre le fonds et confisquant au passage environ la moitié (les trois quarts s'il s'agit d'héritiers indirects) de sa valeur.

Par ailleurs, ce type de propriété n'admet aucune servitude. C'est la porte fermée des Archives nationales.

Favorable à ceux qui détiennent des biens meubles, argent, titres, etc., ce type de propriété aura été funeste à nos campagnes. Historiquement il a été conçu par « les gens de la ville », et ce sont eux qui ont ramené les prescriptions du droit romain dans nos mœurs et nos usages.

La République libre de Counozouls

Nous avons évoqué ailleurs (*Histoire de la bourgeoisie*, t. II) l'histoire de la « République libre de Counozouls » qui, en notre XXe siècle, illustre de façon saisissante deux conceptions de la propriété, celle du Code et celle qui remonte aux temps féodaux. Rappelons succinctement que les La Rochefoucauld, seigneurs de la région forestière où se trouve la commune de Counozouls (Aude), avaient à travers les temps, et en dépit du Code forestier qui est d'une extrême sévérité sur ce point, laissé subsister les droits d'usages qui avaient été concédés à titre perpétuel à Counozouls comme partout ailleurs aux temps féodaux, et qui assurent la prospérité, l'aisance même de cette petite commune par rapport à celles qui l'entourent : ses habitants peuvent en effet pratiquer des coupes dans les bois, utiliser le matériau de construction et de chauffage, etc., et ce n'est qu'au moment où un industriel acheta leurs biens aux La Rochefoucauld qu'on s'aperçut que les gens de Counozouls vivaient encore « en plein Moyen Age ». Le nouveau propriétaire s'empressa de placer des gardes forestiers et de multiplier les panneaux d'interdiction, appelant les gendarmes à la rescousse; sur quoi Counozouls se déclara « république libre » et, ayant pris la précaution d'acheter quelques fusils sous prétexte de chasse aux sangliers, interdit à quiconque l'accès de son terroir. L'affaire fit quelque bruit à l'époque et ne se termina pas de sitôt, car les gens de la commune auxquels le nouveau propriétaire faisait procès sur procès furent assez avisés pour envoyer l'un des leurs faire son droit à Toulouse. Il est réconfortant de penser que finalement leur ténacité a gagné la partie et que l'industriel dut capituler devant la force paysanne.

Ce sont là quelques illustrations, à la fois de l'inertie inhérente à toute administration centralisée et du pouvoir absolu que la conception romaine confère au propriétaire. On la voit en action sous d'autres latitudes lorsqu'on assiste à des évictions de paysans afin de consacrer d'immenses étendues à une monoculture mécanisée, sans plus de souci du droit des gens.

Mais le sort de ce même paysan n'est pas mieux assuré ni plus enviable, il serait temps de le reconnaître, dans un régime collectiviste qui lui retire la jouissance de ce qu'il a semé et moissonné et qui dispose pour cela de la force militaire, baptisée « armée du peuple ».

A l'époque féodale, on avait su trouver une troisième voie entre propriété absolue et collectivisme intégral. Le domaine sur lequel le paysan est assuré de pouvoir vivre et se perpétuer reste néanmoins sous l'autorité d'un seigneur qui le conservera comme son « fief » pour peu qu'il respecte les coutumes établies, c'est-à-dire les droits des gens qui y vivent.

En notre temps, divers pays réclament ou esquissent des « lois agraires »; non sans motif d'ailleurs. Mais redistribuer sans plus des terres aux paysans, c'est ne voir, selon l'expression de Raymond Delatouche, que le « court terme ». Sur le domaine féodal, proche de « celui qui tient la bêche » et soumis aussi bien à l'obligation d'y résider, le seigneur, lui, peut prévoir les aménagements d'ensemble : régler le cours des eaux, prévenir les abus ou les négligences qui amènent la déforestation ou l'épuisement des terres, installer ici un four et là un moulin, être présent enfin aux années de disette, de mauvaises récoltes, de catastrophes naturelles, et ouvrir alors ses réserves aux petites gens; cela, en connaissance de cause. L'aide de l'État, nous le savons, a été trop souvent une ruine pour le pays, une prime aux plus habiles, beaucoup plus qu'aux sinistrés; elle ne profite réellement qu'aux fonctionnaires qu'il emploie; si bien intentionnés soient-ils, ceux-ci ne peuvent avoir l'irremplaçable expérience de celui qui, pour l'avoir souvent parcouru, connaissait à fond les ressources de son domaine.

Lucien Febvre le faisait énergiquement remarquer : « Un fief n'est pas une terre, mais un ensemble de droits. » Raymond Delatouche analyse à la fois la manière dont les fiefs se sont constitués et en quoi consistaient ces ensembles de droits grâce auxquels personne ne pouvait se dire totalement propriétaire d'une terre; et de son étude aussi il ressort qu'au XIe siècle ce n'est plus la propriété qui importe, mais bien l'usage. Être assuré de pouvoir cultiver tel champ, de pouvoir faire paître son troupeau dans telle prairie ou telle forêt, une année après l'autre, moyennant un part de récolte dont il est toujours plus facile aux paysans de s'acquitter que de débourser l'argent de l'impôt. N'y aurait-il pas quelque leçon, pour notre XXe siècle, dans ce « cisaillement », comme il le qualifie, de la propriété, dans cette idée simple que, sur une même terre, plusieurs personnes peuvent exercer des droits différents? Pour nous qui ne connaissons que les solutions politiques, n'y aurait-il pas, ici ou là, des solutions foncières à envisager?

Méditation sur les abbayes doubles

L'abbaye de Faremoutiers devrait être un lieu de pèlerinage pour tous ceux qui s'intéressent au développement, quelles que soient d'ailleurs leurs convictions personnelles.

Il est impossible, en effet, après avoir lu le chapitre de Jean Gimpel, de rester insensible à ce qu'il nous dit de la situation de la femme dans le Tiers Monde. L'histoire de Fanta Keïta, le spectacle de cet univers où les travaux les plus durs sont accomplis par des femmes, et, exception confirmant la règle, le statut de la femme en pays bambara, autant d'expériences qu'il nous fait partager, rendant vivants et proches des faits bien connus, certes, mais que nous avons quelque mal à imaginer pourtant.

Faremoutiers est une abbaye fondée vers l'an 620 par sainte Fare, dont le nom complet était Burgondofara; tout enfant elle avait été remarquée par saint Colomban au début du long périple qui allait amener celui-ci à installer des monastères comme à la volée, dans les Vosges, en Suisse, en Italie. Décidée à se consacrer à Dieu, Fare, non sans difficultés, avait obtenu de son père qu'il lui fît don d'une partie de ses domaines sur la belle colline située entre le Grand Morin et l'Aubetin; c'est là, dans ce coin de Brie alors désert, qu'elle-même et ses compagnes allaient passer leur vie dans la prière.

La vie de sainte Fare et de son monastère nous est connue non seulement par la *Vie de saint Colomban,* mais aussi par le testament même de l'abbesse. Dans les textes on l'appelle *mater monasterii,* mère du monastère.

On aurait pu dire : des monastères; car la fondation de Fare présente pour nous une grande originalité; c'est en effet un monastère double. Rien ne reste aujourd'hui des divers bâtiments qu'il a dû comporter; à peine des caves voûtées du XIIIe siècle et l'église du XIIe, d'ailleurs largement remaniée à la Renaissance. Faremoutiers, détruite à la Révolution, n'est redevenue qu'assez récemment une abbaye de bénédictines.

Au VIIe siècle, les bâtiments devaient comprendre une ou peut-être plusieurs églises, car volontiers on multipliait alors les oratoires; et certainement aussi deux bâtiments nettement distincts, l'un pour les moines, l'autre pour les moniales. La présence de moines, ou en tout cas de prêtres, était évidemment indispensable pour ce monastère situé dans un lieu inhabité, pratiquement désert; d'ailleurs le premier prieur de la communauté fut l'un des frères de Fare nommé Chagnoald qui fut ensuite évêque de Laon, tandis qu'un autre de ses frères allait être évêque de Meaux.

Le service sacerdotal était indispensable pour les reli-

gieuses; mais, non moins, la présence d'hommes auxquels étaient dévolus les gros travaux : labourer, semer,
moissonner, couper les branches et charrier les bûches;
c'était le travail des moines; éventuellement il leur
incombait aussi de défendre les religieuses contre les
bandes de pillards et de rôdeurs qui pouvaient être tentés
de s'emparer de leurs biens.

Double nécessité donc, à laquelle répondent ces doubles monastères : l'une d'ordre tout à fait matériel en un
temps où l'on ne peut compter pour vivre que sur les
produits de la terre, l'autre d'ordre spirituel et liturgique.
Les premières fondations de ce genre avaient vu le jour
en Irlande sur l'initiative de sainte Brigitte de Kildare.
Mais ce qui pour nous devient tout à fait étonnant, c'est
que sainte Fare ait été la *mater,* la mère, l'abbesse; elle et
non son frère ou les prieurs qui s'y sont succédé. Dans ce
genre de fondation, le magistère appartient à une femme,
et c'est entre les mains de l'abbesse que les moines font
profession.

Or ces monastères doubles ont été très nombreux dans
la chrétienté des VIIe-VIIIe siècles, aussi bien en France
qu'en Angleterre. Ils sont d'ailleurs très mal connus
encore et on ne peut guère citer à leur propos que l'étude
faite par la marquise de Maillé dans son ouvrage *Les
Cryptes de Jouarre* (Picard, 1971). Les plus connus sont
ceux de Remiremont, Jouarre, Laon, Soissons, Pavilly;
en Belgique Nivelles, Andenne; en Angleterre Whitby,
Ely, etc., et l'on peut noter qu'il y en eut un à Honne-
court-sur-Escaut où, 600 ans plus tard, devait naître
Villard de Honnecourt que nous verrons évoqué plus loin
dans cet ouvrage; on connaît le nom de la deuxième
abbesse du lieu, sainte Valérie.

La répartition des tâches entre moines et moniales
donne une haute idée de ce qu'a pu être le rôle de la
femme dans notre passé, notamment en cette époque
d'épanouissement que furent les VIIe-VIIIe siècles, puis de
nouveau aux temps féodaux, Xe-XIIIe siècle. Le changement profond qui avait alors pénétré la mentalité géné-

rale se manifestait sur deux points également remarquables. D'une part, le travail physique, celui du paysan, qui avait été autrefois la tâche de l'esclave, était à présent celui du moine que chacun révérait; et, loin d'être des ignorants, les moines sont alors, à l'exemple de Colomban, des gens savants, lettrés, souvent des poètes; les monastères qu'ils fondent ne comportent pas de frères convers; ce sont les moines eux-mêmes qui font les travaux manuels, défrichent la forêt, soignent le bétail. D'autre part, ces hommes sont appelés, dans le cas des monastères doubles, à faire profession entre les mains d'une femme : situation exactement à l'inverse de ce qu'on a vu aux temps classiques et jusqu'à nos jours où, dans la plupart des couvents d'hommes, quelques religieuses se trouvaient chargées des besognes domestiques, nettoyage, cuisine, raccommodage, etc.

Le tout indique assez par quelles variations est passé le statut de la femme; on pourrait tracer une courbe qui, partie de la ligne zéro qui est celle de l'Antiquité, atteindrait au VIIᵉ siècle, en Occident, un sommet qu'elle retrouvera au XIIᵉ – les temps carolingiens voient une éclipse de son influence, encore que passagère; la courbe commence à devenir descendante au XIVᵉ siècle et retrouvera le point zéro au début du XIXᵉ avec le code Napoléon.

Semblable courbe n'est d'ailleurs valable que pour l'Occident chrétien. Lucie Bolens donne dans son ouvrage sur les agronomes andalous une citation bien significative; elle indique qu'un texte de Pline décrit la terre « labourée après les premières pluies par une charrue attelée à un âne d'un côté, à une femme de l'autre. Notons au passage, ajoute-t-elle, que ce mode d'attelage pratiqué en Numidie romaine n'a donc pas été introduit pas les Arabes » (p. 18). Reconnaissons qu'il a été pratiqué pendant des siècles et qu'il l'est probablement encore ici et là. Semblable trait fait toucher les points extrêmes entre lesquels a pu évoluer la situation de la femme; cette évolution est plus ou moins parallèle avec celle de l'esclavage, puisque, on le sait, celui-ci, d'une part, a toujours existé en pays musulmans, et, de l'autre, a reparu dans toute sa rigueur au XVIe siècle dans les colonies d'Amérique. Et il est bon de noter qu'on attribue à une femme, la reine Bathilde, vers l'an 650, l'interdiction des derniers marchés d'esclaves qui subsistaient encore dans son royaume de Neustrie.

Si l'esclavage est aujourd'hui interdit, en principe en tout cas, il semble qu'il y ait beaucoup à faire pour amener la situation respective de l'homme et de la femme à l'équilibre qui a caractérisé notre civilisation féodale. Car les droits que la femme exerce alors, en tant que telle, la rendent pratiquement autonome. Les deux partenaires jouissent de droits et de devoirs très différenciés qui font d'eux des égaux, bien que très dissemblables.

La tendance aujourd'hui en Occident serait de confondre « égal » et « semblable », de nier contre toute évidence des différences essentielles, de ne concevoir l'égalité que dans la similitude, ce qui relève d'un raisonnement assez sommaire auquel les faits apportent un démenti constant. Une publicité qui paraissait assez souvent à la télévision dans les années 82-83 montrait une jeune femme et un jeune homme arrivant ensemble au bout d'une même course d'obstacles, cela pour appuyer les revendications de « travail égal, salaire égal »; image particulièrement mal choisie, car dans certaines catégories de sport, aux jeux Olympiques, aucune femme n'obtiendrait la moindre médaille si elle participait aux mêmes épreuves que les hommes; publicité mensongère donc.

La femme donne « prix et valeur »

Les critères étaient tout différents à l'époque féodale. Dans la société seigneuriale de ce temps, le pouvoir est confié à la femme aussi bien qu'à l'homme, que ce soit au château, dans la famille, sur les biens personnels et, nous l'avons vu, jusque dans les abbayes. Une femme pouvait être reine, elle portait couronne aussi bien que le roi, et c'est à propos d'une impératrice qu'a été employé à plusieurs reprises le terme « co-régner » ; elle pouvait être seigneur ou plutôt dame, *domina;* abbesse avec autorité sur des moines. Ce n'est qu'au moment où la société prend une allure militaire, disons même « impérialiste », que s'efface l'influence de la femme qui ne s'exercera plus que dans l'alcôve ou dans la coulisse. Nous avons ailleurs évoqué cette évolution [1]. La situation de la femme dans le Tiers Monde lui donne une singulière actualité. Verra-t-on la fin de cette sorte d'esclavage, ou en tout cas de sujétion, fondée somme toute sur des rapports de force tout élémentaires ? Et, pour commencer, les associations européennes ou nord-américaines comprendront-elles que c'est aux femmes qu'elles doivent s'adresser si elles veulent connaître les besoins réels de ceux qu'elles viennent assister, et donc orienter correctement leur action ?

Dans son testament, l'abbesse qui a fondé Faremoutiers lègue au couvent deux moulins qui lui viennent en propre de sa famille ; et il y est question aussi de la vie menée au monastère : pain quotidien, parole qui édifie au sens étymologique, les deux auront été largement distribués dans ces abbayes où moines et moniales observent un régime sévère, ne faisant qu'un repas par jour, jeûnant deux fois la semaine, se réunissant à l'église trois fois par jour, trois fois par nuit, pratiquant le travail manuel et aussi la lecture et la méditation de l'Écriture sainte. Or, ces monastères deviennent rapidement des centres culturels qui dispensent l'éducation aux populations du lieu, tout comme ils donnent pain et abri aux nécessiteux. Certains monastères auront ainsi un rayonnement intense qui culminera avec la fondation de Fontevraud au début du XIIᵉ siècle. Reto Bezzola n'hésite pas à lui attribuer une influence décisive dans l'épanouissement de la lyrique courtoise.

1. *La Femme au temps des Cathédrales,* Ed. Stock.

Dans la poésie qui fleurit en latin, en langue d'oc, puis en langue d'oïl, aux XIIᵉ et XIIIᵉ siècles, les rapports entre l'homme et la femme tels qu'ils étaient dans la poésie classique de l'Antiquité ont été totalement transcendés : le poète est alors subjugué par celle à laquelle il s'adresse; son bonheur, sa vie même dépendent d'elle; toute femme est pour lui une suzeraine; calquant son attitude sur celle du vassal devant le seigneur, il se met en quelque sorte sous sa protection, lui apportant sa fidélité, son service. On parle du service d'amour comme du service féodal. Selon la mentalité du temps, que nous expose si clairement André Le Chapelain, on considère que toute la grandeur de l'homme vient de la femme : « Les hommes ne sont rien; ils sont incapables de boire à la source du bien s'ils ne sont pas mus par les femmes... Parce que tout le bien que font les êtres vivants est fait par l'amour des femmes, pour être loués par elles..., sans lesquelles rien n'est fait dans cette vie qui soit digne d'éloge. » La femme seule donne « prix et valeur » à son partenaire.

La femme, aux temps féodaux, est soucieuse de préserver son identité. Aussi bien les critères féminins sont-ils à l'honneur : il en résulte affinement des manières, adoucissement des mœurs, une estime renouvelée de toute culture; et c'est ainsi qu'on assiste à la naissance du roman. En un mot elle inspire tout ce qu'évoque le terme *courtoisie* tel qu'on l'entendait alors.

Ainsi se trouve établi un sain équilibre, celui que détruisent les rapports de force; à ne considérer que la force, il est évident que la femme, quels que soient ses efforts, et quelles que soient les exceptions confirmant une règle aussi vieille que le monde, sera toujours en position d'infériorité. C'est précisément lorsque les rapports de force sont transcendés que peut s'établir un équilibre supérieur. On doit reprendre ici le mot d'Aragon disant ou à peu près qu'on juge du degré d'une civilisation à sa façon de considérer le problème de la femme.

Mais notre époque semble encore bien loin de cet

équilibre supérieur. Ne serait-ce pas ce qui manque le plus à notre société? C'est en tout cas ce qui semble manquer le plus à la plupart des sociétés dans le Tiers Monde. Cela, même dans des pays de haute et ancienne civilisation. Nous ne sommes pas près d'oublier l'éclat de rire de ce jeune Hindou – d'ailleurs diplômé d'une université américaine – en entendant une femme déclarer qu'elle était « très fière d'être femme » : il avait cru à une boutade, un trait d'humour!

Reconsidérer le statut de la femme serait probablement la tâche la plus urgente pour notre civilisation; mais de toute évidence la réforme devrait commencer par l'Occident.

Constatons, en effet, qu'en Occident la femme avait été écartée définitivement (du moins le croyait-on!), par le Code civil, de toute activité dans la politique et dans l'économie notamment. Tous ses efforts jusqu'ici ont consisté à se faire admettre dans une société masculine jusque dans le moindre détail; et ce qui est grave, c'est qu'elle en semble aujourd'hui satisfaite. Or, il est évident que la tâche pour elle ne fait que commencer. Il y a bien loin du bulletin de vote à ce « retournement » que l'on constate dès le VIIᵉ siècle dans l'entourage de sainte Fare et dans la répartition des tâches au monastère de Faremoutiers.

On a le sentiment que le rôle immense que la femme devrait jouer pour que notre civilisation mérite le qualificatif de « développée » est à peine esquissé : plus encore, que son avenir est retardé par cette phase d'autosatisfaction que traverse la femme, tout heureuse d'être « habillée en homme ». L'admiration inconsciente que cela suppose à l'endroit d'une société masculine, il serait temps qu'elle cède la place à toute une série de transformations que notre époque exige et pour laquelle c'est peut-être l'exemple du Tiers Monde qui devient pour nous éloquent.

Un fait illustre la situation présente : au mois de juillet 1985 a eu lieu à Nairobi un congrès rassemblant une dizaine de milliers de femmes de tous pays et de toutes races. Peut-on dire que l'événement ait fait grand bruit dans la presse ou à la télévision? Il fallait y être spécialement attentif pour découvrir les quelques colonnes dans les journaux, les rares minutes au petit écran, qui lui ont été consacrées. Nous ne manquons pas pourtant de femmes – journalistes dont la plupart s'acquittent remarquablement de leurs fonctions. Que ne se sont-elles davantage attachées à l'événement?

Cette rencontre de Nairobi marquait le dixième anniversaire de l'Année de la femme, proclamée en 1975. Les comptes rendus qu'on pouvait glaner ici ou là ne permettaient guère de dresser un bilan des résultats acquis entre-temps. Ceux qu'on entrevoit, en dehors du port généralisé du pantalon, sont, il faut le souligner, plutôt maigres : quelques femmes guettant des postes de ministre ou exigeant de paraître sur des listes électorales, comme on le voit aujourd'hui en France, serait-ce réellement ce qu'on peut attendre des femmes de l'an 2000? Et vont-elles s'en contenter?

La situation de la femme du Tiers Monde est comme le verre grossissant qui peut permettre aux femmes de la planète entière de savoir où doit porter leur effort et comment jouer leur rôle. Ici la situation est inversée : à nous, Occidentales, de voir et de comprendre. L'état de sujétion dans lequel sont encore en maints pays les femmes chargées des plus dures besognes de la vie quotidienne, ou encore les principes qui les contraignent aux plus durs travaux ou à des horaires démentiels, sous prétexte d'égalité avec les hommes, n'apportent ni solution ni équilibre; ce qu'on peut en déduire c'est que, si proche dans l'Antiquité de la situation de l'esclave, celle de la femme ne s'est pas améliorée dans la même proportion puisque, en tant de régions sur notre planète, elle reste sujette et exploitée, sans en excepter notre Occident où l'utilisation de son image par les agences de publicité est abêtissante et devrait lui être intolérable.

On peut souhaiter que beaucoup de femmes entrent

dans les associations internationales chargées de pourvoir
à l'alimentation et au développement des plus défavori-
sés. On peut souhaiter que ces femmes aient le souci de
s'adresser d'abord aux femmes dans le Tiers Monde; on
peut citer l'exemple de celles, déjà nombreuses il est vrai,
qui, sur place, ont compris que « la femme est l'avenir de
l'homme » – c'est-à-dire de l'humanité. On peut souhaiter
qu'ainsi elles arrivent à faire prévaloir dans le Tiers
Monde, mais aussi dans le nôtre, ce qui devrait être pour
toutes les femmes autant de droits absolus : avoir la haute
main sur tout ce qui concerne la dévolution et la
répartition des biens. La femme est plus douée que son
partenaire pour transmettre et répartir; ses réflexes sont
moins souvent que ceux de l'homme dictés par l'ambition et l'égoïsme (le terme « égotisme » serait d'ailleurs
plus exact); encore que plus impulsive et beaucoup plus
influençable à certains égards, elle sait, elle sent néanmoins ce qui peut être nécessaire à la vie de chacun; et ses
réflexes en ce sens sont plus sûrs que les décisions que
prendra l'administrateur dans son bureau.

Le monde masculin dans lequel nous vivons a construit une civilisation urbaine; curieusement on peut
constater, et cela dès les temps féodaux, que la femme a
été moins facilement admise et que son pouvoir a été
moins effectif dans la ville qu'à la campagne au XIIᵉ
siècle, alors que la femme aussi bien que l'homme est
admise à voter dans les assemblées de villes comme de
villages (on vote alors par « feu », par « foyer », et le foyer
peut être représenté par la femme aussi bien que par
l'homme), il se trouve qu'on a fort peu d'exemples
d'échevins, de consuls, de maires qui soient des femmes
aux XIIᵉ et XIIIᵉ siècles : le contraire de ce qui se passe
dans les campagnes où le nombre de grandes et de petites
suzeraines, de dames exerçant le pouvoir, est pour nous
tout à fait étonnant. S'appuyant sur cet exemple, on peut
se demander ce qu'une vraie promotion de la femme
amènerait dans le monde si elle se manifestait pour
commencer dans les populations rurales largement majo-

ritaires du Tiers Monde; si la femme y prenait sa
véritable place, quel exemple pour les pays d'Occident!
Qui sait si elles ne parviendraient pas à arracher les
hommes à ces dominantes actuelles que sont la politique,
le militarisme, voire le terrorisme! Si elle exigeait de
détenir localement la gestion économique à tous les
niveaux, qu'adviendrait-il? On ne peut moins faire que
de rappeler ici les pages prophétiques de Nicolas Ber-
diaeff – écrites il y a plus d'un demi-siècle, en 1927 : « Ce
qui caractérisera aussi, me semble-t-il, le nouveau Moyen
Age, c'est que la femme y jouera un grand rôle. La culture
exclusivement masculine a été épuisée, minée par la
guerre mondiale. Or, dans ces dernières années de grandes épreuves, la femme s'est mise à jouer un rôle considérable,
elle s'est élevée à de hauts sommets. La femme est plus liée que
l'homme à l'âme du monde, aux premières forces élémen-
tales, et c'est à travers la femme que l'homme communie avec
elles. La culture masculine est trop rationaliste, elle s'est trop
éloignée des mystères immédiats de la vie cosmique : elle y
retourne à travers la femme. »

Plus encore serions-nous guidées par les femmes du
Tiers Monde dans les efforts qui nous restent à faire en ce
domaine de l'éducation pour lequel il faudra bien reconnaître quelque jour la compétence des femmes. Confiée
en Europe à l'État tout-puissant dans la plupart des
nations, l'éducation, reconnaissons-le, n'aboutit pas à des
résultats convaincants. Dans le passé proche, l'école
publique a eu, certes, des mérites justement vantés; elle a
su aussi, comme jadis à Rome ou à Sparte, persuader les
jeunes d'aller se faire tuer en rangs serrés; et ne serait-ce
pas en ce domaine du civisme et de l'obéissance militaire
qu'elle aura le mieux réussi, jusqu'au moment – et nous y
sommes – où la méfiance s'est installée et, avec une
logique qu'on ne saurait leur reprocher, les jeunes ont
préféré user de leur agressivité pour se satisfaire eux-
mêmes, d'autant plus qu'on leur enseignait dans le même
temps qu'il était parfaitement sain de satisfaire ses ins-
tincts, sans plus d'égards pour le prochain; et cependant,

du haut de son autorité et des profondeurs de ses bureaux
d'administration, l'État poursuivait, imperturbablement,
une réforme de l'enseignement qui aura largement occupé
les quatre ou cinq générations de notre XXᵉ siècle.

Peut-être les femmes du Tiers Monde sauront-elles
nous convaincre qu'il y a plus important dans une
éducation que le programme du baccalauréat. Peut-être
les échanges seront-ils fructueux sur l'attention qu'on doit
apporter à la petite enfance, sur l'importance du tissu
familial, de l'entourage, dont la présence est vitale dans
les premières années de la vie. Peut-être les horaires et les
rythmes scolaires seront-ils modifiés de façon à être
adaptés aux possibilités de l'enfance plutôt qu'à la distance entre la ville et la résidence secondaire. Quels que
soient les impératifs des statistiques de chômage, il est
malsain de contraindre à demeurer assis sur des bancs
d'école les jeunes qui, de douze à quinze ans, n'ont
qu'une envie : agir, bouger, pénétrer le monde des adultes ; la plupart d'entre eux du moins ; l'apprentissage a
autrefois résolu le problème : ne serait-il pas urgent de
trouver les solutions adaptées à notre temps comme à
leur âge ?

Pour l'ensemble des questions d'éducation enfin, assis-
terait-on quelque jour à une entente entre les femmes de
tous les pays pour exiger des enseignants, par-delà minis-
tres et administration, et à travers la variété de ce qui
convient à chaque peuple, qu'ils aident l'enfant à aimer
l'ouvrage bien fini, en quelque domaine que ce soit, de la
figure en pâte à modeler aux mathématiques supérieures ;
qu'ils apprennent non seulement les gestes, mais l'attention nécessaire, mais aussi la persévérance, la vigilance
quotidienne, celle qui assure l'entretien, la mise en état
puis la surveillance pour le maintien en bon état ?
D'abord parce que c'est une condition essentielle de tout
bonheur et de toute réussite que d'aimer le travail bien
fait. Ensuite parce que nous abordons une civilisation qui
ne pardonnera pas le laisser-aller, l'à-peu-près ; songeons
seulement au rôle que vont y jouer l'électronique et les

micro-éléments. Et il n'y a aucune raison de penser que tel garçon, telle fille nés dans la brousse n'auront pas quelque jour à piloter un appareil grand transporteur, et qu'une multitude de vies humaines pourra dépendre du soin avec lequel les portes auront été bouclées ou l'altitude respectée.

Et cela nous ramène au tailleur de pierre, sculptant avec le même soin, la même perfection dans le détail, le chapiteau bien en évidence ou l'envers de la clef de voûte que personne ne verra jamais.

2

Un pays surgit de terre

La première question, la plus générale, celle aussi qui peut donner lieu à contestation, parce qu'elle va contre des idées reçues et fortement ancrées, c'est celle du développement considéré durant la période que nous appelons « médiévale ».

Disons-le, il s'agit surtout de ce malentendu que nous avons eu déjà l'occasion de dénoncer, dû à l'emploi du terme « Moyen Age » pour désigner tout un millénaire, celui qui va du Ve au XVe siècle. Si l'on acceptait de réduire le « Moyen Age » à cette époque de transition que furent les XIVe-XVe siècles, le malentendu disparaîtrait, car il s'agit bien alors d'un temps « moyen », intermédiaire, qui fut peut-être l'époque la plus catastrophique de l'histoire de l'Occident, avec ses famines, – celle de 1315-1317, en particulier, touchant l'Europe entière –, ses épidémies – la peste noire de 1348 et ses multiples retours offensifs –, et les guerres qui ont dévasté surtout la France.

Mais on oublie l'âge féodal qui a précédé (l' « heureux temps de Saint Louis », disait-on par la suite) – approximativement de la seconde moitié du Xe siècle à la fin du XIIIe, qui fut un âge de grande prospérité et d'un développement incontestable, celui où l'on a bâti non seulement les cathédrales, mais surtout les innombrables clochers de nos villages; où, plus profondément, a été modelé le paysage de la France, et même celui de l'Occident.

Reste que, pour le public dans son ensemble, le « Moyen Age » est une époque de sous-développement ; c'est même par excellence l'*époque* de sous-développement. Nous nous étions quelque temps amusée à dénoncer l'évident paradoxe sous la forme d'un slogan publicitaire : « Le Moyen Age : la seule époque de sous-développement pendant laquelle on ait bâti des cathédrales ! »

Le fait est qu'on reconnaît aujourd'hui, très généralement, la beauté, la grandeur des témoins de l'architecture médiévale ; inutile de chercher à convaincre les foules qui se pressent désormais à Sénanque ou à Sainte-Foy de Conques. Les progrès sont immenses touchant la connaissance d'un monde qui semblait étranger et réservé aux seuls spécialistes de l'archéologie voici une vingtaine d'années. « Le Moyen Age est à la mode », dit-on. C'est vrai. Il suffit pour s'en convaincre de constater le nombre de romans ou œuvres historiques « à succès », comme disent amèrement ceux qui courent après semblable succès sans jamais l'attraper : il s'agit toujours ou presque, d'ouvrages consacrés à l'époque médiévale. Ou encore, et cela nous convainc mieux du caractère très général, voire populaire, de cet engouement pour le Moyen Age, il suffit de jeter un coup d'œil sur la liste impressionnante de festivals, colloques ou rencontres en tous genres, et de relever la place qu'y tiennent livres, musique ou fêtes médiévales. Il y a tout juste quinze ans aujourd'hui, lors de l'exposition de Saint Louis de 1970, nous avions cherché à organiser quelques concerts dans les fameuses cuisines du palais de la Cité à Paris ; et nous n'avions qu'à grand-peine détecté un ensemble de comédiens et de musiciens, tandis qu'à présent le choix est vaste entre groupes, chorales, mouvements divers axés sur le théâtre, la danse, la musique de ce temps qui va de Venance Fortunat à Guillaume de Machault. Quant aux monuments médiévaux, chacun sait aujourd'hui que du Mont-Saint-Michel aux Baux-de-Provence, ils sont parmi les plus fréquentés par les touristes.

Quand le bâtiment va...

Sur un point pourtant un progrès reste à faire : établir le rapprochement qui s'impose, tant du point de vue de la science historique que du simple bon sens, entre cette efflorescence artistique dont témoigne le passé médiéval et le développement qu'elle suppose. Apprécier la lyrique courtoisie tout en continuant à croire qu'elle émane de gens ignares, les cathédrales en imaginant qu'elles furent bâties par une population sous-alimentée, les châteaux et les villes tout en supposant une pauvreté généralisée, cela ne devrait pas résister à une heure de réflexion. « Quand le bâtiment va, tout va », dit la sagesse des nations.

Les conclusions que devrait en tirer le grand public, il n'y a pas très longtemps que les érudits, en France du moins, ont osé les exprimer. Encore a-t-il fallu un historien américain, Roberto S. Lopez, pour avoir le courage d'énoncer ce que chacun pourrait déduire du simple relevé géographique des villes et communes datant des XIe-XIIIe siècles, ou du nombre de clochers de village élevés en ces mêmes siècles, témoins irrécusables d'une prospérité répandue sur l'ensemble de l'Occident. Mais la force des idées reçues est telle que l'on préfère répéter les vieilles formules magistrales plutôt que de se fier au bon sens éclairé par l'expérience. N'a-t-il pas fallu un Paul Murray Kendall pour nous révéler le Louis XI de l'histoire, tandis que l'image de ce même Louis XI dans les manuels d'histoire était plus proche de Walter Scott que de la documentation fournie par nos archives?

C'est ce que nous expose Raymond Delatouche : une nouvelle vision de cette époque s'impose désormais, riche de clartés sur l'évolution de notre passé, riche d'enseignements sur le monde actuel.

Son étude, bourrée de références à des faits concrets, explore le passé médiéval en restituant une atmosphère laborieuse, vigilante et pleine d'ingéniosité; les savants américains, Lynn White entre autres, avaient mis en

valeur la « mentalité technique » des Xe-XIIIe siècles en
particulier. Cette sorte d'acharnement à faire rendre à la
terre ce qu'elle peut produire, en veillant à ne jamais
l'épuiser, à ménager les ressources de demain dans la
récolte d'aujourd'hui, cette attention aux besoins des
petites gens – dont les possédants ne peuvent d'ailleurs se
passer –, cette capacité surtout à transformer en biens
culturels le « produit net », le surplus des années de
bonne récolte, tout cela compose un paysage que d'au-
cuns trouveront idyllique, et qui l'est en effet. Comme est
sublime le Mont-Saint-Michel, comme les volumes de
l'abbaye du Thoronet ou les lignes de la flèche de
Chartres nous paraissent atteindre la perfection! Si l'on
veut bien garder à l'esprit ce que suffit à établir le simple
bon sens : que ni les misères, ni les injustices, ni les
catastrophes inhérentes à la condition humaine en toute
époque et en toute existence n'ont été pour autant
éliminées, il faut bien constater que cette pierre amoureusement travaillée a été extraite d'un sol qui ne fut pas
moins amoureusement labouré, aménagé, réparti, surveillé. On ne peut lire ces pages sans évoquer en contrepartie
quelques-unes de ces images que la télévision, avec une
impudeur qui frise la naïveté, nous montre chaque été :
des tonnes de fruits, pommes, tomates, raisins ou autres,
jetées à la voierie ou dans une décharge, arrosées de
mazout pour les rendre inconsommables ou encore les
lamentations périodiques devant la « marée blanche » des
excédents laitiers, ou ces stocks de viande, de vin, de
beurre et ces silos de blé emmagasiné sans but, sans
objet.

Nous ne voulons pas empiéter sur son étude, qui
accumule patiemment les détails concrets tirés des documents d'archives et d'une profonde expérience de la vie
rurale sous ses diverses formes, et laissons au lecteur le
soin d'apprécier à travers les pages si denses qui vont
suivre, les moyens qui ont amené les temps féodaux à une
prospérité que ne faisait aucunement prévoir la fin du IXe
et le début du Xe siècle – époque de terreur qui va du siège

de Paris par les Normands en 886, à l'expulsion des
« Sarrasins » destructeurs de monastères et fauteurs de
prises d'otages en 972. Raymond Delatouche nous dévoile, chiffres à l'appui, les éléments de cette prospérité et les
conditions dans lesquelles elle s'est affermie et manifes-
tée : les structures féodales, le régime du travail et celui de
la propriété, les inventions originales et souvent pleines
de hardiesse qui ont assuré une saine répartition de la
population ; un régime dans lequel le non-possédant peut
encore trouver pleinement sa place, le soin enfin des
déshérités, de ceux qui ne peuvent se suffire à eux-
mêmes ; avec pour finir les créations du temps : l'économie de marché, l'expansion des villes exactement contemporaine de celle des châteaux – en bref toute une
activité née d'un sage empirisme, hors de toute théorie
préétablie, imprégnée en revanche d'un respect de
l'homme et de son environnement dont nous pouvons
aujourd'hui apprécier la nécessité.

Quels bâtisseurs?

Et ceci explique cela : nous voulons dire qu'il serait
totalement illogique de supposer des cathédrales jaillis-
sant sur des sols en friche dans des campagnes désertiques
et peuplées d'individus sous-alimentés. On s'étonne toujours de la facilité avec laquelle notre époque, qui se croit
rationnelle et cartésienne, accepte les paradoxes les plus
flagrants, pourvu qu'ils soient doctement rédigés par des
auteurs de manuels d'histoire ou signés quelquefois par
des universitaires ferrés dans leur spécialité, mais souvent
étrangers, par exemple, à la pratique de l'histoire du droit
privé, capitale cependant pour la connaissance des
mœurs ; en revanche, on les trouve généralement fort
perméables aux lieux communs sur lesquels a été enseignée l'histoire depuis quatre siècles et fort influençables
aussi par les autorités régnantes, celles qui ont voix au
chapitre et dont dépendront les thèses et les réussites aux

examens. Plus d'une fois nous aurons constaté avec
surprise chez tel agrégé d'histoire l'incapacité à distinguer
entre la loi et la coutume, par exemple, ou encore à
apprécier tout ce qui sépare le roi féodal du monarque
absolu.

La contradiction est pourtant évidente entre le paysan
qu'on suppose muni pour tout outillage d'un « bâton
fouisseur » et les petites églises de paroisse qui parsèment
tout notre territoire – à l'exception des Landes et de la
Crau, mais sans excepter les monts d'Auvergne où le
seigle pousse, à défaut du blé, dès le VIe siècle, ce qui
stupéfiait le grand historien de l'agriculture Marc Bloch.
L'église de pierre ou en tout cas construite dans le
matériau du pays, donc par la population de l'endroit, et
dont on admire, partout où il a subsisté, l'ornement taillé,
sculpté ou peint, sans parler de l'admirable et savant
équilibre des formes et des volumes, postule une population qui n'a pu être misérable, qui a eu d'autres soucis
que le pain quotidien, le besoin immédiat, la nourriture
et l'habitat, un jour après l'autre. Comme il s'agit d'une
époque où cette population est rurale, répétons-le, à 90 %,
il faut que le sol qu'elle cultive ait été assez généreux pour
qu'une aisance au moins relative lui ait permis le repos
hebdomadaire, et avec lui la possibilité d'un regard
éclairé par « autre chose », et non esclave de nécessités
économiques implacables.

Deux objections viennent à l'esprit. D'abord l'image
inoubliable tracée par La Bruyère : « ... certains animaux
farouches, des mâles et des femelles, répandus par la
campagne, noirs, livides et tout brûlés du soleil, attachés
à la terre qu'ils fouillent et qu'ils remuent avec une
opiniâtreté invincible... » L'idée que nous nous faisons
généralement du progrès nous amène irrésistiblement à
penser que si l'on décrit ainsi le paysan en 1689, la
description de la paysannerie devrait être cinq fois plus
noire, cinq siècles auparavant; nous reprenons ici la
boutade de Lewis Mumford, le fameux historien des
techniques, qui remarquait que nous sommes portés à

croire que si les rues de nos villes étaient sales au XIXᵉ siècle, elles avaient dû être six cents fois plus sales, six cents ans auparavant.

La réalité de l'histoire n'a que faire de lois simplistes, même dictées par des exigences mathématiques. L'étude de Raymond Delatouche, suivant pas à pas, pourrait-on dire, l'ordre des temps, nous montre comment la situation du paysan aux temps classiques a considérablement régressé par rapport à celle des temps féodaux. Inutile d'insister sur une question qui a fait l'objet d'excellents travaux auxquels il suffit de renvoyer le lecteur. Signalons entre autres la magistrale *Histoire des croquants* d'Yves-Marie Bercé (Paris-Genève, Droz, 1974, 2 vol. in-8º) qui montre d'ailleurs comment les paysans en révolte se méfient avant tout des gens des villes et, loin de s'attaquer aux châteaux, les regardent plutôt comme leur protection naturelle; il souligne aussi comment « après 1660 les grandes révoltes finissent dans le sang ». Et la plupart des historiens ont été conscients de ce qu'il y avait à l'époque de la Révolution une question paysanne, alors que la question ouvrière ne devait se poser qu'une cinquantaine d'années plus tard.

Par ailleurs – et c'est la seconde objection –, on ne manquera pas de nous faire remarquer que des palais d'une richesse éblouissante ont pu être élevés dans des pays où la population était misérable; et c'est vrai : il suffit d'évoquer dans les Indes ces temples, ces mosquées, dont les ors et les splendeurs émerveillent les touristes, alors que des foules faméliques s'entassent dans les bidonvilles. Mais ces constructions fastueuses ont été élevées pour la satisfaction de quelques nababs, magnats, voire hauts-commissaires de leur gouvernement, marquant le goût du prestige et le désir de gloire. Rien à voir avec le clocher, merveille d'harmonie architecturale, qui se dresse au centre d'un village modeste ou au sommet d'une colline aujourd'hui désertée. Là c'est vraiment l'expression spontanée de la vie spirituelle d'un peuple qui a pu manifester son sens du beau avec les moyens dont il disposait; il a bien fallu que ces moyens aient dépassé le strict indispensable; si le paysan avait été sans cesse au bord de la famine, si pieux fût-il, il n'aurait pu témoigner de sa foi sous cette forme, simple mais non simpliste. Et c'est peut-être parce que, dans la France romane, on ne trouve rien de semblable aux fastueux monuments de Lucknow ou de Khajuraho, qu'en revanche tous les villages y ont un clocher; encore faut-il tenir compte des vingt mille églises détruites en tout ou en partie au XVIe siècle, et à peu près autant à la Révolution. On pourrait d'ailleurs observer que des disproportions du même genre existent dans notre monde à nous : les très grosses fortunes ne se rencontrent-elles pas, immanquablement, dans les pays très pauvres? Armateurs grecs, transporteurs chiliens, commerçants du Brésil, d'Argentine ou de Colombie disposent d'énormes richesses au milieu de peuples dont le niveau de vie défie toute comparaison avec celui des Occidentaux.

Reste qu'on entendait encore, il n'y a pas si longtemps, des assertions simplistes : les cathédrales gothiques, par exemple, ne pouvaient avoir été bâties que par des esclaves, comme les pyramides, ou par de pauvres hères « corvéables à merci ». Mais nos archives recèlent trop de rôles de paiement d'ouvriers libres et salariés pour laisser la moindre place à une telle hypothèse. Elle pouvait venir à l'esprit des gens aux XIXe et XXe siècles, lorsque, même si l'on avait aboli l'esclavage (ce qui fut fait, on le sait, en 1848 pour ce qui concerne les possessions françaises outre-mer), on avait conservé le travail forcé, la corvée : c'est-à-dire que les masses de main-d'œuvre transplantées, par exemple pour la construction du barrage du haut Niger, n'étaient pas payées et devaient être nourries par leurs familles pendant tout le temps de ce travail. Le travail forcé dans les territoires d'outre-mer n'a été aboli qu'en 1946 (loi du 5 avril 1946) par le général de Gaulle. On peut se demander si l'on en célébrera le 40e anniversaire comme on a célébré celui du Débarquement. Quoi qu'il en soit, n'était-ce pas pour « se dédouaner » inconsciemment qu'on le croyait partout pratiqué durant l'époque féodale?

Élevés par des travailleurs libres et salariés, châteaux dans les campagnes, remparts dans les villes, églises partout attestent une prospérité générale provenant avant tout du travail de la terre, d'une ingénieuse et méthodique exploitation de ses ressources. C'est ce que nous exposent les pages qu'on va lire.

Régine PERNOUD.

Deuxième Partie

Le Moyen Age,
un modèle
de développement

1

Le développement médiéval

Les économistes se soucient peu de l'histoire autre que
contemporaine. La science économique, elle, est assez
étrangère à la plupart des historiens. Aussi la notion de
développement n'a-t-elle fait qu'une entrée tardive dans
l'étude du Moyen Age.

Elle semble y avoir été introduite par un professeur à
Yale University, Roberto Sabbatino Lopez. Il présente
ainsi sa *Révolution commerciale du Moyen Age* [1] : « L'objet de ce livre est de montrer un aspect peu habituel de
l'Europe médiévale : ni les cathédrales, ni les châteaux,
mais les villes ceintes de murailles et la campagne qui
furent la scène d'une révolution commerciale entre le
X^e et le XIVe siècle. *Là, pour la première fois dans l'histoire, une société sous-développée réussit à se développer
elle-même, principalement par ses propres moyens.*

« Une telle affirmation peut naturellement être contes-
tée. On rétorquera que les hommes n'ont cessé de se
développer depuis qu'ils se sont différenciés des singes ;
que le néolithique présente une accélération marquée par
rapport au paléolithique ; que les anciennes civilisations
de l'Égypte, de la Mésopotamie, de la Chine accrurent
leur production sans commune mesure avec leurs prédé-
cesseurs historiques...

1. Roberto S. LOPEZ : *The Commercial Revolution of the Middle Ages,
950-1350*, Prentice-Hall, Englewood Cliffe, N.J., 1971, in-8°, 177 p.

« Tout cela est vrai, mais le progrès économique, dans chacune de ces phases prémédiévales, se brisa avant d'atteindre le seuil de ce que nous appellerions aujourd'hui le développement. Et si la croissance médiévale ne fut pas rapide, elle fut par contre irréversible; elle créa les conditions matérielles et morales indispensables pour un millénaire de croissance prati-quement ininterrompue; en plus d'une sorte, elle nous est toujours présente. »

R. S. Lopez, se fondant sur l'expansion commerciale, estime donc que la société médiévale est développée, qu'elle y est parvenue de façon originale, que notre propre développement est la suite du sien.

« Pour la première fois dans l'histoire », écrit-il. Sans évoquer l'Orient et l'Égypte, l'Athènes de Périclès, l'empire des Antonins apparaissent comme des exemples de développement : or, à l'origine, il y a les conquêtes extérieures. Les développements grec et romain ne se soutiennent que par l'esclavage : Athènes compte environ cinq esclaves pour un citoyen. A Rome, lorsque avec Trajan (98-117) cesse la conquête et qu'avec elle se tarit la source massive des esclaves, passé le second siècle, c'est la décadence.

Le développement médiéval ne doit à peu près rien aux conquêtes : c'est un autodéveloppement; il s'est opéré par les propres moyens de la société agissant par elle-même et sur elle-même.

L'esclavage au sens strict s'évanouit dès le haut Moyen Age. Curieusement, il renaîtra au XVIe siècle pour l'exploitation du Nouveau Monde. L'ensemble du monde dit civilisé n'y renoncera qu'à l'extrême fin du XIXe siècle (Cuba, 1898).

« Pour la première fois dans l'histoire... » et pour la dernière, du moins jusqu'ici, aurait pu ajouter R. S. Lopez. A l'origine de notre propre développement, il y a eu la conquête et l'exploitation des Amériques, et maintes conquêtes et exploitations ultérieures. La moderne révolution industrielle a été payée au XIXe siècle d'un véritable esclavage des ouvriers, l'esclavage plus subtil du besoin et de la machine; de cette aliénation ouvrière qui a inspiré Karl Marx, génératrice de guerres sociales inexpiables, toujours présentes en maintes parties du monde, et dont nous n'avons pas fini de subir les conséquences.

L'effort médiéval se déroule dans un climat de paix, aimanté par l'attrait de la liberté et de la propriété. Bien loin de l'aliéner, le travail intègre le travailleur à la société. Il s'approprie les fruits de son travail. Son travail le libère, lui procure la « propriété, pilier, avec l'association, de la liberté » (lord Acton).

Que les XIIe-XIIIe siècles soient développés, nul ne le conteste sérieusement. R. S. Lopez, Jean Gimpel [1] constatent l'extension des secteurs secondaire et tertiaire, de l'industrie et du commerce.

L'urbanisation est vigoureuse. Les anciennes cités se repeuplent. Le « bourgeois », *burgensis,* par opposition au « rustique », *rusticus,* avec son statut propre, apparaît en 1007 à Beaulieu-lès-Loches en Touraine, à Poitiers en 1016, à Caen en 1032, à Fécamp en 1035.

Paris compte, à la fin du XIIIe siècle, plus de 200 000 habitants; c'est la première ville d'Europe. (A son apogée, au IIe siècle, Rome n'en a guère plus de 500 000.) Toulouse, Montpellier en ont de 35 000 à 40 000; Reims, 20 000; Tours, Orléans, Périgueux, Carcassonne, de 10 000 à 12 000.

Et surtout, il y a les créations urbaines, au moins « bourgeoises » : « Aux 500 villeneuves fondées dans le bassin de Paris du XIe au XIIIe siècle, répondent les 500 sauvetés ou bastides créées en Aquitaine et dans le Languedoc » (Robert Boutruche), les 67 villes franches de Savoie... Sans compter la floraison de bourgs autour des antiques cités, des vieilles abbayes, des châteaux forts : Laval, Mayenne, Château-Gontier et tant d'autres Château...

1. Jean GIMPEL : *La Révolution industrielle du Moyen Age,* Paris, Seuil, 1975, in-8°, 252 p.

Le mouvement communal exprime socialement cette renaissance urbaine. Les moralistes le voient d'abord d'un mauvais œil. Saint Bernard tonne là-contre devant les étudiants parisiens. Le bénédictin Rupert de Deutz (1070-1189) rappelle que c'est Caïn le premier bâtisseur de villes. L'opinion s'infléchit avec Honorius d'Autun (XIIᵉ siècle) : il reconnaît le rôle civilisateur de la ville. Au XIIIᵉ siècle, dominicains et franciscains prennent acte du fait accompli : ils s'installent dans les villes. N'est-ce pas là que fleurit la renaissance intellectuelle ?

Notre développement moderne a été lancé, nourri par une fantastique et presque totalement irréversible consommation de capital : humus détruit par une exploitation minière, le tiers de la surface arable, par exemple, de l'Amérique du Nord ; mobilisation des énergies fossiles accumulées aux âges géologiques : charbon, pétrole... Sans compter l'épuisement progressif de cette assise paysanne qui constituait la base de la société.

Le Moyen Age a laissé la terre de France incomparablement plus féconde qu'il ne l'avait reçue, des champs jardinés où règne aujourd'hui la friche ; les eaux policées, mises en valeur ; et mieux : cette forte race paysanne dont nous sommes quasi tous issus.

Population
et agriculture

La première condition du développement est l'intensification de la production agricole, seule génératrice de

« produit net [1] ». De cette intensification, l'expansion démographique a été le facteur premier, premier non seulement en importance, premier aussi dans le temps.

Voilà qui choque à notre époque où la surpopulation est considérée comme l'obstacle majeur au développement, au point que la restriction, volontaire ou imposée, des naissances est tenue pour un préalable nécessaire.

Observons qu'il y a deux sortes de natalités : la natalité de désespoir, sorte de compensation purement instinctive aux souffrances d'une vie inhumaine, à une misère sans issue; la natalité de confiance qui est traite sur l'avenir, sur le travail futur, épanouissement de la vie familiale, natalité joyeuse dont Alfred Sauvy ne se lasse pas de dire que, dans le monde développé, elle est un agent de prospérité.

Cette natalité-là est l'indice le plus certain de vitalité sociale. Elle se replie spontanément lorsque la société démissionne. Nous le verrons au XIIIᵉ siècle finissant, lorsque le siècle est comme fatigué de son long effort, soucieux de jouir plus que de créer. L'âge du mariage s'élève, le célibat des laïques se répand; au début du XVᵉ siècle, Gerson, accablé par les malheurs de son temps, y engage ses sœurs. Processus fort bien mis en lumière par Pierre Chaunu.

L'expansion démographique de la fin du Xᵉ au début du XIᵉ siècle est une réaction de santé, de vouloir-vivre, passées moins les « terreurs de l'an mil » que les fléaux qui l'avaient précédé : décomposition anarchique de l'État carolingien; raids normands jusqu'à Toulouse et en Auvergne, en Bourgogne et en Champagne, avant leur installation en Neustrie (911); raids hongrois de 910 à 955 dans le Nord, l'Est et le Centre; raids des Sarrasins en Provence où ils se retrancheront longtemps en des nids d'aigle fortifiés, tels que La Garde-Freinet (Var). Vers 970

---

1. Voir au chapitre 5 l'explication de cette notion de « produit net » : ce qui reste au travailleur lorsque ont été assurés ses besoins personnels. Le travail de l'agriculteur est, rappelons-le, le seul qui puisse bénéficier du rapport de 100 pour 1.

encore, l'abbé de Cluny, Mayeul, retour de Rome, est pris en otage dans les Alpes avec son escorte par une bande de pillards sarrasins.

Le calme revenu, c'est une aurore que le chroniqueur Raoul Glaber salue avec enthousiasme : « Comme approchait la troisième année qui suivit l'an mil, on vit sur presque toute la terre, mais surtout en Italie et en Gaule, réédifier les bâtiments des églises..., une véritable émulation poussant chaque communauté chrétienne à en avoir une plus somptueuse que celle des voisins. » La France se couvrit « d'un blanc manteau d'églises ».

Tout comme les invasions destructrices des IVe-Ve siècles, celles du Xe ont eu une conséquence positive. Les Normands n'étaient pas uniquement des guerriers : ils attirent avec eux des familles paysannes qui ont marqué durablement le paysage normand. Et surtout ils renouvellent, dans la population autochtone, l'apport des Francs, originaires comme eux de Scandinavie.

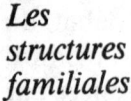

Les structures familiales

La famille romaine, on le sait, reste tout entière sous l'autorité du *pater familias*, sa vie durant; les fils ne deviennent majeurs qu'à la mort de leur père qui en fait des *patres familias* à leur tour.

Dans la famille franque, le fils, à sa majorité – quinze ans – reçoit un pécule et quitte la maison familiale pour fonder un nouveau foyer. Seul un des fils, l'aîné, ou parfois le plus jeune, reste associé à son père pour assurer après lui la pérennité du domaine, symbole de l'unité familiale et recours éventuel. Voilà qui explique les expéditions normandes : elles sont des entreprises de cadets partant chercher fortune à l'étranger.

Les Francs, installés aux bouches du Rhin et de la Meuse, pénètrent d'abord à titre individuel ou par petits groupes dans l'Empire romain dépeuplé, à la recherche de terres. L'Empire expirant, ils entrent en masse, dominent finalement la Gaule et lui donnent leur nom.

La fortune des Normands est encore plus prodigieuse. Un siècle après leur fixation provisoire en Neustrie, devenue la Normandie, ils fondent le royaume des Deux-Siciles. Cinquante ans plus tard, ils conquièrent l'Angleterre. A la fin du XIᵉ siècle, ils participent largement aux croisades, se taillent des principautés en Syrie.

Leur génie organisateur n'est pas moins remarquable : Charlemagne en est le magnifique exemple. Guillaume le Conquérant, lui aussi, est méthodique : son « Domesday Book » est une réplique des grands inventaires carolingiens.

Le royaume des Deux-Siciles est un modèle. Ce génie est universellement reconnu par les contemporains eux-mêmes : Rurik († 879) est appelé par les Slaves anarchiques : il fonde l'Empire russe.

Le bœuf,
le cheval
et la houe

Cette conjonction de la paix retrouvée et de l'esprit d'entreprise insufflé ou renouvelé suffit largement pour justifier la « renaissance » du XIᵉ siècle. Certains historiens en notre temps ont voulu faire intervenir une cause économique, une révolution matérielle : révolution du fer, ou de la fève, ou de l'assolement; ou encore la révolution du numéraire, remis en circulation grâce à la paix ou apporté par les Normands, voire par les Arabes avec « l'or du Soudan »! Ce numéraire, si numéraire il y a, était propriété privée; la masse paysanne qu'il aurait vivifiée n'a pas bénéficié d'une aide gratuite au développement; il lui a fallu d'abord gagner cet argent, par sa production.

Une découverte qui apparaît effectivement au XIᵉ siècle a paru un moment constituer une hypothèse plus sérieuse. La modification de l'attelage du cheval, que décrit Jean Gimpel, permet en effet de l'appliquer au labour, au roulage, au hersage, d'exécuter le travail plus rapidement; elle libère en outre de la main-d'œuvre.

Roger Grand pensait que cette innovation était d'origine scandinave : elle résulterait d'une adaptation de l'attelage du renne. Citons à l'appui de cette hypothèse une mention dans la loi salique (Vᵉ siècle), qui fait état du cheval de labour.

Mais observons aussi qu'au VIIIᵉ siècle avant Jésus-Christ Hésiode plaint la terre déchirée par le soc que traînent « de fougueux coursiers », que tel agronome romain voit dans la mule le meilleur animal de travail. On n'en a jamais fini avec les précédents en agriculture traditionnelle : rien de nouveau sous le soleil.

Que l'attelage du cheval ait eu une influence profonde sur les transports, donc sur le commerce, on n'en disconvient pas. Mais, pour ce qui est de la productivité agricole, il ne constitue en rien une révolution susceptible de modifier les ordres de grandeur.

Avant le cheval, il y avait le bœuf, et le cheval n'a pas éliminé le bœuf. Tout au long des siècles suivants, on a discuté de leurs mérites respectifs. Walter de Henley, agronome du XIIIᵉ siècle, qui écrit pour le manoir anglais en faire-valoir direct, compare minutieusement les rendements du bœuf et du cheval, en comptant l'amortissement du cheval qui finit à l'équarrissage, tandis que le vieux bœuf, engraissé pour la boucherie, rapporte de la viande. (On n'a pas consommé de viande chevaline tant que le cheval est resté le compagnon de l'homme.)

Walter penche en faveur du cheval. « Toutefois, ajoute-t-il aussitôt, le laboureur paresseux – il parle d'un salarié – ne laissera pas le cheval donner toute sa vitesse. Il le ralentira à son propre pas, au pas du bœuf, vous faisant perdre le seul gain : le temps. Gardez donc le bœuf. » En Angleterre, on mêle parfois bœufs et chevaux dans le même attelage, les chevaux par-devant, pour entraîner les bœufs.

A la veille de 1914 encore, le *Larousse agricole*, vᵒ bœuf, observe : « L'emploi du bœuf comme moteur *se généralise de plus en plus*, surtout dans les pays de grande culture... »

En tout cas, dans la culture soignée, la traction animale n'élimine pas le travail à la main pour le fignolage du dernier labour, le sarclage, la moisson, etc. : c'est le travail à la main, à la houe. A la fin du XVIIIᵉ siècle, Arthur Young le rencontre souvent au cours de ses voyages; il note qu'il augmente le rendement d'environ 50 % par rapport à la moyenne réalisée, dans le même pays, par la culture attelée. La productivité à l'hectare est toujours supérieure dans la culture à la main.

Nous avons pu comparer deux lots de 12 hectares chacun, le premier cultivé par un ménage avec deux chevaux; le second divisé en quatre pièces de 3 hectares,

confiées chacune à un ménage dépourvu de chevaux. Or
le bêchage de 3 hectares exige 100 à 150 journées par an
suivant la compacité des sols. En tenant compte de la
consommation éventuelle des chevaux, de la suppression
possible de la jachère dans la seconde hypothèse, de la
différence des rendements, on constate que le produit net,
la récolte exportable, par cultivateur, homme ou femme,
une fois satisfaits leurs propres besoins, équivaut dans les
deux cas à la ration de 4 consommateurs. Les 12 hectares
nourrissent 10 personnes dans le cas de la culture attelée,
contre 40 dans le cas de la culture à la main!

Il fallait bien qu'il en soit ainsi dans la Picardie du
XIIIe siècle : 100 hab./km^2; 1 habitant à l'hectare de
surface totale, comprenant chemins, forêts, terrains
vagues, cours d'eau, villes et villages; chaque paysan
disposant en moyenne de 3 hectares. Et la Picardie ne se
contente pas de se nourrir et vêtir : elle exporte des
céréales, de la guède, des draps; développe l'élevage;
construit la cathédrale d'Amiens et bien d'autres choses
encore.

Ce calcul ne vaut que pour un rendement moyen, en
culture attelée, de 12 qx/ha. Au-dessous de ce seuil, la
productivité par travailleur est supérieure dans la culture
à la main; au-dessus, elle est inférieure. Mais 12 qx/ha, on
peut penser que c'est la moyenne : ce sera celle de la
France en 1840. 12 qx/ha, c'est du reste ce qui donne aux
100 hab./km^2 leurs 3 quintaux annuels de blé, si l'on
considère que la surface agricole utile couvre les trois
quarts de la superficie totale, un tiers de cette surface
étant chaque année consacré au blé dans l'assolement
triennal.

Avec la technique actuelle, son outillage, ses engrais et
désherbants chimiques, en général la productivité du
travailleur croît avec la surface dont il dispose. Cela
explique la proportion décroissante d'agriculteurs dans
nos pays développés. Reste à savoir si cette disparition du
paysan sera sans conséquence pour la vitalité de nos
sociétés. Reste à savoir également si la technique contem-

poraine a d'aussi grandes chances de pérennité que la méthode traditionnelle. Le Moyen Age a su concilier développement et majorité écrasante de travailleurs ruraux [1].

*Fumier
et engrais*

Si nos contemporains veulent à tout prix une révolution matérielle, c'est, une fois encore, qu'ils méconnaissent la souplesse et les ressources de la pratique traditionnelle. Nos experts également, dont les prédictions sinistres sont régulièrement démenties par le Rwanda.

L'agriculture traditionnelle vise essentiellement à favoriser au mieux l'action des agents naturels : soleil, gel, air, vie microbienne... ; à mettre en valeur les richesses renouvelables que la nature met, périodiquement ou continûment, à notre disposition. C'est une méthode parcimonieuse, économique au sens vulgaire du mot. Ses principes, que l'on retrouve chez tous les agronomes, anciens ou médiévaux, occidentaux ou arabes, sont fort bien

1. Telle est aujourd'hui, on le sait, la situation dans les pays en voie de développement : une majorité de travailleurs ruraux pour lesquels il serait urgent de trouver les solutions correspondant à leurs possibilités.

exposés par E. Pfeiffer [1]. L'inépuisable fécondité de nos jardins familiaux en est toujours la conséquence.

La fumure, restitution au sol des éléments enlevés par les récoltes, est constituée par le compost, auxiliaire nécessaire de toute exploitation. Dans le capitulaire *de Villis* consacré à la gestion de ses domaines, Charlemagne insère cette recommandation : *ut campos et culturas nostras bene componant.* Du Cange, lexicographe du XVIIᵉ siècle, comprend encore *componere :* de ce verbe, écrit-il, dérive « compost ». On ne sait plus l'expliquer aujourd'hui. Les dernières éditions traduisent : « Qu'ils tiennent nos champs en bon état. » C'est vider le texte de son sens technique : *componere,* améliorer grâce au compost.

Le compost, c'est le fumier des étables, des pailles dont on tapisse la cour pour recueillir les déjections animales, des vidanges; des feuilles des arbres, des tailles jeunes de haies, des herbes folles sarclées; des végétaux spontanés, de l'humus « étrépé » sur les talus, dans la lande; des cendres du foyer et des brûlis d'épines; de la boue des chemins, des curures des fossés, de la vase des mares et des étangs. On y ajoute de la marne là ou l'en en trouve.

De tous ces matériaux, on fait un amoncellement allongé, une « tombe », qui pourrit sous la pluie; que l'on « coupe » et « recoupe » pour l'aérer, y favoriser l'action microbienne, jusqu'à ce qu'il soit « digéré », suivant le mot de Pierre de Crescens, pulvérulent, pour être épandu sur le champ avant le labour.

Dans cette perspective, la ville voisine devient fabrique d'engrais. Les riverains viennent vider les fosses d'aisance des citadins : c'est le fameux « engrais flamand » – expression devenue générique – qui fait la fortune des campagnes flamandes.

---

1. E. PFEIFFER : *Fécondité de la terre,* Paris, 1941, grand in-8º, 235 p.
Voir aussi les ouvrages de René DUBOS, en particulier *Courtisons la terre,* Paris, Stock, 1981, et les travaux de Lucie BOLENS, cités p. 24.

*Les ressources
de la forêt*

La forêt ne produit pas seulement le bois de construction et de chauffage pour les foyers, les forges, les verreries. Elle est terrain de chasse : le gros gibier forcé à la saison où il est le plus gras, à l'automne, n'est pas un apport négligeable à l'alimentation. Le seigneur s'en réservera le plaisir et le profit; mais le paysan a le droit, en toutes saisons, de défendre ses champs contre les animaux, et il ne s'en prive pas. (Quant au petit gibier des terrains découverts, la capture en est libre; les marchés sont approvisionnés en lapins, perdrix, cailles, alouettes...)

La forêt est pâture pour le bétail, à la saison où on peut l'y mener sans dommage; parcours pour les chevaux élevés en liberté; et surtout usine d'engraissement pour les porcs. Les forêts carolingiennes sont évaluées au nombre de porcs qu'elles peuvent nourrir à la glandée; on dit : une forêt de 3 000 porcs, par exemple. Dès 1164, l'empereur germanique a concédé à la ville de Haguenau en Alsace le droit de glandée dans sa forêt, 19 000 hectares aujourd'hui. Moyennant redevances fort appréciables pour son budget, cette forêt reçoit de 3 000 à 8 000 porcs, suivant la fécondité de l'année : en 1506, année fruitière, 8 400 y sont venus jusque de Montbéliard. Les porcs doublent de valeur entre l'entrée et la sortie, ils « font la culbute », comme disent les paysans.

Le passage des porcs à la glandée n'est pas sans incidences heureuses pour la forêt elle-même : labour superficiel qui aère le sol, remédie à son feutrage, enterre les graines non consommées ; destruction des petits rongeurs que mangent avidement les porcs.

Autre ressource de la forêt : l'arbre plonge ses racines au profond du sol pour y trouver les éléments minéraux que la sève remonte jusqu'aux feuilles ; on estime que la partie radiculaire d'un chêne a le même développement que sa partie aérienne. Et l'on retrouvera ces éléments minéraux dans les feuilles mortes qui enrichiront le compost.

La nature pourvoit elle-même à ses propres déséquilibres. Les plantes calcifuges concentrent davantage le calcaire. Leur végétation, incorporée au compost, corrige l'acidité des terres.

*La lande
et les eaux*

Les légumineuses enrichissent le sol en azote. De là l'association culture-lande pratiquée dans l'Ouest. Le lin cultivé dans le bas Maine est gourmand en azote. Pour lui, le paysan retrouve l'antique méthode itinérante à travers la lande. La terre épuisée, il pousse plus loin le clos de lin, qui ne revient à l'endroit où il était primitivement qu'après régénération par l'ajonc.

L'ajonc est de plus litière pour le bétail, dans les étables-fosses de Bretagne, vidées à longs intervalles par ces « corvées de fumier » qui mobilisent les voisins. L'ajonc est nourriture pour les chevaux et les vaches. La lande est parcours pour les troupeaux.

Mais depuis plus d'un siècle on a oublié la fonction économique de la lande; c'est désormais une terre à l'abandon. Les notaires ont été les derniers à l'admettre, à modifier leurs formulaires en conséquence. Vers 1930, les annonces de mise en vente stipulent encore : ferme de X hectares, dont Y en lande; lande non pas indice de pauvreté, mais élément de richesse.

Les prairies comportent des légumineuses; elles capitalisent des réserves qu'une mise en culture occasionnelle mobilisera : voilà l'explication du *pratum frumentarium* de saint Remi de Reims (IXe siècle).

L'introduction des légumineuses dans l'assolement, dont on fait gloire au XVIIIe siècle, se perd dans la nuit des temps. Virgile et Pline l'Ancien la prônent pour obtenir la culture continue à rythme biennal. Au début du XIVe siècle, nous avons noté en Normandie, en Artois des ensemencés contenant jusqu'à 25 et même 35 % de légumineuses.

Les eaux elles aussi sont fécondantes. La pluie apporte des éléments de suspension dans l'atmosphère, du nitrate d'ammoniaque.

Les eaux courantes charrient des minéraux provenant de leurs sources souvent lointaines et profondes, des sols variés qu'elles ont traversés, des débris qu'elles entraînent. De là cette coutume de « baigner les prés » à la fin du printemps dont les domaine d'Irminon au IXe siècle présentent des exemples. Des pales amovibles élèvent l'eau au niveau des prairies riveraines; des rigoles la répartissent sur toute la surface, l'irriguent et l'enrichissent. Le rendement peut ainsi passer de 2,5 à 7, parfois à 9 tonnes de foin à l'hectare.

Notons en passant cette pratique des Dombes : l'alternance, pratiquée jusqu'à nos jours, d'un étang en eau empoissonné pendant trois ans, et d'une culture profitant de la fécondation par l'eau durant une période d'à-sec.

Fécondantes, les eaux sont également fécondes en poisson. La rivière aujourd'hui, c'est l'agrément du pêcheur à la ligne, du promeneur en canot. Mais la richesse des eaux!

Jean Gimpel décrit les utilisations variées de la roue à aubes. Pour attirer des migrants, des hôtes, le seigneur leur offre un moulin, le moulin banal. Qui dit moulin dit barrage. Le moulin, ce ne sont pas seulement les meules; c'est aussi la pêcherie, aux orifices du barrage. Le revenu de la pêcherie équivaut à celui de la mouture. Lorsque deux seigneurs d'une même rivière établissent de concert un moulin, pour le partage du bénéfice, l'un prend le droit de mouture, l'autre, le droit sur le poisson.

L'abondance des barrages accroît notablement le volume permanent des eaux. D'un courant torrentueux, tout au plus fréquenté par la truite et l'écrevisse, il fait une succession de plans d'eau où prospèrent des espèces plus nourrissantes. Dès le IXe siècle, le seul domaine de Villemeux, sur l'Eure, en aligne 22. Sur 2 kilomètres autour de la bourgade de Sainte-Suzanne (Mayenne), l'Erve en a actionné jusqu'à 18.

Ces barrages sont assez bas pour permettre la remontée des migrateurs. Sinon, on les munit d'une échelle à poissons, *ascensorium piscium*.

Car il y a l'anguille qui arrive au printemps, en cordons serrés, les civelles, de la mer des Sargasses; qui remonte fleuves et rivières pour peupler les moindres ruisselets; qui, devenue adulte, se laisse emporter par les grandes pluies d'automne, regagnant son berceau pour y pondre et mourir.

L'anguille, seuls quelques rares meuniers savent ce qu'elle représente. Sur la modeste Erve déjà citée, à la saison, un de ces initiés en capture jusqu'à 50 kilos par nuit. En 1860, avant la canalisation de la Mayenne, il arrivait à un meunier de Laval d'en prendre 250 kilos en une seule journée.

Le compte domanial de Flandre pour 1187, déjà cité, note en entrées environ 97 *pisae* de 2 400 anguilles, 232 636 en tout, pour une valeur de 122 livres 4 sols : 8 anguilles pour 1 denier. Les harengs (10 pour 1 denier) ne sont que 150 000, pour 64,5 livres. Les anguilles rapportent au comte autant que les porcs (124 livres). Elles pèsent 132 tonnes contre 34 pour les porcs.

L'anguille fait l'objet d'un commerce actif. Aux péages d'Anjou, l'unité de perception est le mille d'anguilles. Dans le *Roman de Renart,* l'astucieux goupil fait le mort pour s'approprier quelques-uns des colliers d'anguilles que charroient des marchands.

Aux eaux courantes s'ajoutent les eaux dormantes. Pas la moindre mare, le moindre trou d'eau qui, comme en Chine, ne soit empoissonné. Les fossés des châteaux, s'ils sont en eau, sont peuplés et pêchés. Et surtout les étangs. Les Francs sont friands de poisson. Dans le Maine, marche de Bretagne, où sous les Mérovingiens le peuplement franc est dense, la création d'étangs va de pair avec le défrichement. Le pays en est littéralement criblé. Les vestiges en marquent encore la campagne ; la toponymie les rappelle : deffays (défends, le seigneur s'en réservant l'exploitation), étangs, viviers, mortiers, bondes, barres...

Le rapport est considérable, supérieur de loin à celui des prés dont ils prennent la place. En 1275, le sire d'Audenarde loue un étang de 27 bonniers (35 ha) plus de 3 livres le bonnier, le double d'un pré chèrement loué. Les petits étangs lui rapportent plus encore : 5 livres, 6 livres le bonnier. Le droit de pêche dans la Dendre, sur une vingtaine de kilomètres, lui vaut 54 livres, autant que 22 hectares de pâture. Le poisson joue un tel rôle dans l'alimentation qu'en Alsace, au XVIe siècle, les autorités protestantes maintiennent le carême pour ne pas déséquilibrer l'économie [1].

---

1. L'Église avait prescrit l'abstinence pendant le temps du carême ; on remplaçait donc la viande par le poisson.

*Les vers
et les mouches*

Encore des agents naturels qui peuvent travailler pour l'homme : les vers et les mouches.

A la fin du XIIIᵉ siècle, les papes introduisent dans le Comtat Venaissin le ver à soie. Son industrie ne s'épanouira toutefois qu'à partir d'Henri IV.

Par contre, la mouche à miel, l'abeille, est de toutes les saisons, l'associée de toute exploitation. Le miel, c'est à peu près la seule source de sucre, au moins avant le XIVᵉ siècle, où apparaît le sucre de canne, importé principalement d'Égypte. On l'emploie, en thérapeutique, en cuisine; on en fait l'hydromel, la boisson préférée des Celtes, d'un usage courant dans la Bretagne du Xᵉ siècle; on le mélange au vin, *mulsum,* à la bière, *mellita cervisia.*

La cire, c'est la lumière, le « luminaire » d'Auvergne, la « chandelle » d'Artois et de Flandre; l'éclairage des gens aisés – les pauvres se contentent de suif et de résine –, le luminaire des églises. Les redevances, les donations, les fondations de cire abondent dans les cartulaires. La prestation de cire caractérise certains serfs affranchis du IXᵉ siècle, les *luminarii* de Saint-Bertin.

Les lois des Francs Saliens, des Wisigoths réglementent minutieusement la poursuite des essaims, sanctionnent les vols avec rigueur. A la foire de Saint-Denis, au temps de Dagobert, le miel tient sa place, à côté du vin.

Charlemagne veut un rucher dans toutes ses *villae,* avec un préposé spécial. Les polyptyques recensent les *vasa apium :* sur le célèbre domaine d'Annapes, il y en a 50.

Les monastères ont leur rucher, confié à un ou plusieurs frères. La seule mense conventuelle de Saint-Germain-des-Prés récolte annuellement 800 livres de miel; Corbie, 600 livres de cire.

Les seigneurs entretiennent des « bigres », des « aurilleurs », *apicularii,* pour la quête des essaims sauvages. Leur office, la « biguarrye », deviendra héréditaire.

Les citadins ont des ruches dans le fond de leur jardin. La charte de Poilly (1341), dans l'Orléanais, leur concède un droit sur les essaims. La coutume de Caylus, dans le Quercy, punit d'une amende de 60 sous le vol d'une ruche : de surcroît le voleur fera le tour de la ville, une ruche vide pendue au cou; s'il ne peut payer l'amende, ce sera une ruche garnie d'abeilles!

*Aux origines
du domaine*

La conjonction des pratiques que nous avons analysées a un dernier résultat, et non le moindre : elle développe à la fois production et productivité. Elle va directement à l'inverse de l'exploitation minière, première solution apportée, au XIXᵉ siècle, au problème de l'alimentation occidentale, mais au prix de la stérilisation de larges

territoires américains; à rebours de l'introduction préci-
pitée de la technique moderne, génératrice de catastrophes irréversibles en Afrique.

La méthode traditionnelle, variable suivant les lieux,
n'est pas consommatrice, mais productrice de capital
foncier. Elle « fait de la terre », suivant la belle formule
canadienne. Ce mot de « faire », *facere,* se retrouve dans
l'étymologie de *factus, factura, facheria* qui désignent des
tenures méridionales; dans l'*hacienda* de l'Amérique
espagnole.

De cette capitalisation, voici un exemple savoureux qui
ne cesse de nous réjouir le cœur : le vignoble bourgui-
gnon. Roger Dion remarque que la zone la plus glorieuse
– Côte de Nuits, Côte de Beaune – au nord et au sud,
présente des limites nettes que ne justifient ni la géologie,
ni le climat, ni l'exposition. Par contre, ces limites
correspondent aux antiques frontières de la cité gallo-
romaine d'Autun. Dès le début de notre ère, l'aristocratie
d'Autun a consacré à la vigne ce terroir bien exposé. Elle
relevait ainsi le défi de la cité de Chalon-sur-Saône
qu'enrichissait la voie navigable de la Saône et du
Rhône.

La vigne, une fois plantée, est perpétuée par provi-
gnage. Sa culture vingt fois séculaire a fait de l'humus
nourricier un compost de vigne : vieux ceps pourris,
tailles, feuilles, grappes perdues.

On ferait des observations analogues pour tous les
grands crus : leur terroir est nettement borné; leur qualité
résulte de leur permanence ancestrale sur leur site.

La France, don du ciel pour une part, mais aussi travail
des générations de paysans qui l'ont amoureusement
« faite », policée, jardinée. « Jardinier du paysage », a-
t-on dit du paysan. Pour Olivier de Serres, le jardinier est
un orfèvre; le jardinier est, à l'exploitant, ce que l'orfèvre
est au forgeron. Le paysan médiéval, sur des parcelles
infimes, a été un orfèvre.

Population et agriculture médiévale sont en rapport
dialectique. La population est facteur de productivité.

Réciproquement l'agriculture est populationniste, favorise la famille, la natalité, la responsabilité.

On le constate dès le premier siècle de l'histoire que nous retraçons. Pourquoi le Bas-Empire installe-t-il des esclaves, les *servi casati,* sur un petit champ distrait du domaine, qu'ils cultivent pour eux-mêmes, sous leur responsabilité, aux moment laissés libres par leur travail sur la réserve? Pour deux raisons :

1° Il est plus économique de leur laisser terre et temps pour se nourrir, plutôt que de garder toute la terre et tout le temps, d'alimenter la main-d'œuvre sur les produits du domaine.

2° La source antique de l'esclavage, la conquête, étant tarie, pour conserver de la main-d'œuvre, on ne peut tabler que sur les enfants des esclaves, qui seront esclaves à leur tour. L'homme se reproduisant mal en captivité, force est de permettre à l'esclave une vie familiale.

Voilà l'origine du domaine biparti qui régnera jusqu'au Xᵉ siècle, subsistera en Angleterre jusqu'au XIIIᵉ, sera généralement supplanté en France par la ferme familiale à partir du XIᵉ.

Le mariage, et le mariage stable quoi qu'il en coûte, est la condition nécessaire du paysan. Le célibataire ne peut être qu'un auxiliaire, un domestique, s'il a la chance de s'agréger à une famille. Le veuf ou la veuve, s'ils veulent continuer, à cause de la terre, des enfants, doivent impérativement se remarier. S'il y a un aîné assez âgé, et des cadets à la suite, la veuve se l'associera jusqu'à ce que le reste de la maisonnée soit élevé.

La permanence et la solidarité familiales sont renforcées sur la tenure par la « communauté taisible », tacite, que les coutumes instituent par la cohabitation des « parçonniers », pendant un an et un jour, sous le même toit, en « celle »; à la même table, « à un même pain et pot... taillant au même chanteau »; sous la direction et la protection, la « mainbournie », l'« avouerie » du père de famille, ou de l'un des frères. Les biens sont la propriété de la communauté. Le départ d'un « parçonnier » signifie

« sa mise hors d'avouerie », sa renonciation aux biens :
« Feu et lieu font mancipation ».

La communauté taisible vise originairement à préserver la famille serve de la reprise de la tenure par le
seigneur lors du décès du père; plus largement à éviter les
taxes successorales. Aussi est-elle usitée par des artisans,
des petits commerçants.

Dans les pays de droit écrit, elle exige acte notarié
préalable, l'affreramentum provençal.

L'agriculture est populationniste, avons-nous dit.
Pour le paysan, les enfants, ce sont des aides en perspective, des successeurs dans le lointain, un stimulant
dans l'immédiat. Et ces enfants ne sont pas des exploités, mais, dès leur plus jeune âge, des apprentis. Ils
grandissent dans les meilleures conditions d'éducation,
d'instruction technique, de formation aux responsabilités, à l'observation, à l'endurance, au goût du travail.
Ils vivent dans une atmosphère de travail : ce n'est pas
l'horloge qui commande aux champs, mais le soleil,
plus encore la besogne à terminer. Le jeu des petits est
souvent imitation du travail des grands. Ils ont des
occupa tions en rapport avec leur âge. Et quelle émotion, le jour où, ayant appris à harnacher les chevaux,
le père leur confie la conduite de l'attelée. C'est la
consécration, les voilà des hommes.

Visitez aujourd'hui le pays sénoufo, au nord de la Côte
d'Ivoire : les enfants manient fièrement leur petite houe,
le daba. Le forgeron du village en fabrique pour tous les
âges. Et les filles ont leur petit pilon à mil. C'est ainsi que
se multiplie et se perpétue la race irremplaçable du
paysan.

Jean de Brie, auteur d'un Traité de l'art de bergerie
demandé par Charles V en 1379, est fils de petits paysans, proches de Coulommiers. A huit ans, il garde les
oies; conduit ensuite les pourceaux. Petit berger à onze
ans, pour ses quatorze ans on lui confie 200 brebis. Là
ne s'arrête pas son ascension sociale. Devenu intendant
d'un conseiller au Parlement, il suit les cours de l'uni-

versité de Paris. Il finit au service d'un conseiller du roi, qui le présente à son maître.

Le cas est fréquent : Pierre Damien, conseiller du pape Grégoire VII, gardait des porcs dans son enfance. Suger, ministre de Louis VI, est fils de serf.

En association avec cette agriculture traditionnelle, découverte, essayée, perfectionnée, mémorisée par les générations préhistoriques, précisément pour répondre aux besoins d'une population croissante, la progression démographique a bien été le facteur premier du développement médiéval. Entre le développement et l'homme, l'alliance est étroite, pour le meilleur et pour le pire. Développement ou sous-développement sont en relation rigoureuse avec la conjoncture sociale.

Que les élites s'éloignent de la terre; que les pouvoirs politiques, sociaux, économiques ne s'y intéressent que pour l'exploiter; que le paysan cultivateur, fatigué ou accablé se décourage, cède au fatalisme, alors la tradition vivante sombre dans la routine; les entretiens nécessaires sont négligés; la nature sauvage reprend l'avantage.

Longtemps les superstructures peuvent faire illusion; la vie intellectuelle et artistique, la puissance politique, atteindre des sommets glorieux. Les réserves sont abondantes, elles ne sont pas inépuisables. L'ordre social se lézarde, s'effondre. Le feu d'artifice s'éteint. Force est de repartir par la base. En 1804, Olivier de Serres revient à la mode.

2

Le régime féodal

Le soleil luit pour tous ; il luit aussi, plus ou moins, partout. Sur un territoire donné, mieux est répartie la population, mieux seront employés les effets et produits de l'énergie solaire.

La répartition équilibrée de la population au XIIIe siècle frappe les démographes. Les études locales découvrent des habitants là où, en tel nombre aujourd'hui, on ne le saurait concevoir. Nous l'avons noté pour le Grésivaudan, le Faucigny, le Briançonnais.

En 1328, le causse du Comtal aligne plus de 50 hab./km², alors qu'en 1914, l'ensemble de l'Aveyron, compris villes et terroirs moins déshérités, n'en compte que 44,5. Montréal (Aude) est peuplé, en 1980, de moins de 1 800 personnes, contre près de 5 000 en 1314.

Cisterciens et templiers arrivent en Bretagne peu avant 1150 : la colonisation déjà bien avancée ne laisse que les pentes ingrates des monts d'Arrée, du Ménez-Bré ; des lieux dont les noms évoquent pierrailles, broussailles, genêts, bruyères : ils y appellent des hôtes par l'attrait de la liberté, imaginent une institution que nous allons retrouver : la quévaise.

Il n'est, pour ainsi dire, pas de paroisses rurales en France qui ne remontent, au plus tard, au XIIIe siècle. Le long des pentes, la culture en terrasses s'élève à des altitudes qu'elle n'a jamais reconquises par la suite :

les monts du Vivarais en portent toujours la trace.

Au terme d'une étude minutieuse, Édouard Baratier conclut que la Provence ne retrouvera jamais plus l'équilibre des années 1300.

Cet équilibre est, pour une large part, la conséquence du régime féodal. Évidemment, lorsque l'Empire carolingien se disloque, que la notion même d'État s'efface, que l'action de la monarchie capétienne est encore réduite à un étroit domaine, la féodalité naissante apparaît comme un désordre. Les fonctionnaires régionaux de l'Empire, comtes, ducs, marquis, devant la défaillance du pouvoir central, usurpent pour leur compte les droits régaliens (péages, tonlieux, etc.), mais remplissent aussi le devoir de protection militaire. A un rang subordonné, les grands propriétaires deviennent, par la force des choses, les protecteurs de leurs tenanciers et, selon les circonstances, étendent leur pouvoir sur le voisinage. Charlemagne, en légitimant le serment de fidélité mutuelle entre les *seniores,* les seigneurs fonciers, et leurs hommes, en faisant de cette hiérarchie locale un rouage de son gouvernement, préparait de loin cette évolution.

Cela ne se fait pas sans heurts. Mais ce désordre débouche sur un ordre social; une double chaîne de terres – fiefs dominants et fiefs servants – et d'hommes liés par le serment de fidélité, par un double devoir de protection et de service; système coordonné par les grands feudataires sur leur territoire, policé progressivement par la monarchie. La féodalité devient un régime politique équilibré.

Les petits propriétaires libres, les alleutiers, qui persistaient à travers toutes les crises, plus ou moins nombreux suivant les régions, sont englobés, peu ou prou, dans le système.

Comme elle est la base de la vie économique et sociale, la famille est le fondement de l'ordre politique. Quand on analyse le développement des seigneuries, la promotion de telle lignée, voire l'expansion de tel mouvement monastique – Cluny, Cîteaux –, on découvre l'influence des parentés, de la continuité familiale – la dynastie capétienne en est l'exemple le plus éclatant –, des alliances matrimoniales.

Et surtout, le seigneur, quel que soit l'aspect de sa seigneurie, privé ou public, foncier ou banal, est radicalement populationniste. On n'a pas attendu Jean Bodin au XVIe siècle pour penser qu' « il n'est de richesse que d'hommes ». Le seigneur le comprend d'autant mieux que ce sont les cultivateurs qui lui procurent la fortune en tant que propriétaire foncier; en tant que détenteur de prérogatives publiques, ce sont les habitants qui constituent sa puissance, qui alimentent son budget.

En Angleterre, la monarchie normande n'a pas laissé se disperser ses prérogatives. Le seigneur compte seulement sur les bénéfices économiques. Comme nous l'avons vu, le domaine biparti carolingien y persiste encore au XIIIe siècle, alors qu'il a disparu en France dès le XIe au bénéfice des tenures familiales.

En France, le seigneur table moins sur les produits économiques du domaine que sur les redevances fiscales du fief; il éprouve plus d'attrait pour sa fonction publique, même subordonnée. Il compte sur les taxes qu'il perçoit sur le moulin et le four qu'il a bâtis; sur le taureau, le verrat qu'il tient à la disposition des petits éleveurs; sur le marché qu'il a institué; sur la justice qu'il rend; sur le pont qu'il a construit, ou permis de construire; à l'occasion des mesures de discipline qu'il édicte : bans de moisson dans les régions de champs ouverts, bans de vendange, de banvin dans les régions de vignobles; droits d'usage sur ses forêts, ses eaux, etc.

Seigneur et tenanciers

En quelque lieu que se situe son domaine, le seigneur y pratique la « peuplade », comme on le dira pour le Canada du XVIIe siècle. Deux mobiles principaux sont mis en avant : les terres à défricher (où demeurer, *manere*); la sécurité assurée; un troisième motif apparaît en filigrane : quel que soit son statut social antérieur, l'arrivant jouira désormais des conditions fixées par le contrat d'établissement, sans référence au passé. Le seigneur étant demandeur, il propose des clauses avantageuses par rapport à la situation généralement admise : la peuplade est un facteur de libération. Accessoirement, on ne demande à personne ce qu'on appellerait aujourd'hui son « casier judiciaire » : l'entrée dans une nouvelle seigneurie signifie amnistie de fait.

Il s'agit de mettre en valeur une terre dont de vastes secteurs sont totalement vierges, où les désordres du Xᵉ siècle ont entraîné de larges abandons, où les réserves domaniales, là où elles subsistent, sont devenues, faute de main-d'œuvre, quasi improductives.

Dans le livre consacré à son administration d'abbé de Saint-Denis, Suger († 1151) nous décrit sa procédure, à Vaucresson (près de Versailles) : ce terroir est une vaste friche. En 1145, Suger y bâtit une église, un prieuré pour quelques moines, y appelle ceux-là que l'on nomme très expressivement des « hôtes ». Sur un terrain « charrué » au préalable, il leur offre une dotation initiale et perpétuelle de 1,25 arpent – 50 ares environ – pour y établir maison, jardin, verger, dépendances, moyennant 1 sou de cens et une « coutume » de 10 deniers, à l'exclusion de toute autre charge, sauf de service militaire, à la réquisition du seul abbé. L'essartage du reliquat est exclusivement réservé aux résidants qui en acquerront la jouissance universelle, à charge de 4 deniers de cens et de la dîme sur tout arpent conquis. Moins de cinq ans plus tard, Vaucresson compte déjà 60 hôtes. Notons la faible valeur du cens : 1 sou de 12 deniers représente à cette époque environ 25 kg de froment.

Notre-Dame de Paris, en 1199, procède de façon analogue dans un de ses villages. Elle propose 1 arpent défriché pour le logement, 8 arpents à mettre en culture, sur lesquels 2 resteront inaliénables, 6 étant cessibles uniquement à un autre villageois. L'évêque met un four à la disposition des hôtes, paie le fournier qui le chauffera avec le bois apporté par les usagers. Les tenanciers sont exemptés de taille et de corvée.

Dans le Maine, le peuplement s'opère, autour des églises et prieurés paroissiaux, par la création de « bourgs » – les agglomérations rurales y portent encore ce nom. Les « bourgeois » sont exempts de corvées de travail, sauf les corvées à caractère militaire. Le seigneur leur assigne un périmètre de terres à cultiver, dont, moyennant un cens, ils acquerront la jouissance au fur et à mesure de la mise en valeur.

La sécurité n'est pas absente de la préoccupation des hôtes de Suger. Dans le Toulousain, elle est expressément à la base des « sauvetés » : *ut ibi salvi fiant,* où les résidants demeureront en sécurité. Paul Ourliac montre leur relation avec la paix de Dieu, instituée par l'Église au début du XIe siècle. La paix de Dieu, sanctionnée par l'autorité spirituelle, couvre les sauvetés, délimitées solennellement par des croix devant lesquelles les guerriers devront s'arrêter. Pour les établir le seigneur du lieu s'associe à une personne ecclésiastique, lui concède un espace vacant, ce qui a pour lui l'avantage de peupler son domaine.

Les cisterciens, pour les secteurs qu'ils ne peuvent travailler eux-mêmes, et surtout les ordres militaires qu'ils inspirent – templiers, hospitaliers – développent systématiquement cette politique sur les immenses donations qu'ils recueillent. On les trouve en action aussi bien dans le Midi qu'en Normandie et en Bretagne où le droit de refuge porte le nom de *minihi.* Quand on pense à l'expansion fulgurante de ces ordres nés au début du XIIe siècle – 334 monastères cisterciens à la mort de saint Bernard (1153), 530 vers 1200, 700 en 1300; 9 000 maisons templières à travers l'Europe, lors de la suppression de l'ordre, en 1312 –, on mesure quel a pu être leur rôle civilisateur.

Dans cette perspective de la sécurité, le cimetière lui-même devient centre de peuplement. Le cimetière, ce n'est pas seulement l'assurance, non négligeable, d'être inhumé en terre bénite, comme un chrétien, et non au coin d'un bois, « comme un chien ». C'est aussi un lieu de refuge pour les vivants, au point que ce rôle subsidiaire en vient parfois à occulter la fonction originaire. Vers 1160, l'évêque de Rennes bénit un cimetière « pour le seul refuge des vivants et non pour la sépulture des morts ». Les dimensions du cimetière s'étendent en conséquence.

Le droit de refuge y est garanti par la discipline ecclésiastique, conforté aussi par un obstacle plus matériel. L'église en effet jouxte le cimetière. Elle est parfois fortifiée, en tout cas rapidement fortifiable. La charte de commune octroyée par son seigneur à Domvast, en Picardie (1256), oblige les habitants à réédifier la tour de leur église pour qu'elle puisse leur servir de refuge en cas de besoin.

La quévaise

Un exemple concret permet d'illustrer l'ensemble de ces vues. Grâce à Jeanne Laurent, nous sommes bien renseignés sur une tenure bretonne d'inspiration cistercienne, la quévaise [1]. Elle est pratiquée dès le milieu du XIIe siècle sur les régions encore sauvages concédées par le comte de Bretagne aux cisterciens, aux templiers et aux hospitaliers. On pressent dans ces ordres, à l'apogée de leur ferveur, le projet qui, aux XVIe-XVIIe siècles, guidera les jésuites du Paraguay : associer les laïques, dans la mesure du possible, à leur idéal communautaire dans une entreprise que célébrera un film au titre significatif : *Sur la terre comme au ciel*. Les cisterciens seront du reste plus heureux que les jésuites, parce que faisant aux laïques une confiance plus large, leur initiative donnera naissance à de petites républiques paysannes qui subsisteront jusqu'à la Révolution.

1. Jeanne LAURENT : *Un monde rural en Bretagne au XVe siècle : la quévaise.* Paris, S.E.V.P.E.N., 1972, in-8°, 440 p.

Moyennant adhésion au contrat de quévaise et une redevance fixée une fois pour toutes à 5 sous, 1 poule et quelques corvées limitativement spécifiées, l'arrivant obtient la jouissance exclusive d'un emplacement de maison et jardin, et d'un journal de terre qu'il peut enclore. Sur ce lot, ses investissements – constructions, plantations..., « édifices et superfices », suivant l'expression consacrée, deviennent sa propriété personnelle. S'il part, ce qu'il est toujours libre de faire, il perd ses droits.

En outre, les quévaisiers jouissent collectivement de la zone non lotie, le champ commun, pour ses productions spontanées – pâtures, litières, etc. – et aussi pour des cultures itinérantes, à charge d'un champart de 3 gerbes sur 20. Toute appropriation individuelle, toute clôture permanente sont interdites sur le champ commun. Garantie d'égalité entre les quévaisiers, nul ne peut posséder plus d'une quévaise. La quévaise est inaliénable entre vifs ; elle est seulement transmissible au plus jeune des enfants, le « juveigneur », compensation du travail fourni à ses parents vieillissants. Toutefois, au décès des parents, les enfants se partagent également les meubles, parmi lesquels figurent, détail notable, les fumiers et composts. Faute d'héritier, la quévaise fait retour au seigneur.

Du fait de leur installation, les quévaisiers sont libres, à l'abri de toute poursuite, le domaine jouissant du *minihi*. Ils ne paient pas de dîme, leurs seigneurs en étant exempts ; ni d'impôt, le comte de Bretagne vivant de son domaine propre. Ils ne doivent que la redevance de leur tenure et les charges banales usuelles, contrepartie du service du moulin, du four, etc.

Sous le patronage du seigneur, gardien du pacte initial, la communauté quévaisière s'administre elle-même. Son assemblée générale prend les décisions de principe, élit des procurateurs pour l'exécution, reçoit leurs comptes rendus. Elle a en quelque sorte le pouvoir législatif : elle dit la coutume, en comble les lacunes, en constate et provoque l'évolution. Elle a le pouvoir administratif pour la gestion des affaires communes : discipline d'exploitation du champ commun, organisation de l'entraide, entretien et amélioration de l'église... Elle a le pouvoir judiciaire pour les contestations qui surgissent à l'intérieur de la communauté. Selon les besoins, elle crée de nouvelles institutions, par exemple un hôpital pour les nécessiteux, entretenu à frais communs.

Réserve faite de la préoccupation égalitaire et communautaire, spéciale à la quévaise, le microcosme constitué par les communautés quévaisières est représentatif de l'esprit qui a présidé au peuplement de la France sous le régime féodal; il suggère des conséquences indirectes de la féodalité, de grande importance pour le développement économique et social : l'amenuisement administratif de l'État, la vacance de son pouvoir législatif, l'intérêt porté par les dirigeants à l'expansion économique, la floraison de la vie associative.

Droit d'État, droits féodaux

Formés à l'école du droit romain, qui est, ne l'oublions pas, un droit de décadence, les juristes ont longtemps déploré l'effacement de la notion d'État. Féodalité, féodalisme, corporatisme ont pris une acception péjorative.

Aujourd'hui, l'aspiration générale à « moins d'État », la revendication d'autogestion à tous les échelons de la vie publique, sociale et économique, prédisposent à un jugement plus équitable.

La féodalité, sous sa première forme de seigneurie foncière, a été une réaction contre l'étatisme tyrannique de l'Empire du IVe siècle. La fiscalité oppressive a provoqué la fuite devant les initiatives et les responsabilités. Le patronage des puissants a été recherché pour échapper aux excès de la fonctionnarisation.

Toynbee remarque que les grands empires ont tous succombé sous les charges de l'administration directe, excédant les possibilités de l'activité productive. Si l'Empire anglais a pu subsister près de deux siècles et s'estomper sans crise majeure, c'est qu'il a utilisé au maximum les structures préexistantes, réduit au minimum l'intervention directe. Et si l'empire d'Occident s'est si promptement effondré devant les monarchies barbares, c'est que les réactions régionales ont été extrêmement faibles. Les dirigeants gallo-romains ont cohabité et très vite collaboré avec le nouveau pouvoir, ils ont accepté les nouveaux chefs. L'évanouissement de l'État s'est traduit par l'allégement de charges étatiques devenues insupportables. Les rois « fainéants », de par leur fainéantise même, ont été bénéfiques pour la sortie du sous-développement.

Preuve *a contrario* : Byzance. Là, l'Empire a persisté; il s'est même maintenu durant dix siècles. Il n'est pas question, comme il a été longtemps de mode, de sous-estimer la grandeur de son effort : il a constitué le môle de résistance contre les invasions de l'Orient. Mais à quel prix! Les recherches en cours de Jean Durliat établissent que la fiscalité y absorbait de 20 à 25 % de la production brute. Comparons avec les charges des quévaisiers, des hôtes de Suger. Les sujets de Charlemagne jouissent d'un niveau de vie incomparablement supérieur à celui des peuples du basileus.

Même quand elle prend une dimension que nous dirions nationale, les frais de fonctionnement de la monarchie sont étonnamment faibles. Jusqu'à la fin du XIIe siècle, les revenus de son domaine lui suffisent, avec quelques droits coutumiers d'origine carolingienne.

Pas d'armée permanente : le service des vassaux, d'*ost* féodal, y supplée. Et pour les arrière-vassaux, il n'est que de quarante jours par an. A Bouvines (1214), où s'affrontent Philippe-Auguste et l'empereur, le roi aligne tout au plus 25 000 hommes, et pour quelques semaines seulement. Les mercenaires permanents n'apparaîtront, en proportion décisive, qu'à la guerre de Cent Ans.

L'administration est d'autant plus légère qu'elle est,

pour une bonne part, itinérante. Baillis et sénéchaux ne deviennent sédentaires qu'à partir de 1150. Les fonctions les plus élevées sont confiées à des hommes d'Église, personnel peu coûteux. Pierre Flotte, nommé en 1298 par Philippe le Bel, est le premier chancelier laïque depuis l'avènement des Capétiens.

Le gouvernement est lui-même itinérant. Le roi, entouré de ses proches collaborateurs, traîne derrière lui ses archives et une grande partie de son trésor. Cela ne va pas sans risque : à la bataille de Fréteval (1194), Richard Cœur de Lion ravit le tout. La monarchie ne va pas pour autant créer un ministère. Elle confie ses finances aux templiers qui les géreront, les garderont, les transféreront à peu près gratis jusqu'à leur disparition, en 1312.

Le régime féodal opère la décentralisation *maxima*. Les charges étatiques sont réduites à leur plus simple expression.

La vacance du pouvoir législatif présente, elle aussi, un aspect positif, mieux appréciable aujourd'hui que nous sommes perdus, bridés, ensevelis dans un véritable maquis de lois, décrets, arrêtés, règlements systématiquemont uniformes, qu'un appareil judiciaire débordé, lui-même centralisé, ne réussit plus à humaniser par sa jurisprudence.

Le développement médiéval n'a pas fait l'objet de plans d'ensemble, attendu les initiatives du pouvoir, suivi des règles préétablies. Certes, il y a eu des plans partiels, locaux, occasionnels. L'extension urbaine suit des directives précises formulées par l'autorité locale. Les villes neuves du Midi en témoignent : leur plan régulier évoque celui des villes américaines créées de toutes pièces. L'essartage des débordements forestiers, le défrichement des terres vierges font l'objet de plans que l'on retrouve sur les cadastres antérieurs à la révolution agricole. Ces règlements visent seulement à canaliser, ordonner les initiatives individuelles auxquelles est dû le gros du travail.

Quant aux règles indispensables à la vie sociale, elles

résultent de la coutume. Même dans les pays dits de droit écrit, le droit romain sert de référence, d'argument occasionnels; il ne constitue pas une législation figée, sclérosante. Il aide seulement à exprimer, préciser, suppléer les usages. Les détenteurs des pouvoirs publics ne se reconnaissent pas le droit de légiférer. Tout au plus, dans un but de clarification, d'authentification, rédigent-ils parfois la coutume dans son état contemporain : tel est le cas de l'*Assise au comte Geoffroy* (1185) en Bretagne. Ce travail peut être le fait d'un particulier; son autorité n'en est pas moindre, purement indicative : les *Établissements de Saint Louis* (1270), eux, sont d'un auteur inconnu; le roi n'y est pour rien.

Non la loi, mais la coutume

La coutume, tradition vivante, a cet immense avantage de se mouler sur l'évolution sociale et économique, sur les particularismes ethniques, régionaux, voire locaux, qui s'expriment également dans la variété des dialectes; la coutume possède aussi l'avantage de trier, dans les expériences concrètes, ce qui a valeur permanente et doit être conservé, ce qui n'était qu'occasionnel et peut être oublié, ce qui est déviation et doit être éliminé.

Qui dit la coutume en cas de litige? La communauté des intéressés, où la règle de la majorité est tempérée par l'autorité personnelle. La *sanior pars,* la partie la plus éclairée, peut faire échec à la *major pars,* le grand nombre. La *sanior pars,* ce sont évidemment les anciens, ceux qui ont les plus lointains souvenirs, qui ont accumulé le plus d'expérience; ce sont les prud'hommes, les sages reconnus comme tels, les jurisconsultes réputés, ceux à qui l'on confie volontiers les arbitrages, les procurations, les tutelles. Les *Coutumes de Clermont-en-Beauvaisis* (v. 1280) tirent leur crédit de la considération méritée par leur rédacteur, Philippe de Beaumanoir, haut fonctionnaire de Saint Louis, un beau type d'homme de ce temps.

Un tel système postule un climat d'unanimité morale, d'accord général sur ce qui est bien et ce qui est mal, sur ce qui se fait et ce qui ne se fait pas, sur des principes reconnus par ceux-là mêmes qui les transgressent, la transgression témoignant *a contrario* de la règle.

Cette unanimité repose sur le principe fondamental de la féodalité dès son origine foncière : la notion de service. Seigneurs et sujets sont liés par une obligation mutuelle de services : protection due par le seigneur – défense extérieure et justice intérieure; assistance, *aide* des sujets pour l'exécution de ce service, le bien commun étant le critérium suprême des uns et des autres.

Pour Beaumanoir, c'est la protection des faibles contre les aristocraties locales qui justifie l'intervention du seigneur dans les communes de son fief : « Chaque seigneur qui a bonnes villes dessous lui doit savoir chaque année l'état de la ville et comment elle est gouvernée..., et il est très utile, parfois, que l'on vienne au secours desdites villes, comme on ferait de l'enfant mineur. »

Cette notion est présente à Joinville quand il blâme Saint Louis de repartir pour sa seconde croisade et qu'il se refuse à le suivre. Au moins en use-t-il pour se donner bonne conscience : « Et je leur disais que, si je voulais travailler au gré de Dieu, je devais demeurer ici pour aider et défendre mon peuple. »

Dans le *Polycraticus* (1159), dédié à Thomas Becket alors chancelier d'Angleterre, Jean de Salisbury, évêque de Chartres, rappelle que tout pouvoir vient de Dieu; c'est un pouvoir délégué pour le bien commun. Si le prince ne gouverne pas selon la loi de Dieu et les directives de l'Église, il devient un tyran. Le tyrannicide est alors justifié, à moins que l'on ne soit lié au prince par un serment de fidélité.

L'unanimité est cimentée par le respect congénital de la tradition éprouvée, et surtout par la communauté de foi, la foi chrétienne; l'accord général sur la morale, la morale chrétienne; le magistère de l'Église, incontesté en matière spirituelle; la ferme croyance en un jugement dernier, dont la rigueur, tempérée de miséricorde, est solennellement rappelée au tympan des cathédrales.

Ainsi s'expliquent la répulsion spontanée pour l'hérésie, la tendance aussi à taxer d'hérétique tout mouvement contestataire. Ce n'est pas fanatisme dogmatique inspiré par un clergé crispé, mais réaction populaire contre l'ébranlement de l'ordre social. La déviation doctrinale est une menace contre la société que souvent le peuple est le premier à percevoir.

La fortune de notre droit coutumier a été prodigieuse : en dépit de regrettables résurgences romaines, en France particulièrement, il est à l'origine de notre droit moderne et, grâce à l'expansion anglo-saxonne, de tout le droit occidental.

Tradition et innovation en régime féodal

Par un de ces paradoxes que nous rencontrons tout au long de notre analyse, une législation congénitalement conservatrice, fondée sur l'usage immémorial, sur ce qui a été fait dans le passé, a présidé à un progrès social et économique inégalé.

Le régime féodal a une influence directe sur l'économie, dominée massivement par l'agriculture et les spéculations annexes telles que le tissage. Les élites sociales sont dispersées sur tout le territoire, immergées dans la vie locale.

Le fécond empirisme traditionnel est toujours menacé par la routine, s'il est abandonné aux seuls paysans, isolés dans leurs villages, enclins au fatalisme devant les fléaux naturels, les épizooties, etc.

Un grand propriétaire comme saint Bertrand, évêque du Mans (586-616), a des domaines dans tout l'Ouest, depuis Bordeaux jusqu'en Bretagne et en Normandie, dans le Parisis, l'Orléanais, le Berry, en Lorraine, en Limousin, en Bourgogne. Il les gère lui-même et les connaît directement, exercice exemplaire d'agriculture comparée. Il s'intéresse particulièrement à l'élevage des chevaux, échange et répartit des reproducteurs de choix.

Charlemagne, le *vagabundus Karolus,* toujours en chemin, observe. Il remarque, par exemple, l'utilité, pour détruire les mauvaises herbes, du labour de juin, entre le labour d'hiver et le labour précédant directement les semailles. Pour en enseigner et répandre la pratique, il introduit dans le calendrier une nouvelle dénomination du mois de juin, Brachmanoth, le mois du labour de la jachère, lequel se perpétuera sous le nom de rebinage. Il édicte un véritable traité d'économie rurale, le capitulaire *de Villis.*

Charles V ne sera pas en reste, qui fera éditer, en français, l'agronome italien Pierre de Crescens, le bon berger Jehan de Brie.

Thierry d'Hirson (1332) introduit sur ses terres de l'Artois des brebis de Cachemire. La dame d'Olivet, de la famille de Laval (1338), fait venir des brebis de la Grande-Chartreuse et d'Espagne; le châtelain de Tilly, en Normandie, des juments et des moutons d'Angleterre, et aussi des brebis et des chèvres de Séville. La vogue des moutons espagnols est alors due à l'importation des mérinos d'Afrique du Nord, grâce à quoi les laines espagnoles concurrencent avantageusement les laines anglaises.

L'industrie n'est pas oubliée. Le sire de Laval épouse en 1286 une riche héritière flamande, Béatrix de Gavre. En Flandre, le métier à tisser a fait l'objet de perfectionnements qui donnent au tissage flamand une place prépondérante. Pour répandre dans sa patrie d'adoption la nouvelle technique, Béatrix appelle des tisserands de Gand, dont la descendance – les Gandais – s'est perpétuée dans le pays. Elle est ainsi l'initiatrice d'une industrie qui, jusqu'au XIXᵉ siècle, fera la fortune du bas Maine.

Le commerce n'est pas en reste. Les grands féodaux se font les propagandistes des spécialités de leurs fiefs.

Précurseurs des vignerons du Beaujolais, les ducs de Bourgogne expédient chaque année à la cour de France un convoi de vins nouveaux. Le conflit avec Louis XI n'interrompt pas cette pratique lucrative.

Pline l'Ancien avait déjà célébré le rôle bienfaisant des élites attentives à l'agriculture. Devant le délabrement de l'Italie, il écrit : « Quelle était la cause de l'antique fertilité de la terre? Était-ce parce que, dans ces temps, la terre était cultivée par la main même des généraux, se plaisant, comme il est naturel de le supposer, à être ouverte par un soc orné de lauriers, guidé par un laboureur honoré du triomphe, ou parce que ces hommes labouraient leurs champs avec les mêmes soins qu'ils plantaient un camp, et semaient leurs grains avec l'attention qu'ils mettaient à ranger leur armée en bataille? »

La réflexion de Pline peut s'appliquer aux cisterciens. Saint Bernard est la figure de proue du XIIe siècle. A son appel, les meilleurs esprits du temps accourent dans ses centaines de monastères, répartis sur toute l'Europe, en communication constante entre eux. Leur vocation est spirituelle; leur ascèse, c'est le travail des champs. Leurs établissements deviennent autant de fermes modèles, leçons pratiques entraînant le voisinage. En 1153, le prieur de Clairvaux ramène d'Italie dix buffles, que lui a donnés un cardinal.

La vie associative

Dernier apport positif du régime féodal : la floraison de la vie associative. Les féodaux, laïques ou ecclésiastiques, répugnent à l'administration directe. Leurs droits réservés, ils laissent aux communautés leur autonomie interne. Les communautés quévaisières nous en ont fourni l'exemple.

Les intérêts matériels des paroisses sont de plus en plus gérés par les paroissiens, par le « conseil de fabrique », par l' « œuvre de l'église », par les « marguilliers », les *matricularii,* chargés des secours aux pauvres immatriculés à la paroisse.

A lire un registre de délibérations du début du XVIᵉ siècle, on est surpris du rôle restreint qu'y tient le clergé. A la demande des procureurs, le curé se borne au prône, à convoquer l'assemblée, soit devant l'église, dans le cimetière, s'il fait beau, soit dans l'église. L'assemblée élit ses procureurs, pour un an en général, approuve leurs comptes, décide tel ou tel travail : réparations, acquisition de statues, ornements d'autel, fonderie de cloches; si elle possède un orgue, embauche d'un organiste... Elle gère le temporel, les biens de la paroisse, le produit d'une part des quêtes...

A Avénière près de Laval, chaque année, est mis aux enchères le foin du cimetière. En Angleterre, la coutume s'était répandue chez les paysans de léguer une vache à la paroisse. Tous les ans, la location de la vache était mise aux enchères pour l'année courante. Le bénéficiaire a le veau et le lait, à charge de nourrir la vache et d'en rendre une de même valeur. Pour le dernier locataire d'une vache « usée », cela implique le remplacement par un animal plus jeune. De la sorte le legs devient perpétuel, et le petit cultivateur sans capital trouvait le moyen, avec un seul veau, de monter tout un cheptel.

L'assemblée paroissiale représentera à tel point la population que la monarchie en fera le premier échelon pour la perception des impôts.

C'est que le culte n'est pas la seule préoccupation commune aux villageois et aux bourgeois. La gestion et la défense des usages collectifs sur les landes, les forêts, les pâturages, les eaux; tel problème de voirie : l'entretien d'un chemin, d'un gué, la construction d'un pont ou d'une passerelle, l'édification de halles pour abriter le marché... les intéressent également. Une fois réunis, ils parlent de tout, constituent une association *ad hoc* entre ceux qui sont directement concernés, ou plus simplement étendent la compétence d'un groupement préexistant.

Pour réaliser comment les choses se passent pratique-

ment, il suffit d'avoir pris part à l'assemblée d'un syndi-
cat agricole local. On y discute sans désemparer de
questions professionnelles générales, de la gestion d'une
ou de plusieurs coopératives, d'assurances mutuelles, de
crédit, voire d'un litige entre syndiqués. Chacun de ces
problèmes relève d'une entité juridique spéciale. Des
registres différents rendront compte de chacune des décisions. En fait, la réunion est omnicompétente, puisque les
membres de chacun des groupements sont les mêmes.

Il y a encore les confréries pieuses et charitables; dans
les cités plus importantes, les communautés de métiers,
organes de discipline et de protection collectives; les unes
et les autres sont également des sociétés de secours
mutuel.

Toutes ces associations ont ceci de commun qu'elles
ont été constituées dans un but concret, précis. Une fois
instaurées, elles étendent leur capacité à tel autre objectif
dont l'utilité apparaîtrait aux adhérents; elles deviennent
polyvalentes.

En 1270, à Louvres-en-Parisis, la paroisse est en crise.
Les habitants créent une confrérie pour restaurer l'église,
payer les dettes de la paroisse. De là, sa compétence
s'étend à la réfection des ponts et chaussées, à la défense
des droits collectifs. Bien entendu, elle décide aussi des
contributions en argent ou en nature nécessaires à la
poursuite de ces divers objectifs.

Bel exemple de création coutumière, le tout va se
coordonner dans la commune. Le tissu social était suffisamment organisé pour recevoir sanction et prérogatives
publiques. Là encore, le syndicalisme agricole privé
permet de comprendre en profondeur le phénomène
communal. C'est parce que Roger Grand l'avait vécu
qu'il a pu fournir la seule explication convaincante de tel
épisode médiéval [1] relaté dans son ouvrage *Les « Paix »
d'Aurillac*.

1. Roger GRAND : *Les « Paix » d'Aurillac* (introduction), Paris, Sirey, 1945,
in-4°, CCIX, 446 p. « Les caractères et l'évolution des communes françaises »,
Journal des savants, 1950, p. 71-84.

Le statut communal résulte d'une charte octroyée par le seigneur, moyennant finance ou avantage fiscal abonné, se substituant aux diverses prestations antérieures.

L'institution n'est pas l'exécution d'un plan, la conséquence d'une doctrine, le résultat d'une vaste conjuration. C'est un mûrissement, un mouvement spontané qui s'étend de proche en proche, l'exemple d'une initiative réussie, agent de cristallisation.

La monarchie sait en profiter pour étendre son influence aux dépens des féodaux; elle ne le suscite pas. De leur côté, les communautés tirent parti des besoins d'argent du seigneur, de ses rivalités avec un autre feudataire ou avec le roi, pour obtenir des avantages supplémentaires.

La charte obtenue par Laon déclenche ainsi les revendications de dix-sept villages entourant Anizy-le-Château. Les chartes de Lorris-en-Gâtinais, de Beaumont-en-Argonne, de Villefranche-de-Rouergue, de Montpellier sont le point de départ d'essaimages du même type.

Les usages communs à plusieurs communautés, sur une même forêt, sur des pâturages de montagne, sur les eaux de telle rivière, conduisent à des fédérations entre intéressées. C'est le cas des « sept villes de Bleu » autour de la forêt de Gisors; des « arrosants » du Roussillon; des communautés briançonnaises qui englobèrent finalement plus de cinquante communes fédérées.

Profitant de ce qu'elle occupait un passage commercial obligé, la fédération briançonnaise finit par obtenir en 1343, du dauphin Humbert II, une autonomie à peu près complète et la propriété des eaux courantes. Cela au prix de 12 000 florins d'or – environ 40 kilos d'or –, plus une rente annuelle de 4 000 ducats, chiffres énormes, mais qui prouvent qu'elle avait à la fois le moyen de les verser et intérêt à les payer.

La Suisse constitue la plus belle réussite du genre. Les fédérations entre communautés alpines sont à l'origine de la Confédération fondée en 1291.

Conséquence de l'émiettement féodal, de ses désordres

mêmes et de ses carences, la France s'est ainsi couverte d'un réseau de communautés, écoles de responsabilité, asiles de liberté. Elle est corporative, dans le sens authentique du mot : son peuple est un corps, non une masse inorganique : il comporte une hiérarchie de corps intermédiaires, fondée sur les communautés de base que sont les familles.

3

Travail et société

Le travail physique est pénible. C'est à lui, non au travail intellectuel, que la Genèse donne le caractère de peine, consécutif à la faute originelle. La tendance de l'homme à s'en décharger sur autrui est naturelle; elle engendre l'esclavage.

Pour K. Marx, l'esclavage paraît à tel point congénital à la vie sociale qu'il voit dans la dialectique du maître et de l'esclave le ressort de l'histoire.

Aucune société antique, pas même la société hébraïque, n'a ignoré l'esclavage. Aucun philosophe ne l'a contesté. Les stoïciens reconnaissent la dignité de tout être raisonnable; ils recommandent de traiter l'esclave avec humanité; ils ne récusent pas l'esclavage.

A l'esclave échoit le travail manuel. Il est une chose. De même que son comportement est servile, avilissant, vile, ses œuvres seront viles, avilissantes, serviles. En plein XXᵉ siècle, la langue canonique en conserve le témoignage. « Que doit-on éviter pour sanctifier le dimanche? » demandent nos vieux catéchismes. « On doit s'abstenir des *œuvres serviles* », c'est-à-dire « les ouvrages du corps, que font ordinairement les serviteurs, les gens de métier, pour gagner leur vie, comme labourer, moissonner, coudre, etc. ».

Le christianisme, fondé sur la liberté, restaurateur de la liberté, est incompatible avec l'esclavage. Il n'attaque pas l'esclavage de front. Il ne prêche pas la révolte des esclaves, ce qui déchaînerait la violence, génératrice d'un nouvel esclavage. Il entreprend de réformer les mœurs, de modifier le comportement universel, par l'exemple.

Jésus choisit ses premiers apôtres parmi des pêcheurs; il s'annihile lui-même jusqu'à subir le supplice des esclaves, la croix.

Saint Paul, un intellectuel, travaille de ses mains « pour n'être à charge à personne ». Il recommande aux maîtres de traiter leurs esclaves en frères; aux esclaves, de servir leurs maîtres avec amour et fidélité; aux uns et aux autres, d'humaniser leurs relations.

La primitive Église se recrute en grande partie parmi les esclaves. Elle confère les ordres sacrés à des esclaves : le pape Calixte Ier (218-223) serait d'origine servile.

La conversion exigera près de dix siècles. Le passage de l'esclavage à la pleine liberté, à travers les amodiations progressives du servage, en demandera plus de douze [1]. Et pour peu de temps, nous l'avons vu, puisque au XVIe siècle l'esclavage resurgira aux colonies sous sa forme la plus dure.

Dans cette éducation des mœurs par l'exemple, les moines jouent le rôle principal. La vie monastique montre concrètement que bien loin de s'opposer au progrès spirituel et intellectuel, le travail physique peut en être l'instrument, l'équilibrage salubre.

Le monachisme, né en Orient, se propage en Occident, avec son ascèse, volontiers excessive. Le bouillant prosélytisme des Irlandais y trouve un terrain d'élection. Les fondations de saint Colomban (540-615) essaiment en France, en Italie, en Suisse.

La modération et l'ordre romains vont avoir, avec saint Benoît (480-543), une fortune plus durable. « Lorsque le moine travaille aux champs, écrit-il dans sa Règle,

---

1. N'oublions pas les multiples malentendus qui naissent de l'emploi d'un même mot, *servus*, pour désigner dans l'Antiquité l'esclave, privé de droits, acheté et vendu comme un objet et, au Moyen Age, le serf, considéré comme une personne.

qu'il pense être alors dans la ligne même de sa vocation. »
Et il ajoute qu'il faut traiter les outils avec le même
respect que les vases sacrés.

Et ce ne sont pas d'humbles travailleurs qui préconi-
sent cette vocation, mais des patriciens, des intellectuels.
Le pape saint Grégoire le Grand (540-604), moine lui-
même et qui ne cessera de regretter son monastère, qui
trouve dans les moines les agents privilégiés de son
apostolat, appartient à la plus ancienne noblesse romaine.
Saint Boniface (680-755), l'apôtre de la Germanie, laisse
une œuvre littéraire considérable.

Certes les bénédictins ne négligent pas pour autant
l'exercice de l'intelligence. Une pente bien humaine les
entraîne même à le préférer indûment. Pour des hommes
cultivés, l'effort de l'esprit est un agrément plus qu'une
peine. Le premier souci des réformateurs vise toujours à
revenir à la lettre de la Règle. Cîteaux en est l'exemple le
plus fameux. Et il n'est pas indifférent de voir, à l'appel et
à l'exemple de saint Bernard, la noblesse entrer dans son
ordre par familles entières; des écolâtres savants, des
chantres artistes, des clercs honorés de hautes charges,
quitter leurs brillantes fonctions pour essarter, bêcher,
faucher, moissonner.

L'initiative monastique est une révolution sociale, au
sens fort celle-là. L'esclavage n'est plus nécessaire au
développement. La liberté, l'attrait pour la liberté en sont
au contraire le moteur le plus puissant, le plus efficace. La
dialectique désespérante du maître et de l'esclave est,
pour quelques siècles, transcendée.

On objectera que le paysan n'en reste pas moins le
vilain brocardé par les poètes de cour. La destinée du mot
dit bien l'humilité de la condition. La coutume de
Bretagne, si humaine, distingue des notables, entourés de
considération, les *vilains* « qui s'entremettent de *villains*
mestiers, comme estre escorchours de chevalx et de
villaines bestes, garçaille, truandaille, pendours de lar-
rons, portours de plateaux en tavernes, criours de vin,
curours de chambres coyaes, peletiers, poissonniers, gienz

qui s'entremettent de (bailler) *villaines* marchandises et qui sont (gens de métier) ».

Mais les travailleurs manuels ne constituent pas une caste fermée. La promotion sociale leur est ouverte, parfois même sans qu'ils quittent leur statut juridique de serfs. L'origine servile n'est ni une tare, ni une entrave. Un vilain, même serf, peut être adoubé chevalier par un seigneur, jusqu'à ce que le roi, au XIVe siècle, s'en réserve le droit.

Le vilain, artisan, commerçant, paysan, au portail et dans les vitraux des cathédrales, est honoré à l'égal des chevaliers et des ducs, voire des évêques et des rois.

A la fin du Xe siècle, le cartulaire de l'abbaye féminine du Ronceray, à Angers, nous laisse deviner une plaisante histoire. Les religieuses ont choisi comme régisseur leur serf Constant le Roux. Il les élimine peu à peu des biens qu'elles lui ont confiés. Pour avoir la paix, elles finissent par les lui concéder, en bloc, moyennant champart.

La famille Erembald, issue de serfs, est célèbre en Flandre. Au début du XIe siècle, un Erembald, Désiré, est châtelain de Bruges. Son frère, Bertulphe, prévôt de Saint-Donatien, chancelier de Flandre, marie ses nièces dans la noblesse. De là une série de conflits qui conduisent un neveu de Bertulphe, fils de Désiré, à assassiner le comte Charles le Bon, lui procurant de surcroît la béatification.

Nous avons évoqué la carrière de Jehan de Brie. Raoul de Presles, secrétaire de Philippe le Bel, conseiller de Louis X le Hutin, créateur d'un collège à Paris, est fils d'une serve de Saint-Denis. Son fils traduira pour Charles V *La Cité de Dieu* de saint Augustin.

Joinville peut bien traiter Robert de Sorbon de « fils de vilain et de vilaine ». Il n'empêche que Robert fonde la Sorbonne.

Le poète Rutebeuf († 1285) évoque un paysan beauceron qui se saigne aux quatre veines pour envoyer son fils à l'université. Pour une promotion sociale, la cléricature, temporaire comme pour Raoul de Presles, ou définitive, est en effet la voie royale. Les exemples sont si nombreux qu'on renonce à en choisir. Bornons-nous à l'évêque Maurice de Sully (1105-1196), bâtisseur de Notre-Dame de Paris, toujours ornée de son portrait au portail Sainte-Anne, fils de paysans si pauvres qu'il dut mendier dans sa jeunesse; au pape Benoît XII (1334-1342), Pierre Fournier : son père était de si chétive condition qu'on ne sait s'il était laboureur, meunier ou, comme son nom semble l'indiquer, boulanger. Il est vrai que son oncle était abbé cistercien de Fontfroide.

Guerriers et laboureurs

La protection de ses sujets, c'est la justification du pouvoir et des prérogatives du seigneur, de sa fonction militaire et judiciaire.

Les féodaux toutefois, qui sont des guerriers, sont tentés de régler leurs propres différends par les armes, et ils ne s'en privent pas. D'autant mieux qu'en l'absence de juridiction supérieure efficace, la bataille est une sorte de jugement de Dieu. Les liens féodaux, garantie théorique de paix et de concorde, deviennent occasion permanente de conflits violents.

Dès la fin du Xe siècle, l'Église s'en préoccupe. Là encore, elle n'attaque pas le mal de front, en prêchant une utopique non-violence. Elle régularise, police, infléchit la passion guerrière.

Elle travaille d'abord à éduquer le guerrier. L'entrée d'un jeune homme parmi les guerriers est l'objet d'un cérémonial, l'adoubement, la remise de l'armure. Vers l'an mil, l'Église institue une « bénédiction du chevalier » par l'évêque ou un prêtre. Elle consacre l'épée « pour qu'elle puisse défendre et protéger les églises, les veuves, les orphelins et tous les serviteurs de Dieu contre la cruauté des païens ». Le rituel évoque le baptême : le bain, le vêtement blanc, le lit de parade. L'adoubement devient un « huitième sacrement » qui oblige le nouveau chevalier à ne verser le sang que pour la cause chrétienne.

Parallèlement, l'Église met « hors du coup » ceux qui ne sont pas des guerriers. En 989, l'archevêque de Bordeaux réunit à Charroux (diocèse de Poitiers) un synode qui excommunie quiconque viole une église, frappe ou saisit un clerc, ou s'*empare des animaux d'un laboureur :* les bêtes de travail sont mises sur le même pied que les sujets et objets sacrés. C'est l'origine de la paix de Dieu, qui protège clercs et paysans, et les rend inviolables.

L'institution s'étend à la Narbonnaise (990), au Lyonnais (994), au Roussillon (1027), etc. Au concile de Clermont (1095), le pape Urbain II l'universalise, spécialement pour les biens des croisés, la croisade étant elle-même un puissant dérivatif.

La paix de Dieu couvre « les prêtres, clercs, moines, pèlerins, *marchands et paysans* allant et revenant et se tenant à leur travail, et les *animaux* avec lesquels ils labourent et portent leurs semences à leurs champs, et leurs brebis, et ce en tout temps ».

A la paix de Dieu s'ajoute la trêve de Dieu : la guerre privée est limitée à trois jours par semaine, du lundi au mercredi; proscrite totalement pendant l'Avent, le temps de Noël, le Carême et le Temps pascal. Il ne reste que 90 jours par an pour se battre.

Pour assurer le respect de ces prescriptions, l'Église dispose de l'arme la plus terrible qui soit pour un peuple chrétien, l'excommunication, l'exclusion de la communion des saints. Les hommes d'Église en abuseront; l'arme s'émoussera. Mais, en 1077, c'est elle qui amène à Canossa l'empereur Henri IV.

La paix de Dieu aura une influence insoupçonnée sur le destin de notre civilisation. Elle est à l'origine de la notion d'objectif militaire. Notion qui n'a disparu que récemment avec cette régression inouïe qu'est la guerre totale, mais qui ne cesse pas, toutefois, de hanter obscurément les consciences. La guerre est affaire entre soldats, reconnaissables à leurs insignes. Les civils sont hors du coup. A lire l'histoire romaine, on jugera du progrès réalisé par la paix de Dieu. (Tandis que, de nos jours, les prises d'otages nous ramènent à la barbarie.)

Notre « troisième âge », qui a grandi dans la mémoire de la guerre de 1870, qui a vécu deux guerres mondiales, qui finit dans la hantise d'une troisième, dont les souvenirs les plus tenaces sont guerriers, peut apprécier ces longs siècles, jalonnés pourtant de batailles, mais durant lesquels le paysan et l'artisan ont ignoré le fascicule de mobilisation.

Du XIᵉ siècle à la Révolution, qui a instauré la levée en masse, le paysan, l'artisan, le commerçant n'ont connu de la guerre que ses retombées fiscales et les inconvénients des invasions, qui sont rares : de Bouvines (1214) dans l'extrême Nord, et de la guerre des Albigeois dans le Midi jusqu'à Crécy (1346), pas une grande bataille sur le territoire national.

Propriété et double domaine

Qui dit développement dit investissement. On lit parfois, avec effarement, que la société médiévale n'a pas su investir! Pour nous borner à la période 1000-1300, passer d'une superficie sauvage ou abandonnée dans la proportion des deux tiers à un territoire cultivé dans sa totalité cultivable, jardiné pour une bonne part, voilà déjà un assez bel investissement.

L'investissement soustrait à la consommation une fraction de la production pour la transformer en nouveaux instruments de production. Il prélève sur la production présente en vue de la production future. Il est un sacrifice. Qui supportera le sacrifice?

Puisqu'il s'agit de freiner la consommation au profit de la capitalisation, on peut prévoir que le sacrifice pèsera sur les pauvres dont le premier souci est de consommer, qu'il profitera aux riches, désireux de faire fructifier leur capital. Dans notre économie libérale, les salaires vont en majeure partie à la consommation : ils seront comprimés ; les profits, à l'investissement : ils seront accrus.

L'Antiquité a résolu le problème par l'esclavage : la cité antique est une aristocratie d'« exploiteurs », de « profiteurs », les *citoyens,* régnant sur les *turbae servorum,* les troupes d'esclaves « exploités », juridiquement exclus de la cité.

La société libérale du XIXe siècle s'est aussi scindée en deux classes antagonistes : les entrepreneurs capitalistes, disposant des moyens d'application de la nouvelle technique, propriétaires des moyens de production ; la main-d'œuvre artisanale et agricole, expropriée de ses activités traditionnelles par la technique moderne, contrainte de se mettre au service des entrepreneurs, exclue des responsabilités économiques.

Cette main-d'œuvre était toutefois juridiquement libre. Les progrès de la démocratie lui ont permis d'améliorer peu à peu son sort, d'autant mieux que la technique moderne multipliait la production, permettait de desserrer progressivement la contrainte sur les salaires. Les ouvriers n'en restaient pas moins étrangers à l'instrument du travail, aux responsabilités économiques.

La législation sociale, quelque nécessaire et bienfaisante qu'elle soit, a encore accentué cette irresponsabilité, une proportion croissante des ressources ouvrières devenant indépendante du travail.

Quant à la solution révolutionnaire, l'étatisation intégrale du communisme, elle a ressuscité l'esclavage pur et simple du goulag et universalisé l'irresponsabilité.

La solution médiévale a été aussi originale qu'efficace. La division « horizontale » de la propriété en droits réels multiples, aux titulaires, individuels ou collectifs, variés, le « cisaillement de la propriété », suivant l'expression du vieux Boutaric, a permis, sur une même terre, de reconnaître les droits : du « propriétaire » originaire du sol, le concédant ; du concessionnaire, le cultivateur, dont le travail enrichit ce sol ; de la communauté, sur ses produits spontanés, don gratuit de la Providence au bénéfice de tous les hommes.

Le résultat a été d'universaliser la propriété tout en lui gardant son caractère privé. Dans la société médiévale, au fur et à mesure du développement, tous, à moins d'être un « horssein », un étranger à toute communauté familiale ou locale, deviennent, par quelque côté, « propriétaires ».

Cette solution, génératrice de paix sociale et de liberté, n'est pas sortie toute casquée de la cervelle d'un réformateur. Elle est le fruit d'une longue évolution coutumière, d'une suite de réactions de la nature humaine devant les impératifs de la vie. Elle ne se limite pas à l'agriculture. Nous verrons au chapitre suivant comment elle a introduit dans le droit la notion de gratuité.

Quelle forme de propriété?

En principe, la propriété romaine est un droit individuel, absolu et total, sur le sol qui en fait l'objet.

A cette conception, l'époque classique apporte une première entorse dans les grands domaines d'Afrique du Nord. Les esclaves ne suffisent pas à les mettre en valeur. Il y faut le concours de travailleurs berbères libres. Pour fixer ceux-ci auprès du domaine, le maître leur concède l'usage personnel des bordures laissées hors des limites rectilignes de la cadastration et, sur ces parcelles, un droit réel sur les plantations, d'oliviers par exemple, qu'ils y effectuent. L'ouvrier est par là même intégré dans la vie économique, chargé d'une responsabilité.

La législation le permettant était connue. Une découverte fortuite a apporté le témoignage de son application : des tablettes du Ve siècle, contemporaines de l'occupation vandale, contenant des contrats par lesquels les paysans négociaient leurs droits menacés.

Au Bas-Empire, avec la crise de l'esclavage, nous avons noté le « chasement », la concession, aux esclaves de la réserve, de lopins individuels assurant leur subsistance et leur vie familiale. Parallèlement, pour garantir le potentiel fiscal des terres, l'État y fixe les locataires libres qui deviennent *adscripti glebae*, enregistrés avec la glèbe.

Pour les premiers, c'est un pas vers la liberté. Pour les seconds, c'est un asservissement. Pour les uns et les autres, c'est une première démarche vers la propriété. Car le servage de la glèbe a deux faces : entrave à la liberté de mouvement, mais aussi garantie de jouissance perpétuelle, appropriation de fait des investissements.

L'obligation de rester se mue en droit à demeurer. En Angleterre, où la condition servile perdure plus qu'en France, le juriste Bracton en viendra à écrire, au XIIIᵉ siècle : « Les serfs *jouissent de ce privilège* qu'ils ne peuvent être enlevés à leur terre », donc que leur terre et ce que leur travail y a incorporé ne peuvent leur être retirés.

Les envahisseurs barbares sont des paysans, étrangers à toute idéologie, très sensibles au droit naturel issu du travail. En droit romain, la propriété du fonds entraîne celle des plantations exécutées par un tiers sur ce fonds, quitte pour le propriétaire à indemniser le planteur de bonne foi. La loi des Wisigoths inverse les situations : le planteur de bonne foi acquiert par son travail la propriété du fonds, quitte à indemniser le propriétaire évincé. De telle sorte, ajoute le texte, qu'en aucune manière il ne perde le fruit de son travail, *id quod laboravit nullo modo perdat*.

A la fin du Xᵉ siècle, les esprits ne pensent même pas qu'il puisse en être autrement. L'appropriation par le paysan du fruit de son travail, de son investissement, est le ressort fondamental et caractéristique du développement médiéval.

La tenure perpétuelle est la formule normale de l'expansion rurale, et aussi des concessions de terrains pour les établissements urbains. Prépondérante jusqu'au XIIIᵉ siècle, encore d'un large usage au XVᵉ pour la restauration après la guerre de Cent Ans, la tenure perpétuelle jettera un dernier éclat au XVIIe, pour le peuplement du Canada. En 1634, Giffard, chirurgien-barbier de Mortagne, devenu seigneur de Beaupré, sur le Saint-Laurent, installe, sous son régime, 300 familles percheronnes et mancelles. La tenure perpétuelle est le berceau du peuple canadien français.

Elle se présente sous deux aspects principaux, d'après la redevance demandée : la censive et le champart.

Dans la censive, la « perpétuelle pagésie » du Midi, la « colonge » d'Alsace, le cens est fixé une fois pour toutes, soit en argent, soit en nature. Dans le Midi, où la redevance s'appelle *solage*, s'y ajoute un droit d'entrée une fois payé, l'*intrada*, l'*investison*. Le cens en nature est de droit commun dans la « borde » du Nivernais ou du Bourbonnais.

Dans le champart, la redevance est une quote-part de la récolte, nommée aussi, suivant les lieux, terrage, agrier, tasque : une gerbe sur 6, 7...10. Le souvenir s'en est maintenu, jusqu'à une époque récente, par la façon de grouper les gerbes à la moisson, en vue du charroi par 6, 7... Le percepteur du champart n'avait qu'à prélever une gerbe par tas.

De toute façon, avec cette formule, la redevance est légère : il s'agit de terres en mauvais état; le seigneur est demandeur; il tient avant tout à peupler son domaine. Comme le cens en nature, le champart suit toutefois la hausse des prix; il sera remplacé par le métayage : à moitié de tous produits, végétaux et animaux. Le cens en argent sera progressivement dévalué par l'érosion monétaire : il deviendra purement recognitif.

Le caractère de ces diverses formules, c'est que le concédant conserve son droit sur le fonds nu; que le concessionnaire, tant qu'il paie sa redevance, s'approprie ce qu'il y ajoute : l'*edificamentum*, les constructions, les plantations; la *melioratio*, les améliorations culturales.

La concession perpétuelle ne met pas obstacle à la circulation des biens. La censive ne peut être aliénée par le concédant : le censitaire change seulement de créancier ; ou par le concessionnaire : le concédant change de débiteur ; il perçoit à cette occasion un droit d'agrément et de mutation, les *lods et ventes*. Le censitaire peut accenser à son tour, avec l'autorisation du seigneur : la terre sera chargée de deux cens, le surcens étant en réalité une rente foncière. La censive peut être partagée entre plusieurs héritiers : au regard du seigneur, elle reste une ; les cohéritiers sont solidaires pour le paiement du cens. La censive est un instrument de crédit, par le moyen de la vente d'une rente foncière, elle aussi droit réel.

A la renaissance du XII° siècle, les juristes romanistes systématisent l'état de fait en l'introduisant dans les catégories du droit romain. Ils élaborent la théorie du double domaine : domaine éminent du seigneur, dit domaine direct, sanctionné par l'*actio directa;* domaine utile du tenancier, sanctionné par l'*actio utilis.*

La présence et l'activité du concessionnaire, l'absence et la passivité du concédant renforcent progressivement la situation du premier, « amortissent » – conduisent à la mort – les prérogatives du second.

Retour à la propriété « romaine »

Le juridisme romain, sa conception monolithique et individualiste de la propriété, rentrent en force. A la fin du XVIII° siècle, le jurisconsulte Pothier, dont l'œuvre inspirera le Code civil, écrira : « C'est le seigneur utile qui est proprement le *propriétaire* du domaine de l'héritage. »

La féodalité tente une dernière réaction... au XVIII° siècle, pour des motifs bassement égoïstes, lorsque la seigneurie, devenue purement honorifique, est achetée par un de ces « nouveaux riches », si ardents à « déterrer » les nobles ruinés, comme le dit un avocat de Laval. L'honneur ne lui suffit pas ; les profits, si minimes soient-ils, ne sont pas négligeables.

Avec le château, le nouvel acheteur acquiert le chartrier

où dorment des titres, vieux souvent de six siècles. Il embauche un feudiste, un paléographe expert en droit féodal. Celui-ci réunit les pièces justificatives. Sur de somptueux registres in-folio, il en dresse l'inventaire; il entreprend le recouvrement.

Les paysans n'y comprennent plus rien, quand ils se voient réclamer, par un étranger à leur horizon, pour un motif devenu incompréhensible, sur tel champ paraissant choisi au hasard, un œuf, une demi-poule, un godet d'avoine.

La féodalité prend alors son acception tracassière, tyrannique, odieuse. De là, dans les premiers mois de la Révolution, ce soudain acharnement à brûler les chartriers, à incendier les archives, au désespoir futur des historiens.

Dans une nuit de frayeur pour les uns, d'enthousiasme pour les autres, d'inconscience pour tous – la nuit du 4 août 1789 –, les droits « féodaux » sont abolis. Les citoyens « éclairés » pensent effacer ainsi les dernières traces de la servitude, inaugurer le règne lumineux de la Liberté.

Aucun de ces paysans, aucun de ces artisans qui, durant vingt ans de guerre, vont devoir répondre à la conscription; qui actionneront les usines de la révolution industrielle, creuseront les mines, construiront routes, canaux, ponts, chemins de fer; et qui, pour toute reconnaissance, seront réduits à la condition de prolétaires, aucun de ceux-là ne se doutent un seul instant que, cette nuit-là, disparaissent les vestiges du régime qui les avait libérés, responsabilisés, intégrés dans la vie économique, associés à la vie politique et qu'en même temps s'efface la trace du vieux principe de la loi des Wisigoths, grâce auxquels ils avaient participé à part entière au développement, *ut quod laboravit nullo modo perdat.*

Et pourtant, il y avait l'exemple de l'Angleterre, la nation phare du XVIIIᵉ siècle. C'est le *Bill of Enclosure* qui avait permis aux riches anglais d'évincer le paysan et de concentrer la propriété entre leurs mains.

Curieusement, un seul paraît avoir réalisé la portée de

l'événement : le roi. Dans une lettre à l'Assemblée nationale du 18 septembre 1789, exhumée par Paul et Pierrette de Coursac, Louis XVI fait observer que « ces droits, les plus simples de tous, détournent les riches d'accroître leurs possessions de toutes les petites propriétés qui environnent leurs terres, parce qu'ils sont intéressés à conserver le revenu honorifique de leur seigneurie ». (Si le seigneur rachète ses propres censives, il n'en est plus le seigneur, il diminue son fief.) « Les riches chercheront, en perdant ces avantages, à augmenter leurs possessions foncières, et les petites propriétés diminueront chaque jour. Cependant, il est généralement connu que leur destruction est un préjudice pour la culture ; que leur destruction circonscrit et restreint l'esprit de citoyen en diminuant le nombre de personnes attachées à la glèbe ; que leur destruction enfin peut affaiblir les principes de morale, en bornant de plus en plus les devoirs des hommes à ceux de serviteur et de gagiste. » Le roi était fidèle à la tradition féodale : le seigneur, protecteur des faibles.

D'autres formes de « cisaillement » de la propriété

La concession perpétuelle n'est pas la seule formule. On use aussi de baux à temps. Certains subsistent toujours : ces tenures n'étaient pas féodales, la Révolution ne les a pas abolies, elle s'est bornée à limiter le terme à quatre-vingt-dix-neuf ans.

L'emphytéose est d'origine grecque : étymologiquement, c'est un contrat de plantation, utilisé pour les vignes, oliviers, noyers... Il peut s'appliquer à toute mise en valeur. Le propriétaire loue une terre nue, moyennant une redevance, *canon, pensio,* à charge qu'y soit effectuée une plantation dont le locataire recueillera les fruits. Si l'emphytéote cesse de payer le *canon,* le propriétaire reprend la terre avec ce qu'il y a dessus. Le Bas-Empire, qui devait faire face à la désertion des campagnes, a largement usé de l'emphytéose qui s'est maintenue dans le Midi de la France.

Le Moyen Age proprement dit a répondu à la même préoccupation par le bail à complant. Le complantier a aussi l'obligation de planter une terre nue. Lorsque les arbres, des vignes le plus souvent, ont rapporté quelque temps, il garde la pleine propriété de la moitié de la terre complantée, le concédant reprenant l'autre moitié. Cluny a eu largement recours au complant.

Les chanoines réguliers de La Roë, à la limite de la Bretagne, usent d'une formule analogue pour leurs défrichements. Là, c'est le monastère qui défriche. Un donateur lui confie un bien abandonné pour le temps nécessaire à la mise en rapport. On partage ensuite le domaine, moitié moitié.

On rencontre encore des baux à une, deux, trois vies, deux générations après la mort du concessionnaire : les investissements sont depuis longtemps amortis.

Le bail à domaine congéable, ou convenant, a été très répandu pour la colonisation de la Bretagne. Comme le nom l'indique, le convenancier peut être congédié à l'expiration du terme, vingt-sept ans en général, mais à charge pour le propriétaire de lui rembourser, à dire d'expert, son investissement, les « édifices et superfices », sur lesquels il a un droit réel. Les paysans trouvent là un moyen de se perpétuer sur le domaine : ils ont constitué une aristocratie paysanne. C'est l'explication de ces énormes talus, véritables remparts recouverts d'arbres, qui, jusqu'aux récents remembrements, cloisonnaient des régions entières de la Bretagne, formant de surcroît un réseau protecteur contre les vents de l'Océan. Les talus étaient un « édifice », d'autant plus cher qu'il était plus gros. L'expert les cubait, estimait les arbres, pour fixer l'indemnité. Celle-ci devenait si élevée que le propriétaire avait intérêt à reconduire purement et simplement le bail.

On multiplierait à l'infini ces exemples, créations spontanées aussi diverses que les lieux et les gens. Tous ont en commun la conception universellement admise que le travail doit être récompensé, que le travailleur manuel a un droit réel sur ce qu'il a distrait de lui-même, de sa consommation, en faveur de l'investissement.

Les conséquences de ce « cisaillement » horizontal de la propriété ne sauraient être surestimées. A lui seul ce cisaillement expliquerait la réussite économique et sociale du Moyen Age. Et l'on s'étonne qu'il reste hors du champ d'une récente *Histoire de la France rurale,* destinée par l'autorité de ses auteurs à devenir un classique, un ouvrage de référence. La raison en est simple, toujours la même : la spécialisation, le cloisonnement des disciplines. L'histoire agraire tient à l'économique et au social, le juridique encadrant l'un et l'autre. L'économiste avec son appareil mathématique, le juriste avec ses analyses, ses catégories, son vocabulaire, sont difficilement perméables au littéraire qui, de gré ou de force, les ignore en profondeur, quand il ne les juge pas coupés du réel. Et vice versa l'économiste se préoccupe peu des siècles lointains, supposés hors de notre système mental ; l'historien du droit se cantonne dans la genèse et l'évolution des institutions, sans grande attention à leurs motifs et conséquences, économiques et sociales. C'est ainsi que l'on se prive d'un élément de compréhension du passé et d'une leçon pour le présent.

Grâce à ce « cisaillement », la productivité est poussée au maximum. C'est l'esprit « propriétaire » – titulaire d'un droit sur la chose – qui a fait la terre de France. Arthur Young, d'habitude si méprisant pour le paysan traditionnel, émerveillé presque malgré lui par la culture flamande, ne peut retenir un cri d'admiration : « Le pouvoir magique de la propriété a changé le sable en or. »

La diffusion de la « propriété » s'opère sans expropriation, arbitraire ou violente, onéreuse en tout cas. Elle est librement consentie par le propriétaire originaire, qui garde le domaine éminent et conserve un lien avec la terre. Deux mentalités complémentaires, appuyées sur deux droits de même valeur, se contre-butent sur le domaine ; l'une plus progressive, plus sensible au court terme, plus terre-à-terre, celle du tenancier ; l'autre plus conservatrice, plus préoccupée du long terme, plus élevée de plafond, celle du seigneur. Ce ne sont pas deux classes se disputant le même bien, mais deux parties liées par leur propre bien.

La redevance étant fixée une fois pour toutes et se dévalorisant en raison inverse de la productivité, la rente du maître, fruit du travail passé, s'amortit au profit de l'agent du travail présent. Le fardeau des situations acquises s'allège.

Le développement se poursuit dans une atmosphère d'unanimité, de paix, œuvre de la justice, alors que les développements antiques et le nôtre se sont opérés dans « la sueur, le sang et les larmes ». Le Moyen Age a certes connu la sueur, mais non le sang et les larmes. Bien entendu, il y a eu des tensions, çà et là des soulèvements populaires, suscités par des malheurs collectifs, des tyrannies locales. Rien qui évoque la lutte des classes, ces luttes sociales inexpiables, si caractéristiques du XIXe siècle qu'un témoin, Karl Marx, a pu y trouver le fondement de sa philosophie, le ressort de l'histoire.

Qui est familier des actes de la pratique médiévale est frappé par l'usage constant du compromis, agent privilégié de l'évolution coutumière. Chaque partie expose ses prétentions, en termes nets ne laissant place à aucune échappatoire. Puis, sur le conseil des *boni homines,* « pour le bien de la paix », elles transigent. Elles ne peuvent en effet que transiger, faire chacune une part du chemin. Elles sont solidaires du même sol, sur lequel elles ont des droits aussi certains, reconnus, l'une que l'autre. Le respect du droit de l'une assure la situation de l'autre.

Le mouvement communal en est un exemple remarquable. Ce ne sont pas possédants et prolétaires qui s'affrontent, mais des copropriétaires aménageant leur commune administration. Le travailleur n'est pas aliéné, privé du bénéfice de l'investissement, exclu des décisions économiques et sociales. A mesure que se valorise le bien-fonds, la terre, il en devient « propriétaire », dans la mesure où cette valorisation est le fruit de son travail.

De cette influence pacifiante du double domaine, l'industrie naissante, qui ne l'a pas connu, témoigne *a contrario.* C'est dans les concentrations industrielles, de Flandre par exemple, qu'apparaissent les premières manifestations de lutte des classes.

Et, de même que devant la crise de l'esclavage le pragmatisme romain avait dû réintégrer l'esclave dans la cité économique en lui consentant l'amorce d'un droit réel sur sa tenure, de même, devant notre propre crise, se projette un nouveau « cisaillement » de la propriété. La propriété commerciale est entrée dans la loi; la propriété culturale s'affirme de plus en plus; la participation des ouvriers au capital de l'entreprise tâtonne à la porte. Il n'est pas jusqu'au dogme de Marx que, devant la disette, paysans russes et chinois se minimisent. *Non nisi parendo vincitur natura,* on ne dompte la nature – y compris la nature humaine – qu'en lui obéissant. Autrement dit : « Chassez le naturel, il revient au galop. » Cette sagesse des nations, la société médiévale n'avait pas eu besoin de leçons pour la connaître.

Dernière conséquence, favorable au développement, de l'amodiation perpétuelle : l'élimination de la rente foncière. Ce phénomène, mis en lumière par la physiocratie, est observable de nos jours dans les pays surpeuplés; c'est lui qui fait souhaiter les transferts autoritaires de propriété que sont les réformes agraires.

En économie de marché – et le Moyen Age a vécu sous le régime de l'économie de marché –, les prix alimentaires sont en effet fonction non pas de la productivité moyenne, mais de la productivité marginale, celle de la plus mauvaise terre que la demande contraint à cultiver. A supposer qu'un pays fermé doive cultiver la totalité de son sol pour subsister, le prix de vente s'établit non pas au rendement moyen, soit 100, mais au rendement du sol le plus ingrat, qui peut être de 60. D'où, en cas d'expansion démographique, une rente injustifiée au profit des propriétaires des meilleures terres. A quoi s'ajoute la surenchère sur les fermes, au profit d'une minorité de possédants. Le revenu des propriétaires fonciers s'accroît ainsi mécaniquement au détriment des catégories les plus pauvres, paysans et consommateurs urbains. La sortie du sous-développement en devient de plus en plus ardue.

Au XIIIᵉ siècle, quand est assoupie l'ardeur à peupler, à coloniser, la pression démographique déclenche le phénomène. En Flandre, par exemple, les fermages à temps sont de l'ordre de 20 fois les cens primitifs en argent ; de 8 fois les cens en nature. Le métayage, à moitié de tous produits, animaux et végétaux, se substitue, on l'a vu, au champart au 1/6, au 1/7 des seules céréales. Les rares biens que le seigneur a gardés dans sa main, étangs, prés, rivières, rapportent plus encore.

L'effet ne concerne toutefois qu'une petite fraction du domaine. Sur sa majeure partie, la rente foncière profite à la masse des petits tenanciers. Elle ne pèse que sur les ouvriers des villes. Et, en effet, la Flandre plonge dans le sous-développement une bonne soixantaine d'années avant le reste de la France.

Le double domaine n'épuise pas la liste des droits réels issus du démembrement de la propriété. Le « cisaillement » procure une assise aux droits collectifs d'usage. Nous les retrouverons au chapitre suivant, consacré au principe de gratuité.

4

La gratuité

Conformément à l'ordre de la Genèse, l'homme amende, cultive, se soumet la terre, qu'il devrait aussi garder, conserver. Son action s'exerce toutefois sur un bien préalablement créé; elle met en jeu des facteurs gratuitement proposés.

La reconnaissance du don gratuit de la Providence est la clef de voûte de la physiocratie, et c'est précisément là ce qui la ruine aux yeux tant des libéraux que des marxistes.

L'économie moderne ignore en effet la gratuité. Il suffit même qu'une richesse soit gratuite, fût-elle essentielle – l'air, l'eau, le rayonnement solaire –, pour qu'elle soit éliminée du calcul économique. Elle y entre seulement quand nos activités l'ont dénaturée, au moins transformée. L'eau, l'air n'acquièrent une valeur que lorsque, ayant été pollués, ils doivent être purifiés.

L'économie médiévale, en prise directe sur la nature, nourrie directement par l'action des facteurs naturels, fait au contraire une large part à la gratuité, en tire des conséquences multiples.

La production agricole est amplement tributaire des dons gratuits. L'agriculteur le perçoit quand ils manquent ou surabondent. Du régime des pluies, de la distribution de la chaleur solaire, dépend la récolte.

Le physiocrate Mirabeau, l'Ami des hommes, le père

du tribun, remarque justement : alors que le laboureur travaille quelques jours, toute l'année le soleil œuvre pour lui, sans discontinuer.

Dès le printemps, les citadins d'aujourd'hui, coupés des soucis des champs, souhaitent invariablement le *beau* temps, redoutent le *mauvais* temps, guettent les *améliorations* du temps. Les Parisiens du XIIIe siècle, solidaires de la campagne environnante, processionnent, eux, durant les années sèches, pour obtenir la pluie.

La dîme

La reconnaissance du don gratuit est la justification de la dîme, cette obligation d'abandonner à l'Église le dixième des produits du sol.

L'institution de la dîme remonte au plus lointain de l'Ancien Testament, à la Genèse. Abraham offre la dîme de ses troupeaux à Melchisédech, prêtre du Dieu Très-Haut. Jacob, réveillé du songe prophétique, dresse une pierre à Béthel : « Cette pierre que j'ai dressée pour monument sera une maison de Dieu, et je vous paierai la dîme de tout ce que vous me donnerez. » Moïse en fait une obligation légale.

Dès le IVe siècle, l'Église la réclame. Un concile de Mâcon (585) exige, sous peine d'excommunication, que soit versée aux évêques la dîme des fruits, *decima frugum,* « pour le soulagement des pauvres, le rachat des captifs, la subsistance du clergé ». En 779, Charlemagne lui apporte la sanction civile.

La dîme connaît bien des tribulations. Elle fait l'objet de concessions aux monastères, et surtout d'appropriations par les laïques, en particulier quand ils sont propriétaires de chapelles ou d'églises. Dès 829, les évêques protestent contre les usurpations.

Le détournement prend une ampleur démesurée avec la décomposition de l'Empire carolingien, avec l'inféodation des dîmes par les évêques eux-mêmes et par les monastères. Un des articles principaux de la Réforme grégorienne, à la fin du XIᵉ siècle, c'est la restauration de la destination primitive des dîmes.

A la veille de partir pour sa dernière croisade, Saint Louis, toujours hanté par la crainte de laisser derrière lui une injustice, doit encore intervenir. Pour favoriser la restitution des dîmes, il exempte cette restitution du droit d'amortissement : il n'y a pas là donation, mais réparation.

La dîme connaît aussi d'infinies variétés dans son assiette, dans sa quotité – de un dixième à un quarantième suivant les lieux. Là encore le souvenir s'en est longtemps conservé, comme pour le champart, dans la façon de grouper les gerbes sur le champ, avant le charroi.

La production principale étant les céréales, l'essentiel de la dîme est prélevé en gerbes. Le décimateur les entasse, en vue du battage, dans la grange dîmeresse. Certaines de ces granges, monastiques surtout, subsistent encore avec leur charpente monumentale, converties en chapelles, voire en salles de concert : la chapelle de l'abbaye de Saint-Wandrille, en Normandie, la grange de Meslay, en Touraine.

On distingue les dîmes anciennes, dues par les terres de vieille culture, et les dîmes « novales », sur les défrichements. Prime à l'investissement, cisterciens, templiers, hospitaliers sont exempts des dîmes novales.

Revenons au principe qui, parmi bien des abus, des détournements, fut tout de même grossièrement appliqué : voilà une société qui, à priori, prélève sur sa production *brute* avant la nourriture, avant même la semence, un dixième consacré au développement culturel et à la bienfaisance, à ce que nous appellerions aujourd'hui la Sécurité sociale. Sécurité très largement entendue, puisqu'elle s'étend à la sécurité du ravitaillement. Nous verrons, à propos du marché, la fonction régulatrice de la dîme.

Et cette société confie l'usage de cette énorme masse de

manœuvre à un organisme, l'Église, gardienne de son idéal et de son sens, dépositaire de sa culture ; l'Église qui, elle aussi avec bien des fautes humaines, des infidélités humaines, des défaillances humaines, est, somme toute, dirigée par des gens personnellement désintéressés, orientée vers le bien commun des fidèles, leur faisant alors une large confiance pour la gestion paroissiale et hospitalière.

Jointe aux innombrables donations et fondations d'un peuple essentiellement religieux, la dîme finit par faire de l'Église et des institutions subsidiaires la première force économique du pays. Cette puissance en viendra à attiser les convoitises, susciter les ambitions, à tourner la tête de ses détenteurs eux-mêmes.

Aux XIe-XIIIe siècles, son action est largement positive : assistance, enseignement, progrès intellectuel et artistique, promotion sociale, et cette œuvre architecturale dont nous jouissons encore et que les budgets publics peinent à seulement entretenir.

Les droits d'usage collectif

La gratuité fonde également les droits d'usage de la communauté villageoise.

En décrivant l'agriculture traditionnelle, nous avons vu ce que la végétation spontanée apporte ; engrais par la voie des litières et composts, aliments pour le bétail ; les ressources qu'offre la forêt ; la richesse que les eaux recèlent. Don gratuit de la Providence, ces biens sont destinés à tous.

La communauté jouit d'abord des terrains vagues, des sols en friche de son propre terroir, de ce que la mise en culture, l'attribution individuelle n'occupent pas, du moins pas encore, tant que le peuplement n'est pas achevé. Alors même, il y a les chemins, les talus, les alentours d'une carrière, d'une mare, d'un ruisseau...

Aujourd'hui, l'administration dégage périodiquement

et mécaniquement la bordure des routes; l'exploitant pressé met le feu aux ronces envahissantes des haies.

Vers 1930 encore, le long des routes bretonnes, des femmes, tout en tricotant, menaient leur petite vache paître sur la berge, attachaient leur chèvre contre le talus; des enfants fauchaient l'herbe pour les lapins, arrachaient le pissenlit pour la salade.

Les forêts, les rivières sont en principe la propriété du seigneur dans sa seigneurie, du roi dans son domaine. Elles tiennent une telle place dans l'économie rurale que le paysan ne peut qu'en revendiquer, en exercer l'usage.

Son droit peut résulter d'une jouissance immémoriale, sanctionnée par la coutume. Jusqu'aux XIe-XIIe siècles, nul ne conteste aux tenanciers d'un seigneur le droit d'user de sa forêt. En 1430, les pêcheurs d'Aubonne et Alleman, sur le lac Léman, se font reconnaître le droit immémorial de pêcher au filet dans l'Aubonne.

Plus souvent, ces droits font l'objet d'une concession seigneuriale. En 850, le polyptyque de Saint-Bertin note que tel domaine jouit de telle partie de *silva grossa,* futaie, telle de *silva grossa fagina,* hêtraie portant fruits, telle de *silva minuta,* taillis.

Les droits d'usage sont attractifs. Pour attirer les migrants, le seigneur inclut des concessions dans les chartes de fondation.

Ils soulèvent d'âpres contestations. Les chartes de franchise, les chartes de commune les délimitent. Celle de Gardouch, en Lauragais (1250), autorise le laboureur à prendre, même dans le « défens » le plus proche, le bois nécessaire à la réparation, sur place, de son matériel. En 1266, les habitants d'Espalion acquièrent la faculté de pêcher dans le Lot.

Ces usages sont si répandus qu'ils aboutissent à un véritable saccage : on abat un chêne pour récupérer un essaim d'abeilles.

Alors se manifestent les bienfaits du double domaine : l'usager, aux courtes vues, menace la source même de sa richesse; le seigneur éminent, qui voit plus loin, réglemente. Et tout cela reste sous l'emprise de l'initiative privée, locale, faisant l'objet de concertation.

On en arrive à une minutieuse classification. Classification des espèces : bois mort qui ne peut servir qu'au chauffage; mort-bois, le bois blanc qui ne fructifie pas et ne convient qu'aux menus emplois; arbres fructifères, et de grosse construction, hêtres, chênes, etc.

Classification des droits : droit au chauffage, au foyer, *jus ad calefaciendum, ad focum;* droit à la construction, portant de préférence sur les espèces non fructifères, au besoin sur les autres, à condition que les arbres aient été préalablement désignés, marqués par le seigneur; *jus ad sepiendum,* pour les clôtures, les échalas des vignes, voire les tonneaux; *jus ad pascendum,* pour le pâturage des bovins, l'élevage des chevaux en liberté, le panage des porcs. Limitation des droits : exclusion en principe des moutons et des chèvres; panage, paisson pour tant de porcs, de tel âge; pâturage pour tant de vaches; à partir de et jusqu'à telle date; moyennant telle redevance ou prestation.

La réglementation se fait de plus en plus touffue. En 1467, le comte de Laval, propriétaire de la forêt de Paimpont, en Bretagne, juge nécessaire de clarifier la situation. Cela nous vaut, sur des dizaines de pages, un inventaire pittoresque. Un fournier banal prend le bois qui lui est nécessaire « avec un cheval, non pas une charette ». En contrepartie de leur droit de paisson et de bois mort, les communiers de Plélan iront « à la hue », serviront de rabatteurs dans les chasses. Les usagers de Concoret livreront à Noël 50 « crubles » d'avoine et 350 poulets; de surcroît, ils iront, à « la chevauchée de conquoret », prêter main-forte aux forestiers en leur envoyant, par maison, un homme « de deffance, bien embastonné ».

Car il a fallu créer une administration pour faire respecter les règlements par les forestiers, d'autant plus rigoureux que leur charge est héréditaire, rétribuée par les amendes.

La monarchie étend son pouvoir sur les forêts qui, avec l'expansion urbaine, sont devenues affaire nationale, source d'un commerce important. Une réglementation à long terme s'établit. Un corps de fonctionnaires élabore une doctrine. Une juridiction spéciale – les Tables de marbre, sur le modèle de celle du parlement de Paris – juge les conflits.

Un moyen plus simple s'offrait pour pallier les excès des usagers, sans toutefois les exproprier : faire la part du feu, mettre en « défens », exclure de l'emprise usagère une portion de la sylve, laisser la communauté faire son affaire avec le reste. C'est l'*afforestatio,* origine de nos actuelles *forêts.* L'étymologie du mot dit bien la chose : *foris,* dehors ; mettre la forêt hors de la sylve, ou le paysan hors de la forêt, comme on voudra.

Dès le IXᵉ siècle, l'abbaye de Marmoutier, en Alsace, pratique l'*afforestatio.* La méthode est tellement courante qu'elle devient abusive à son tour. Louis le Pieux la limite dès 818.

Elle devient fréquente au XIIᵉ siècle. Philippe Auguste use seize fois du cantonnement dans les forêts royales. Les chartes de franchise résolvent souvent par là les conflits entre seigneurs et communautés.

L'époque moderne verra le constant refoulement du paysan hors de la forêt et aussi la tenace renaissance des revendications paysannes. Elles feront problème jusqu'à la disparition de l'agriculture traditionnelle, jusqu'au silence, pour cause de décès, du paysan.

La chasse

Une prérogative à laquelle le seigneur ne renonce pas, c'est la chasse, son sport de prédilection ; et l'on sait combien, partout et toujours, les chasseurs sont jaloux.

La chasse a aussi un intérêt économique ; l'apport du gibier à l'alimentation n'est pas négligeable. Les Carolingiens chassent le cerf et le sanglier à l'époque où ils sont les plus gras; le cerf au mois d'août; le sanglier après la glandée. Non seulement parce qu'alourdis par la graisse ils se laissent alors plus facilement forcer, mais surtout parce qu'ils procurent ainsi davantage de viande.

Des redevances en venaison sont souvent exigées par les monastères, à l'occasion de la concession du droit de chasse sur leur domaine.

Le paysan revendique toujours, et obtient fréquemment, le droit de protéger au moins ses récoltes. En 1199, les habitants de l'île de Ré menacent leur seigneur d'émigrer en masse s'ils ne peuvent se défendre contre les daims qui pullulent. Et puis il y a le petit gibier dont la chasse est à peu près libre et qu'on trouve sur les marchés. Une ordonnance de 1567 taxe perdrix, lapins sauvages, bécasses, bécassines, cailles, pigeons ramiers, grives, alouettes, pluviers, sarcelles, canards sauvages.

Voilà encore un don gratuit soigneusement recueilli.

La vaine pâture

La communauté exerce également son droit d'usage sur les terres cultivées. Dans les zones de champs ouverts, lorsque ont été retirés les fruits proprement dits du travail – la moisson, la première herbe des prés, le « premier poil », les raisins de la vigne... –, la terre redevient commune avec ce que le laboureur y a laissé, avec la végétation spontanée qui y croît : le « regain » des prés, les herbes de la jachère. Les gerbes charroyées, le ramassage des épis abandonnés est laissé à la « glane »; au « grappillage » les grains échappés au vendangeur, tombés de la hotte.

Glanage et grappillage remontent, eux aussi, au plus lointain de la tradition judéo-chrétienne : « Quand vous ferez la moisson dans votre pays, tu ne moissonneras pas jusqu'à la limite extrême de ton champ, et tu ne ramasseras pas ce qu'il y a à glaner de ta moisson. Tu ne cueilleras pas les grappes restées dans ta vigne; tu ne ramasseras pas les fruits tombés dans ton verger; tu laisseras cela au pauvre et à l'étranger » (Lévitique, XIX, 9-10). Booz le comprend, Ruth en profite; Booz et Ruth, la tige de Jessé, les ancêtres de Jésus.

On imagine difficilement ce que le glanage pouvait rapporter. Dans les années 1920 encore, une petite fille, vieille femme aujourd'hui, qui passait ses vacances à glaner, rapportait à ses parents, pauvres journaliers, 2 quintaux de blé, son pain de l'année; et de blé de première qualité, qui avait séché dans l'épi au soleil, que le battage n'avait pas écorché – on dépiquait le grain en frottant les épis dans le creux de la main; on le vendait pour la semence avec une prime.

Que de temps passé! Combien faible la productivité! Mais c'était le travail d'un enfant; le travail de la famille, le soir au coin du feu.

Pour l'herbe, c'est le droit de vaine pâture, ouvert aux animaux élevés par les habitants, même quand ils ne possèdent pas personnellement de terre.

Pour le développement économique, les usages collectifs sont de première importance. Grâce à eux, le « produit net » est intégralement collecté; rien n'est perdu. La glaneuse recueille ce que le moissonneur a laissé; ce qui lui échappe, le mouton l'attrape; l'oie, la poule trouvent ce qui reste encore. Il en reste toujours, qui va germer, végéter : la vache le pâturera... et de surcroît fumera le champ.

Quand le XIXᵉ siècle abolit ces usages, on constate immédiatement ce qu'il en coûte à l'élevage. En 1849, un député du Bas-Rhin écrit au ministre de la Justice : « Par la perte du pâturage et du parcours dans les forêts, les habitants ont été obligés de renoncer presque entièrement à l'élevage du bétail, et tel village qui avait encore, il y a 25 ans, 150 à 200 vaches et 300 à 400 porcs, ne possède plus maintenant que 60 à 80 vaches et 5 à 6 porcs. »

Les usages postulent discipline de culture, de rotations, d'assolement. Ils brideraient les initiatives des plus entreprenants, engendreraient la routine. Tel cultivateur, sur ses parcelles enclavées dans les parcelles voisines, ne peut cultiver autre chose que ce que cultive la communauté. Mais, outre qu'on ne voit pas une communauté aussi restreinte refuser une amélioration prouvée, une heureuse innovation voisine – les cisterciens prêchent d'exemple dans leurs granges; les plus avisés expérimentent dans leur jardin –, considérons par contre que les usages assurent le plein emploi. Grâce à eux, les loisirs, les jeux deviennent productifs. Les enfants sont des producteurs, sans recours au *sweating-system* du XIXe siècle. Jehan de Brie, à huit ans, conduit les oies sur la jachère, ce qui ne l'empêche pas de devenir un fin lettré. Jeanne d'Arc et ses camarades gardent le troupeau de Domremy. Les vieillards, tant qu'ils peuvent marcher, se trouvent une utilité.

Socialement, les usages, nous l'avons vu, cimentent les communautés, y intègrent les plus démunis. Ceux-là peuvent avoir une vache, serait-ce en location, moyennant le veau; ils ont au moins le lait.

Saint Vincent de Paul trouve là un palliatif à la misère : il préconise, dans les paroisses, le « troupeau des pauvres », dont les revenus leur seront affectés. Le « pauvre journalier » de Proudhon, « qui n'a d'autre patrimoine que le communal », n'est pas le prolétaire sans recours. Le Play, dans ses budgets ouvriers, ouvre le chapitre des subventions de la nature; il constate combien, à salaire égal et même inférieur, la situation des ruraux est préférable au sort des citadins.

Écologiquement enfin, les usages civilisent la nature. Le paysage est tenu « propre ». Si les ajoncs ne sont pas périodiquement fauchés, si la lande n'est pas pâturée, et par des espèces variées d'animaux, elle devient brousse impénétrable. Certes, il y a risque de surpâturage, de dévastation forestière. De tout usage l'abus est possible, qui stérilise l'usage. Mais notre époque, si affamée de pure nature, s'aperçoit que la présence permanente et active de l'homme est nécessaire à la mise en valeur, à la conservation même des beautés naturelles. Il suffit de penser aux incendies de forêts, dus aux taillis et aux broussailles! Chaque été s'aggrave la destruction de notre capital forestier; on le déplore, tout en constatant que son entretien coûterait trop cher à l'État...

On comprend dès lors l'attachement du paysan aux communaux. Au XVIIIᵉ siècle, Rétif de La Bretonne écrit fièrement : « Je suis né dans un village libre (Sacy, dans l'Auxerrois), où jamais la vue n'est affligée par la présence d'un maître, où la chasse est libre à qui sait porter un fusil, où l'on possède des bois communaux, où le peuple tient ses assemblées pour élire ses syndics, ses collecteurs, ses pâtres publics, pour nommer son maître d'école, disposer du revenu public. » Cet hymne aux siècles obscurs, en plein siècle des Lumières, fait rêver sous une telle plume.

Le « cisaillement » de la propriété en droits réels multiples, aux titulaires, individuels et collectifs, variés, assied un régime social remarquablement souple et équilibré. Il associe propriété et liberté dans un concours harmonieux. Il concilie à la fois le droit du propriétaire originaire, du « seigneur éminent », le bon usage prolongé; le droit du travailleur, le « domanier utile », sur le fruit de son travail; le droit de la communauté sur ce qui est, dans toute propriété, don gratuit de la Providence. Il assied sur des droits réels les fondations charitables et associations en tout genre, qui sont innombrables aux XIIᵉ-XIIIᵉ siècles et plus tard encore.

Et tout cela en restant dans la sphère du droit privé, du jeu complexe des intérêts particuliers, de l'initiative individuelle; sous la tutelle fluide de la coutume; en ouvrant la voie de l'ascension sociale; en sanctionnant le relâchement par la précarité des situations acquises.

Saint Thomas d'Aquin a sous les yeux cette pratique quand il préconise la propriété privée des moyens de production, dans l'intérêt de tous. Vœu qui a paru si utopique avec la propriété monolithique que l'on n'a trouvé d'autre moyen que de la supprimer pour résoudre les problèmes qu'elle pose; de la transférer tout entière à la puissance publique, en faisant, du même coup, l'impasse sur la liberté.

De cet ordre, la société reconnaissante fait une gerbe et un hommage. L'irrépressible désir d'infini, elle le projette, non pas dans une horizontale trompeuse, illusoire, sans cesse fuyante, mais à la verticale, vers le ciel, dans la cathédrale toujours plus élancée, toujours plus lumineuse, dont la statuaire exprime la sérénité. La cathédrale est sa somme et son sommet. La cathédrale est la projection verticale de ce peuple et de ces travaux. Cette société est la projection horizontale de la cathédrale, synthèse de la religion qui la cimente et l'instruit.

Le travail monastique

La gratuité inspire le travail monastique. Nous avons vu son rôle moral dans la glorification du travail physique; son rôle économique d'entraînement, d'exemple, d'innovation. Sa contribution à l'investissement productif n'est pas négligeable.

Par un de ces paradoxes que nous ne cessons de relever, dans ce Moyen Age si habile à composer les contraires parce qu'il épouse les ressorts profonds de l'histoire, si la grande part de la terre de France a été « faite » au nom de l'attachement à la terre par la diffusion de la propriété individuelle, une fraction importante l'a été au nom du détachement personnel des biens de ce monde; chaque formule portant l'autre dans une complémentarité exemplaire; le monastère, fondé sur le don gratuit enrichissant la communauté de son travail gratuit; le détachement des richesses devenant productif de richesses, tout en témoignant de leur relativité.

Le processus est classique : un ermite, fuyant le monde, dresse sa cabane dans un coin perdu; il défriche un jardin. Des disciples arrivent, et c'est un monastère. La population s'agglutine, et c'est un nouveau village. Le monastère essaime, poursuivant le rêve d'isolement, toujours plus loin, toujours rejoint. Et c'est un nouvel ordre, et de nouveaux processus en chaîne.

C'est l'histoire de Robert d'Arbrissel († 1177) qui, réfugié dans la forêt de Craon, fonde l'abbaye de La Roë, amorce d'un bourg, puis Fontevraud, chef d'ordre, dont le disciple Vital, dans la forêt de Mortain, crée Savigny, tête d'un autre ordre qui essaime jusqu'en Angleterre, dont un autre disciple, Raoul de la Futaie, dans la forêt de Rennes, doit établir lui aussi l'abbaye Saint-Sulpice.

C'est l'histoire d'Aubazine (Corrèze) et de combien d'autres, Cîteaux en tête. Cette quête, toujours insatisfaite, de la solitude a quelque chose de dramatique. Les chartreux doivent planter des bornes pour se conserver un désert.

« Tout ce qui commence a une vertu qui ne se retrouve jamais plus, une force, une nouveauté, une fraîcheur comme l'aube » (Péguy). Le XIIᵉ siècle est une aube. Midi viendra, et le soir, et la nuit.

L'interdiction de l'usure

L'interdiction de percevoir un intérêt sur les prêts, l'interdiction de l'usure est encore une conséquence du principe de gratuité.

L'intérêt est le prix du temps « qui appartient à Dieu, non à l'homme ». Je prête 4 boisseaux de blé à un paysan, pour sa nourriture, en attendant la moisson. Si j'exige, à ce moment, 5 boisseaux, le 5ᵉ boisseau représente le prix du temps qui s'écoule entre les semailles et la moisson; c'est le prix de ce qui ne m'appartient pas, c'est un vol, c'est de l'usure.

Aristote, le philosophe par excellence pour le Moyen Age, raisonne autrement. Un écu enfermé dans mon coffre ne produit pas un autre écu. Le seul fait de transférer mon écu, pour un temps, dans le coffre d'un tiers ne justifie pas un intérêt. Théoriquement, l'intérêt est illégitime, c'est de l'usure, prohibée. Pour le prêt de production, l'intérêt est justifié.

Le droit des envahisseurs barbares, des Francs Saliens, des Wisigoths, ne s'embarrasse pas de théorie. Il fait spontanément la distinction. Pour le prêt de consommation, il y a usure, illégale, quand, au terme, le prêteur réclame plus que ce qu'il a prêté. Mais alors le remboursement est exigé avec la même rigueur que la restitution d'une chose volée.

Par contre, le prêt de bétail porte un intérêt naturel, légal, un droit sur le croît. Si j'avais gardé ma vache, je l'aurais nourrie, mais elle m'aurait procuré lait et veau. Je l'ai prêtée, je ne la nourris plus, je garde un droit sur partie de ses produits.

L'Évangile fait du reste la distinction. Il est reproché au serviteur négligent d'avoir enfoui son talent, plutôt que de le déposer à la banque, pour le retirer avec l'intérêt (Luc, XIX, 23). Il est dit également : prêtez-vous mutuellement, sans en rien espérer, *mutuum date, nihil inde sperantes* (Luc, VI, 35).

Voici une terre en friche. L'hôte n'a que ses bras et ses outils. Le propriétaire lui prête, définitivement, le fonds de production, moyennant un cens. Que faut-il de plus à l'hôte? Sa nourriture d'une saison, sa semence. Le seigneur les lui avance d'autant plus volontiers qu'il est demandeur de main-d'œuvre, sans intérêt. Les moines de La Roë y ajoutent même un ou deux bœufs de travail, estimés dans l'acte de concession. Le preneur rendra plus tard des animaux de même valeur.

Le temps passe; la culture est en train. Vienne une année de disette, une gelée qui détruit les blés. Force est d'emprunter à nouveau pour passer ce mauvais cap. C'est alors que sont portés à abuser les rares détenteurs de céréales, devant des demandes nombreuses et pressantes. L'intérêt devient usure, au sens le plus complet du mot, d'autant plus que l'emprunteur est contraint, sous peine de mort, de se soumettre au prêteur. La loi canonique l'interdit, brisant à sa source un enchaînement ruineux.

Nous l'observons concrètement dans les pays sousdéveloppés, misérables, en Inde, il n'y a pas si longtemps,

dans la Chine antérieure à sa révolution. Le petit cultivateur emprunte nourriture et semence. Avec les intérêts
usuraires, le remboursement couvre une fraction croissante de la récolte. Au bout d'un certain temps, il faut
emprunter pour payer les intérêts. C'est l'esclavage de
fait, quand il n'est pas de droit.

Nous l'observons à l'échelle mondiale. Les riches prê-
tent aux pauvres, pour remédier aux effets du sous-
développement, en négligeant les causes. Sous peine
d'effondrement de leur propre édifice financier, les voilà
acculés à prêter encore... pour toucher, nominalement,
leurs intérêts. L'usure dévorante se dévore finalement
elle-même.

Inversement, les sociétés sous-développées, mais sai-
nes; pauvres, mais non misérables, les Sénoufos de Côte
d'Ivoire, les Rwandais : ceux-là ignorent l'usure; le prêt
mutuel de consommation est gratuit, comme chez les
Francs. Une aide modeste mais intelligente leur ouvrirait
un développement vrai.

Avec la renaissance de la science juridique au XIIᵉ siècle
qui accompagne l'expansion urbaine, industrielle, commerciale, les canonistes, empêtrés dans le principe d'Aristote, déchaînent leur casuistique pour accorder le droit et
les faits. L'intérêt sera légitime quand le prêt empêche le
prêteur de réaliser personnellement un gain, *lucrum
cessans;* lui cause un dommage, *damnum emergens;*
lorsque le prêteur encourt un risque pour sa mise,
periculum sortis : ainsi les prêts à la grosse aventure, pour
le commerce lointain.

Depuis longtemps, la pratique a trouvé les moyens de
tourner le principe. Le censitaire peut vendre, pour un
capital une fois touché, une rente perpétuelle sur sa terre :
c'est la rente constituée. Il peut remettre en gage un bien
productif : le prêteur aura le revenu.

Pour les investissements en bétail, les plus importants,
il y a surtout le bail à cheptel. Un bourgeois prête à un
cultivateur pour acquérir des reproducteurs : il partagera
le fruit avec l'éleveur. Accessoirement, c'est un moyen
pour le citadin d'assurer son ravitaillement.

Durant les années de rationnement, en 1940-1945, les Bordelais avaient spontanément retrouvé la formule : un citadin prête à un paysan de quoi acheter une vache; il s'assure ainsi son beurre; le paysan garde le veau, qui deviendra génisse, vache à son tour et montera son cheptel.

Dans le Midi, le bail à cheptel porte le nom de « mégerie », de « gazaille » en Guyenne. A partir du XIVᵉ siècle – les documents ne remontent pas plus haut –, les registres notariaux de Grasse, dépouillés par M. Durbec, foisonnent de locations d'animaux de labour, de contrats de mégerie portant sur des vaches, des moutons, jusqu'à des ruches.

On y trouve également des « compagnies », des associations de citadins et de bergers, pour l'acquisition et l'exploitation en transhumance de troupeaux de moutons.

A la même époque, la dame d'Olivet, que nous avons déjà citée, place dans ses métairies du bas Maine, à côté du bétail commun avec le métayer, ses propres animaux en location à cheptel. Son livre de compte est intitulé : « Certaines mises pour Madame d'Olivet. »

Dernier investissement « capitaliste » en agriculture : le métayage, où le propriétaire apporte la terre et tout ou partie du cheptel vif; le métayer, son travail, l'outillage, le reste du cheptel; les produits étant partagés par moitié. Passé la période de mise en culture, le métayage se répand largement dans le Maine, l'Anjou, le Bourbonnais, le Midi.

Notons enfin un exemple de participation, aux fins de ravitaillement et de profits, dans l'agro-alimentaire : les bourgeois de Toulouse souscrivent des parts dans les moulins du Bazacle, sur la Garonne. Germain Sicard y voit, à juste titre, poindre la société anonyme [1].

Les juristes continuent à en débattre, et en débattront

---

1. Germain SICARD : *Aux origines des sociétés anonymes. Les moulins de Toulouse au Moyen Age,* Paris, S.E.V.P.E.N., 1953, in-8º, 408 p.

longtemps, jusqu'au XVIIIᵉ siècle. La coutume, soumise à la nature des choses, aux nécessités de la vie, a résolu le problème, leur laissant le soin de justifier ses solutions.

Il reste que l'interdiction canonique de l'usure a rempli son office : protéger le travailleur contre l'enchaînement des dettes ; libérer le développement d'une entrave mécanique et stérilisante.

5

Niveaux de vie

Un étalon de mesure du développement

Dès 1969, Jean Fourastié, dans *L'Évolution des prix à long terme* [1], avait affiné la notion de développement en y intégrant l'homme. Cherchant un étalon de mesure, il adopte le salaire horaire du manœuvre (s.h.), du travailleur au plus bas de l'échelle sociale, le S.M.I.C. dirions-nous aujourd'hui. Par là même, il traduit le niveau de vie de l'ouvrier le plus défavorisé et procure une mesure objective du développement... En effet, plus un homme doit consacrer de temps à se nourrir, moins il lui en reste pour se développer, et inversement. De même pour la société considérée qui est la somme des hommes qui la composent.

Le chapitre consacré au blé, aliment fondamental jusqu'au début du XXᵉ siècle, par son collaborateur René Grandamy, jeta un émoi, malheureusement fugitif, dans le petit monde des historiens. Fernand Braudel l'a commentée. Il en vaut la peine.

Disposant de séries continues pour Strasbourg depuis 1400, pour Paris de 1700 à nos jours, Grandamy chiffre en salaires horaires, année par année, le prix du quintal de blé et le reporte sur un graphique... La courbe fait

1. Jean FOURASTIÉ et coll. : *L'Évolution des prix à long terme*, Paris, P.U.F., in-8°, 358 p.

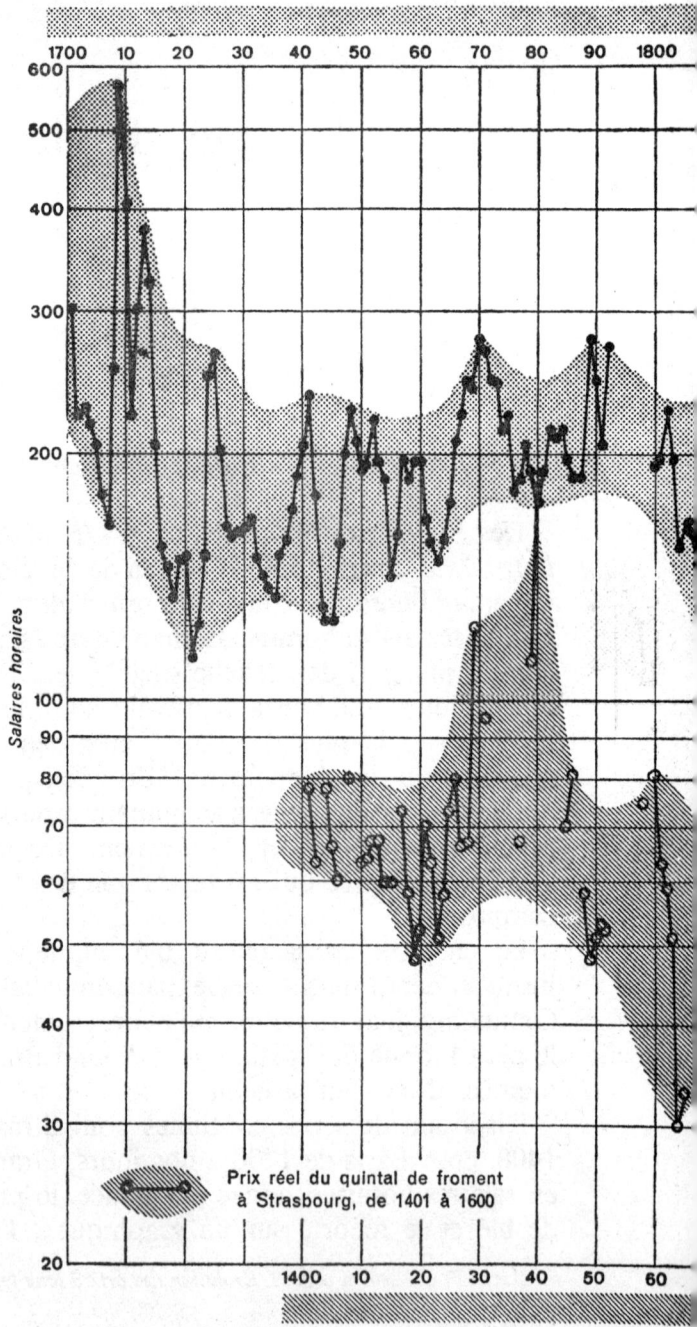

Prix réel du quintal de froment
à Strasbourg, de 1401 à 1600

Graphique extrait de *L'évolution des prix à long*

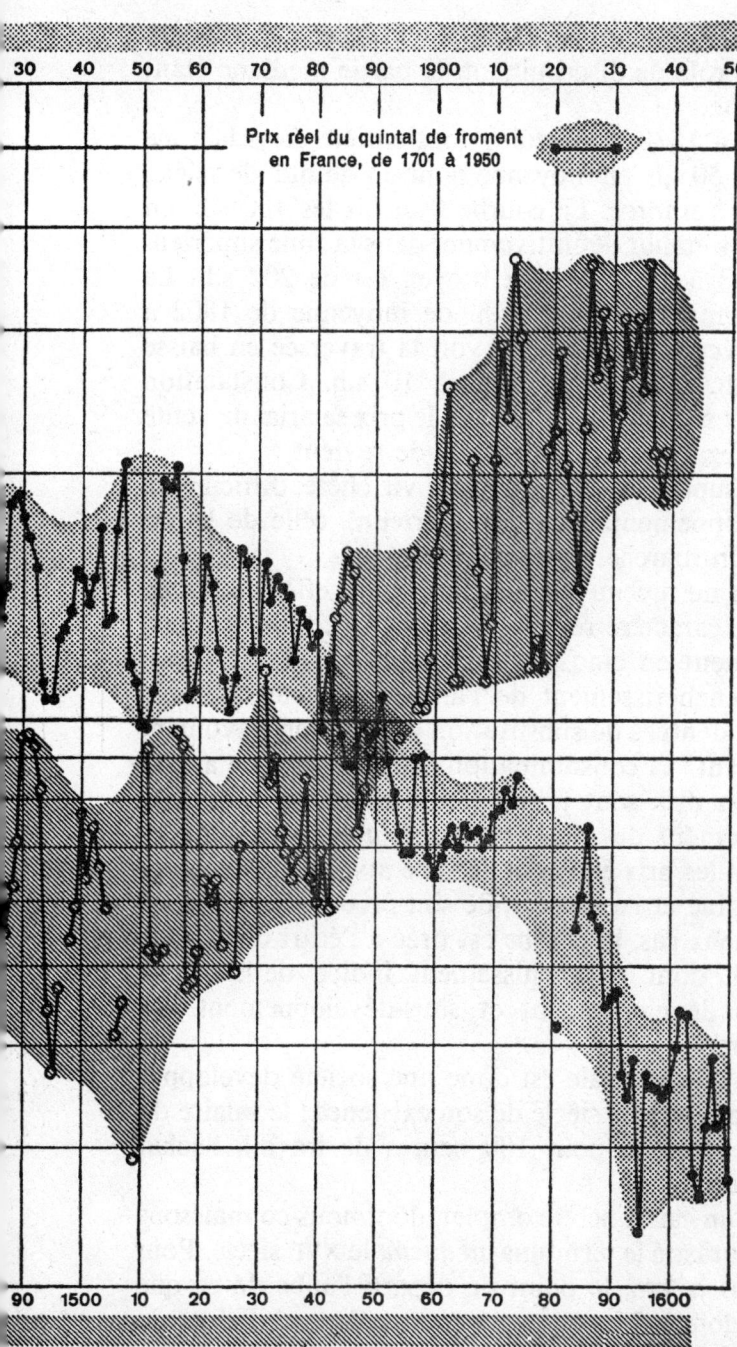

30 40 50 60 70 80 90 1900 10 20 30 40 50

Prix réel du quintal de froment
en France, de 1701 à 1950

90 1500 10 20 30 40 50 60 70 80 90 1600

a direction de Jean Fourastié, P.U.F.

apparaître deux zones séparées par la ligne des 100 s.h.
qui tient le rôle de discriminant, la partie médiane étant
quasi déserte.

De 1400 à 1530, elle évolue tout entière dans la zone
inférieure – 50 s.h. en moyenne pour un quintal de seigle.
La montée s'amorce. La courbe franchit les 100 s.h. en
1561-1570, s'établit définitivement dans la zone supérieure. De 1703 à 1802, le prix moyen est de 202 s.h. La
descente commence – 115 s.h. de moyenne de 1802 à
1850. La décennie 1881-1891 voit la traversée en baisse
des 100 s.h. 1968 est tangent à 10 s.h. Constatation
subsidiaire : sur la longue période, le prix salarial de vente
du blé est égal à son prix salarial de revient.

La zone supérieure est celle de la vie chère, difficile, du
sous-développement. La zone inférieure, celle de la vie
facile, à bon marché, du développement.

L' « effet de revenu » des économistes, effet de rareté,
explique le caractère répulsif des 100 s.h., franchis deux
fois seulement en cinq siècles. Quand la vie est à bon
marché, l'enchérissement de l'aliment de base stimule
l'usage des denrées de substitution dont les prix évoluent
parallèlement : la consommation du blé et donc l'ascension de son prix sont freinées. Quand la vie est chère,
l'enchérissement du blé décourage l'usage des complé-
ments dont les prix évoluent en sens inverse : la consommation du blé et l'ascension de son prix sont accélérées.
Dans les deux cas, la courbe est tirée à l'écart de la ligne
des 100 s.h. dont le franchissement, indice de la transition entre développement et sous-développement, est
ardu et rare.

La société médiévale est donc une société développée
au moins au dernier siècle de son existence : le salaire du
manœuvre permet, pour 100 heures de travail, l'achat
d'un quintal de blé.

C'est là un cas concret complet, dont nous connaissons
grâce à Fourastié le terminus *ad quem*, le XVIe siècle. Pour
le terminus *a quo*, le point de départ, l'aube de ce que
nous appelons « Moyen Age », les repères chiffrés sont

rares. La taxation de Dioclétien (305) nous en fournit pourtant un : le salaire quotidien du journalier agricole non nourri, en l'espèce 3,750 kg de blé qui correspondent grossièrement à 3,750 kg de pain, à un prix salarial du blé de 266 s.h. pour un quintal.

Étant donné la non-interférence des zones de vie chère ou de vie facile au long d'une même période, on peut en conclure qu'au IVe siècle les territoires contrôlés par Rome ont sombré, et pour longtemps, dans le sous-développement, ce qui n'étonnera personne.

L'analyse de cette expérience dont nous connaissons l'aire géographique, le début et la fin, présente évidemment un intérêt actuel. Nous limiterons notre examen à l'hexagone, au territoire qui constitue la France contemporaine. Nous y serons guidés par la théorie physiocratique du développement telle qu'elle a été renouvelée par René Grandamy [1].

Comment au XVIIIe siècle les physiocrates envisageaient le développement

On se souvient de la doctrine élaborée par Quesnay au XVIIIe siècle. La physiocratie est fondée sur le théorème suivant : l'agriculture (et l'aquaculture) est la seule activité « productive », productrice d'un « produit net »; toutes les autres sont « stériles », consommatrices de ce « produit net ». Quesnay ne sut pas expliciter clairement cette notion de « produit net », d'où le discrédit dans lequel était tombée la physiocratie.

En 1958, Alfred Sauvy pressent la fécondité de la théorie de Quesnay dont il réédite, avec commentaires, les œuvres. Mais, seul parmi les collaborateurs, Louis Salleron ose assumer la théorie du « produit net », sans toutefois pouvoir la justifier pleinement.

---

1. René GRANDAMY : *La Physiocratie, théorie générale du développement économique*, Paris-La Haye, Mouton, 1973, in-8°, 148 p.

En 1973, dans un petit livre passé inaperçu malgré la chaleureuse préface de Fourastié, Grandamy raisonne en termes d'énergie biologique, mesurable en calories : « Le produit net – celui qui excède les besoins des agriculteurs – nourrit toute la partie non agricole de la population qui le transforme en travail secondaire et tertiaire; l'industrie et les services vivent sur le produit net. L'agriculture, qui produit directement les nourritures, produit indirectement tous les autres biens; elle est la source première et véritable de toutes les richesses. » Le « produit net » nourrit et mesure le développement.

Grandamy soumet son théorème à l'épreuve de l'histoire. La courbe du prix salarial du blé montre que bien avant la prépondérance industrielle, la société médiévale avait réussi à se développer; que près d'un siècle après l'avènement de l'industrialisation, le sous-développement persistait. Il avait commencé à céder avec l'importation des blés américains, « produit net » à bon marché de terres neuves et « sans maître », jointe à la révolution agricole qui accroît la productivité de l'agriculture, spécialement la productivité du travailleur agricole.

L'observation géographique confirme l'observation chronologique. Les rations usitées sur le globe s'échelonnent de nos jours entre 1 904 et 3 281 calories. Du point de vue tant quantitatif que qualitatif, les peuples se répartissent vers les extrémités en deux masses : les sous-développés, très mal nourris, aux prix alimentaires élevés; les développés, très bien nourris, aux prix alimentaires bas. La zone médiane, autour des 2 600 calories, est à peu près déserte, à l'instar, dans l'évolution chronologique, de la zone avoisinant les 100 s.h., nouvelle illustration de la difficulté à franchir le niveau critique. Là encore, c'est une conséquence de l'effet de rareté. Dans la zone de vie chère, une bonne récolte exceptionnelle fouette une demande impatiente qui annule l'effet d'une relative et passagère abondance.

La physiocratie ainsi entendue constitue bien la théorie générale du développement.

Que le prix salarial du blé exprime le niveau de vie, en voici une démonstration concrète. Frédéric Le Play a établi le budget d'un tisserand de Mamers, observé vers 1850, lors des dernières pointes vers les 200 s.h. du quintal de blé. 75 % de ses ressources sont affectées à l'alimentation, et 72 % de ces 75 %, soit 54 % du total, au seul pain. Et si le pain n'en prend pas davantage, c'est que ce tisserand est alcoolique, et que l'alcool coûte cher. Une fois payés logement, vêtement, combustible, que restait-il à cette famille pour se développer?

Au XVIe siècle, cet axiome fondateur de la physiocratie est reconnu par la Très Ancienne Coutume de Bretagne, chap. 256 : « Chacun vit du labeur de la terre. »

La comparaison du processus médiéval et de la politique actuelle de développement montrera pourquoi le premier a réussi, alors que la seconde globalement échoue.

La rente foncière

Les physiocrates insistent sur l'effet nocif de la rente foncière qui croît avec l'expansion démographique et la faim de terre qu'elle déclenche. Elle profite aux seuls propriétaires fonciers, des meilleurs sols surtout; surcharge l'agriculture, brise l'élan vers le développement. Le phénomène est patent dans maints pays sous-développés.

Au Moyen Age, la rente foncière est étonnamment faible, nous avons vu pourquoi. Un cens en argent réduit à un signe récognitif par la dévaluation monétaire, un champart à la 6e, 7e gerbe des seules récoltes céréalières, sont sans commune mesure avec le métayage à moitié de tous les produits qui se répandra largement à partir du XVIe siècle, avec le métayage au quart pour le métayer que l'on rencontre dans certains pays pauvres et surpeuplés.

La courbe de Strasbourg exprime bien l'état du XVe

siècle, tel qu'en témoignent les documents du temps. Le *Journal d'un bourgeois de Paris sous Charles VI et Charles VII* vante à maintes reprises l'abondance régnant aux Halles.

Vers 1475, dans le pays de Vannes, les prix salariaux du seigle oscillent autour de 60 s.h.

Voici comment Grandamy explique à la fois la fortune du XVe siècle et l'effondrement du XVIe. La crise du XIVe siècle – pestes, guerres – a ponctionné massivement la population, de 30 à 40 % au moins. Seules les meilleures terres sont cultivées, et extensivement; l'élevage est nombreux. La rente foncière est faible; le produit net est abondant et de bonne qualité.

La reprise démographique contraint à attaquer des terres de plus en plus ingrates; à intensifier la production, à y consacrer de plus en plus de main-d'œuvre, comme il se doit en agriculture traditionnelle. Devant la surenchère sur les terres, la rente foncière s'alourdit. A des dates diverses, à partir de la fin du XVe siècle, la société glisse dans le sous-développement.

Fort bien. Mais en 1300, quelle est la population? Providentiellement, nous disposons d'un document unique en son genre, l'état des feux de 1328, ordonné par Philippe VI de Valois. En 1929, Ferdinand Lot l'a soumis à une critique d'autant plus sourcilleuse qu'il avait en piètre estime l'agriculture médiévale. Pour le territoire actuel de la France, il arrive à la fourchette de 20/22 millions d'habitants, 36 à 40 au kilomètre carré. La France de 1715 n'atteint pas 22 millions.

Des critiques qui ont contesté ce résultat, pas un ne met en avant de preuve documentaire; toutes arguent de l'impossibilité pour l'agriculture de nourrir une telle population : nous verrons ce qu'il en est.

Bien au contraire, depuis 1929, les exploitations locales de documents particuliers dépassent régulièrement – sauf dans le Maine et certaines zones du Sud-Ouest – la moyenne retenue par Lot, même dans des régions aussi ingrates que le Grésivaudan, le Faucigny, le Briançonnais. Fossier attribue à la Picardie 100 hab./km². Le Rouergue ne retrouve qu'en 1789 la population de l'an 1300. Si l'on avait la patience de refaire une estimation globale en corrigeant Lot par les études documentaires plus récentes, il est hautement probable que le plafond de Lot – 22 millions – deviendrait un plancher.

Joignons à cela que le chiffre de l'an 1328 ne correspond pas à un optimum. A peu près partout, en Normandie par exemple, on constate que le maximum d'habitants a été atteint vers 1270-1280, que la natalité s'est ensuite repliée.

Compte tenu de ces observations, le maximum médiéval ne sera dépassé que vers 1750.

Mais alors, si l'explication de Grandamy est justifiée, on doit retrouver le quintal de blé à 100 s.h. La population est la même; le sol, le climat, la technique agricole sont identiques.

La courbe de Strasbourg ne remonte pas en deçà de 1400. Les historiens ne s'intéressent pas à la méthode de Fourastié, les chiffres utilisables sont rares. N'oublions pas, toutefois, que les périodes soit de vie chère, soit de vie à bon marché, sont nettement distinctes dans le temps et que le passage de l'une à l'autre est rare, rapide et, pour longtemps, définitif. La valeur des témoignages ponctuels en est multipliée d'autant.

A condition d'appliquer le même raisonnement aux années de famine conjoncturelle, durant lesquelles tous les plafonds sont crevés. On ne saurait généraliser les prix de 1304 et 1415, dus à des accidents climatiques, pas plus qu'on ne prendra comme types les 566 s.h. de 1709 : la moyenne de la période 1703-1727 est de 266 s.h. En Europe, les famines n'ont été jugulées qu'à partir de 1850, grâce à la révolution des transports. La dernière est celle de l'Irlande (1846-1851) : en cinq ans, la population y diminue d'un quart, passe de 8 à 6 millions, par mortalité ou émigration forcée.

Du blé, de l'avoine, des chapons

Monique Métayer a publié la précieuse mercuriale de Douai donnant les prix annuels du blé et de l'avoine de 1329 à 1792, des chapons de 1368 à 1790. Beaucoup de loyers, cens, rentes sont stipulés ou versés, en effet, en ces trois denrées : le locataire doit payer en blé, en avoine ou en chapons. Pour éviter les contestations, la municipalité relève et publie les prix pratiqués sur le marché, le 1ᵉʳ octobre pour les céréales, le 25 décembre pour les chapons.

La région de Douai est très céréalière. Un réseau routier amène en outre à Douai les grains de l'Artois, du Cambrésis, de la Picardie. La Scarpe, puis l'Escaut s'offrent vers Gand et Anvers, gros importateurs. Douai est un centre d'exportation. Il appartient au cercle de prix d'Anvers. A noter que les villes de Flandre, victimes d'une industrialisation et d'une concentration urbaine trop rapides, versent dans le sous-développement soixante ans avant Strasbourg et Paris. Douai subit le même sort : elle est donc prédisposée à la cherté.

Le prix salarial moyen du blé y est de 100 s.h. en 1331-1340 (84 s.h. en 1334-1335), de 79 s.h. en 1350.

Grâce à Gérard Sivéry, nous savons qu'à Valenciennes il est, en 1335, de 76 s.h. Pour un charpentier, mieux payé qu'un manœuvre, il n'est que de 38 s.h. L'heureux charpentier peut acheter une vache avec le salaire de six jours.

A Payns, dans l'Aube, en 1307-1308, on trouve 67 s.h. Autour d'Antibes, en 1338, c'est 100 s.h. pour un manœuvre, 35,7 s.h. pour un marin.

D'une façon générale, à la jointure des XIIIᵉ-XIVᵉ siècles, nous avons toujours trouvé des prix inférieurs à 100 s.h.

Les conséquences de l' « effet de rareté » confirment ce résultat grâce à la mercuriale de Douai et à un document antérieur de la même région. Rappelons que, quand la vie est à bon marché, les denrées de remplacement évoluent dans le même sens que l'aliment principal; leur prix de vente est supérieur au prix de revient. En période de vie chère, elles évoluent en sens inverse; elles se vendent couramment au-dessous du prix de revient.

A Douai, le prix du chapon et celui du blé évoluent à peu près parallèlement de 1360 à 1520. Ils divergent alors; le chapon décroche franchement à partir de 1540.

L'élevage traditionnel estime à 20 litres de grain la ration nécessaire à l'engraissement du chapon.

Dans le *Gros Brief de 1187,* compte général du comté de Flandre, un chapon équivaut à 50 litres d'avoine. L'équivalence est la même à Douai vers 1330. De 1350 à 1410, elle oscille entre 30 et 35. On reste au-dessus de 20 jusqu'en 1530; on tombe alors au-dessous de 10 et on y reste : 5,15 en 1630-1650; 10 au XVIIIe siècle, la moitié de ce que consomme un chapon.

Paradoxe de l'économie paysanne. Pourquoi continue-t-on le chapon? Parce que le prix du chapon ne tombe pas dans la même bourse que le prix du grain. Le premier alimente le budget de la fermière qui tient la maison et fréquente le marché; le second tombe dans celui du fermier qui finance l'exploitation et négocie aux foires. C'est la mère qui, au grenier, aère le tas de grains, l'amoncelle, balaie les déchets... et prélève la nourriture de ses poules. De même, c'est elle qui trait les vaches après que les veaux ont bu. Le lait, le beurre, le fromage blanc sont ses petits profits. Alors la fermière veille à ce que les veaux ne soient pas trop gourmands. Cette répartition des tâches et des grains est ancrée dans les mœurs paysannes, on les retrouve partout. Dans le métayage, on partage les grains et la vente des bestiaux; pour les volailles et le beurre, le métayer livre un forfait. Même l'organisation du manoir anglais, fondé sur le salariat, en tient compte. La *lactatrix*, la femme qui tient la laiterie, est aussi chargée de ventiler les blés... et du soin de la basse-cour.

Voilà expliquée cette conséquence étrange de l' « effet de rareté » qui intrigue si fort les historiens lorsqu'ils voient, au XVIᵉ siècle, le beurre baisser tandis que monte le blé. Voilà aussi qui confirme nos quelques sondages sur le prix salarial du blé.

La société médiévale à son apogée est bien une société pleinement développée. Nous pouvons faire confiance à l'opinion de nos ancêtres pour qui les règnes de Saint Louis, et même de Philippe le Bel, ont si longtemps figuré l'âge d'or.

6

L'économie de marché

Traiter du marché après le chapitre de la gratuité paraît une gageure; le marché, ce régulateur souverain de l'économie de profit; le marché, qui ne fait pas de cadeau.

Nouveau paradoxe : en misant sur le goût du lucre, le Moyen Age a mis au point une institution procurant l'approvisionnement des villes, au prix coûtant, exclusif du profit.

On pense souvent que le libéralisme est d'hier, tout juste précurseur de la révolution industrielle qui en serait la justification, voire la conséquence. Voici peu, un économiste renommé, ancien ministre de surcroît, se défendait d'avoir usé de la taxation des prix, « cette pratique moyenâgeuse ». Pour lui, comme pour la plupart de ses confrères, *the dark ages,* les « siècles obscurs », non contents de proscrire le prêt à intérêt, ont étouffé l'initiative économique sous les règlements, les taxes, les péages; bien entendu ils n'ont pu que demeurer dans leur obscurité, obscurité telle qu'il est inutile d'y regarder de plus près.

En réalité, le Moyen Age a réussi son développement grâce à l'économie de marché, à la libre concurrence. Il a même empiriquement construit ce que les économistes appellent le marché concurrentiel parfait.

La théorie du marché

A la lecture des manuels, le marché concurrentiel parfait apparaît comme un modèle théorique, élaboré pour analyser la formation des prix par le jeu de la concurrence.

Quatre conditions sont reconnues à la concurrence parfaite : la transparence : les opérations doivent être instantanément connues de tous les opérateurs; l'homogénéité : les unités de chaque produit présenté sont interchangeables; l'atomicité : acheteurs et vendeurs sont en tels nombre et capacité qu'aucune décision individuelle ne peut, à elle seule, fausser le jeu de l'ensemble; la libre entrée : le marché est ouvert à tout intervenant potentiel.

Le prix d'équilibre résulte mécaniquement de la confrontation de l'offre et de la demande. Sur le long terme, il s'établit au niveau du prix de revient; il est exclusif du profit pour le producteur.

On ajoute qu'il existe « des marchés concrets aussi voisins que possible du marché concurrentiel parfait..., par exemple les Halles de Paris, les Bourses tant de valeurs mobilières que de matières premières, spécialement agricoles ». Mais l'essentiel de la vie économique, à savoir l'économie industrielle, est régi par la concurrence dite monopolistique.

A la vérité, la sagacité des premiers économistes s'est exercée sur le marché qu'ils avaient sous les yeux, et qui n'était en rien une construction théorique. Il était le fruit d'une élaboration empirique qui s'est poursuivie tout au long de l'expansion urbaine et qui vise à assurer au mieux l'approvisionnement des villes.

La pratique du marché

Le marché, étymologiquement le lieu où sont rassemblées les marchandises, est une institution spontanée dès qu'il y a gros village, bourg, embryon de ville : les paysans y viennent pour y trouver ce qui leur manque, en échange de ce qu'ils ont en trop; les citadins, pour se procurer des denrées alimentaires et certaines matières premières, laine, textiles, en échange de ce qu'ils fabriquent. Le paysan y trouve la quasi-certitude de vendre, sans démarche commerciale particulière, sans porte à porte, que ne justifierait pas sa faible production; le citadin, celle d'acheter, sans avoir à prospecter à travers la campagne.

Le seigneur s'y intéresse d'abord pour des raisons fiscales : le mouvement des marchandises est l'occasion de percevoir une taxe, le tonlieu. Les villes n'ont abandonné que récemment l'« octroi »; souvent encore, elles perçoivent un droit de place au marché. Cette appréciable source de revenu fait l'objet de concessions, de partages, de négociations dans les donations, les chartes de franchises. Vers 1050, Guy de Laval donne aux moines de Marmoutiers un bourg près de son château. Il y a déjà un marché et une foire à la Saint-Denis. L'abbé note minutieusement la répartition du tonlieu entre Guy et les moines.

Le marché est un attrait pour les nouveaux arrivants : aussi est-il prévu dans les chartes de fondation, les plans de « villes neuves ».

Les pouvoirs publics se préoccupent du marché dès que le ravitaillement des habitants, du fait de leur nombre, commence à faire problème.

Car, entre fournisseurs agricoles et consommateurs urbains, la partie n'est pas égale. L'agriculture, vivrière, produit principalement pour elle-même sa nourriture, son vêtement, ses redevances; le débouché est secondaire. Ce qu'elle a à vendre, ce sont les surplus qu'engendre une production soucieuse de sécurité. Si l'on veut s'assurer toujours assez, en dépit des aléas, il faut s'organiser pour produire normalement trop. C'est sur ce trop, ce surplus, le « produit net », que compte la ville. La ville vit de « restes », d'« occasions ».

Le paysan a des besoins qu'il ne peut satisfaire par ses propres moyens, outils en fer, ustensiles ménagers, par exemple. Il a même de plus en plus de besoins, à mesure que sa situation s'améliore. Mais ce ne sont pas des besoins pressants, immédiats.

Le citadin s'offre à satisfaire ces besoins agricoles. Mais son besoin à lui, manger, est quotidien, sous peine de mort.

Depuis toujours, le paysan connaît le chemin du marché. Reste qu'il ne soit pas tenté de faire chanter le citadin, d'abuser de sa prédominance, de son *food power*, pour faire monter les enchères.

L'imagination des vieux administrateurs entre en action : « Quand on n'est pas le plus fort, il faut être le plus fin. » Et l'on voit se dessiner empiriquement cette construction admirable de finesse et de psychologie : le marché légal.

Le marché légal finira, pacifiquement, par inverser totalement les situations. Le citadin était menacé de tomber sous la domination du paysan qui détenait la clef de sa subsistance. Le paysan gardera toujours la clef, mais lui-même, librement et avec joie, renoncera à s'en servir.

Le citadin est groupé, naturellement, par sa résidence, son travail. Le paysan est isolé, naturellement, par sa résidence, son travail. Le paysan sera dominé. *Vae soli*, malheur à l'homme seul.

Un exemple : les halles de Paris

Dans une thèse de 1958, Jean Martineau a étudié l'histoire des halles de Paris, qu'il connaissait de première main, en raison de ses fonctions [1]. Son livre nous conduit de la création par Louis VI le Gros, au début du XIIe siècle, jusqu'à la Révolution. Il éclaire singulièrement le

---

1. Jean MARTINEAU : *Les Halles de Paris, des origines à 1789*, Paris, 1960, grand in-8°, 272 p.

passé et le présent de l'économie mondiale. On s'étonne que ce livre n'ait pas fait plus de bruit, tant dans le monde des historiens que dans celui des économistes.

On le complétera par le monumental *Traité de la police* de Delamare. Delamare est un de ces administrateurs cultivés des XVIIᵉ-XVIIIᵉ siècles qui ont rassemblé en d'énormes in-folio le trésor de leur expérience et de leur érudition [1].

Les halles de Paris, le « ventre de Paris », représentent un type parfait du fait de leur situation unique : Paris, le siège de la monarchie, où elle vit au contact d'une population énorme et volontiers turbulente; Paris, dont la subsistance a toujours constitué « le souci majeur de nos rois » (Delamare).

Toutefois, les pratiques qui s'y développent se retrouvent à des degrés divers dans toutes les agglomérations un peu importantes.

A lire Martineau, se dessinent, sous nos yeux, les quatre caractéristiques du marché concurrentiel parfait.

La transparence : les opérations sont concentrées en un seul lieu, délimité; à tel jour de la semaine, entre des heures d'ouverture et de fermeture, impératives. Cela favorise le paysan : on ne se dérangera qu'une fois la semaine. Les prix se discutent au grand jour. Toute vente par un producteur est prohibée en dehors du marché, même le long de la route. Il est interdit aux commerçants, aux détaillants, aux « regrattiers », d'aller à la rencontre des livreurs pour traiter hors du marché.

L'homogénéité : les marchandises sont présentées en unités rigoureusement semblables. Les poids et mesures sont contrôlés – le marché couvert d'Auvillar, près de Valence-d'Agen, conserve encore les boisseaux, la balance, l'aune, les poids étalons. Les produits élaborés sont conformes à un type déterminé – c'est l'origine de présentations locales, le fromage de Brie, le jambon de Bayonne. La toile de Laval comporte une certaine densité

---

1. DELAMARE : *Traité de la police*, Paris, 1729, 4 vol. in-fᵒ.

de fils. La qualité est vérifiée par des experts-jurés, les *probi homines* – les « langueyeurs » de porc examinent les langues, pour déceler les porcs ladres, infestés de cysticerque, transmetteurs de la trichinose. La saisie sanctionne les vices.

L'atomicité : toute entente, toute coalition entre acheteurs, de nature à influer sur les cours, est rigoureusement proscrite. On va jusqu'à interdire les réunions au cabaret durant le marché.

La libre entrée : le marché est public, ouvert à tous.

Quelques coups de pouce supplémentaires viennent conforter l'acheteur. Toute la marchandise doit être physiquement présente à l'ouverture. « C'est une maxime constante dans la police, écrit Delamare, et qui est confirmée par l'expérience de tous les temps, que chaque espèce de marchandises, et principalement de celles qui concernent les vivres, doit être rassemblée dans un même lieu, autant qu'il est possible, et du moins certains jours de la semaine, si l'on veut faire paraître l'abondance et, par une suite nécessaire, en procurer le bon marché. »

Faire paraître l'abondance, voilà le mot clef; la faire paraître par l'effet de masse, même si elle est factice, d'autant plus lorsqu'elle est précaire. Voilà le remède souverain contre la panique, la rétention de marchandises, l'accaparement, la flambée des cours, la disette pratique.

Le marché est organisé pour le consommateur. Le début du marché lui est réservé; seul il peut opérer, à l'exclusion des « regrattiers », la bête noire de toutes les administrations, des détaillants en boutique, qui sont à l'abri de la concurrence parfaite dans leur petit monopole de quartier, de gentillesse, de disponibilité, de relations personnelles; à l'exclusion des commerçants en gros, exportateurs.

Et même plus tard, lorsque les commerçants sont admis et qu'un consommateur assiste à une opération qu'il juge avantageuse, ce consommateur peut intervenir, prélever son nécessaire, au prix accordé devant lui.

Parfois, le premier prix demandé par un vendeur est considéré comme un plafond pour toutes les ventes ultérieures.

Toute la marchandise doit être liquidée à la fermeture; il faut faire place nette; il n'y a pas de retour possible à la ferme. Les derniers moments, c'est l'« heure des pauvres », qui prennent à bon compte, ou pour rien, ce qui reste.

Pour concentrer le maximum de produits au marché, un monopole lui est réservé; aucun autre marché ne peut être ouvert à l'intérieur d'un périmètre de protection. Les voies d'accès, routes, rivières, sont améliorées. Paris s'entoure de cercles, variables selon les marchandises, en deçà desquels est prohibé tout achat direct par les négociants; cercles caractérisés par la perception de taxes sur les convois centrifuges, dont sont exempts les convois centripètes. Le rayon des blés est de 8, puis de 10 lieues : l'aller et retour est possible dans la journée, à condition de partir tôt et de ne pas lanterner sur place; le laboureur pressé de rentrer chez lui relâchera les prix pour en finir plus vite.

On voit que tout est conçu pour favoriser l'isolement du paysan, en tirer parti; pour le détourner du contact personnel et continu avec le consommateur. La production va évoluer comme un phénomène autonome, physique, inconscient, obéissant à sa dialectique propre – assolements, orientations naturelles, conditions et aléas climatiques... Vienne la révolution industrielle, cette atomicité paysanne, devenue atavique, sera lourde de conséquences.

Quant au prix, il résulte mécaniquement, impersonnellement, de la confrontation de l'offre et de la demande; il s'impose comme un phénomène naturel; comme lui, il est imprévisible. Et cela ajoute au système le piment du jeu. Le paysan porte au marché une certaine quantité de produits; il ne sait absolument pas ce qu'il en tirera; il sait seulement qu'il n'aura pas à les ramener chez lui.

Avec la certitude de vendre; avec l'impression qu'on

est libre d'aller au marché ou de rester chez soi; que
là-bas, on discutera, on marchandera en connaissance de
cause, à l'abri des manœuvres, des tromperies d'un
acheteur à domicile, le piment du jeu explique l'attachement incroyable du paysan à une institution conçue pour
confisquer son profit; il rend compte de l'acharnement
passionnel de certains expéditeurs, qui usent leur vie à
une activité qui alternativement les enrichit et les
ruine.

Le « juste prix »

Les moralistes mettent le sceau à l'institution, en
sacralisant le prix de marché qui définit le « juste prix ».
Pour eux aussi, le prix de marché est un fait inéluctable;
un phénomène naturel, sans connotation morale; il s'impose. Ce qui est immoral, ce sont les manœuvres qui
fausseraient le jeu, qui permettraient de *profiter* du jeu,
l'accaparement, la coalition...

Les vieux théologiens du Moyen Age sont les ancêtres
du libéralisme. Il faudra le désordre inhumain du XIXᵉ
siècle pour modifier leur jugement, pour amener à la
conception du « juste salaire », et conséquemment du
« juste prix », celui qui pourvoit aux besoins normaux,
épargne comprise, du travailleur et de sa famille.

A y réfléchir, ce n'est pas tellement la doctrine qui aura
changé, mais le contexte économique. Au XIIᵉ siècle, le
producteur alimentaire, le paysan, prélève à la source son
nécessaire familial, son S.M.I.C., dirions-nous. Grâce à la
tenure perpétuelle, il s'approprie son investissement. Ce
qu'il vend, son surplus, c'est la part du don gratuit que
comporte sa production. La communauté bénéficie
comme lui de l'abondance du don gratuit; comme lui, elle
souffre de ses manques. Ils sont associés dans la bonne et
la mauvaise fortune.

Le résultat est remarquable. Nous l'avons vu à Strasbourg, avec le graphique de Grandamy : en 1420-1430, au

temps de Jeanne d'Arc, 50 salaires horaires pour un quintal de blé, ce qui ne se reverra qu'en 1921; 30 s.h. en 1460-1470, l'époque de Louis XI – le prix de 1935, année catastrophique pour le cultivateur du XXe siècle.

En pleine guerre de Cent Ans, le *Journal d'un bourgeois de Paris, sous Charles VI et Charles VII*, signale à maintes reprises l'abondance aux halles.

A la veille de la Révolution, moment de la plus forte expansion démographique depuis le XIIe siècle, un détracteur systématique de l'Ancien Régime, Sébastien Mercier, dans son *Tableau de Paris*, ne peut taire son admiration; « La police des grains pour Paris s'approche de la perfection. Le pain s'y maintient, depuis plusieurs années, à un taux raisonnable. » Paris est approvisionné par un jeu de hasard.

Le marché a joué puissamment son rôle dans le développement économique. Grâce à lui, un secteur *primaire, et primordial,* une agriculture familiale libre, prospère et féconde, assurée préalablement d'une solide base foncière, a nourri de son « produit net », au prix coûtant, et de ses hommes en excédent, une expansion urbaine, *secondaire et tertiaire,* remarquable. Dans cette France « maîtresse en agriculture », le « produit net » dépasse les besoins intérieurs; le surplus est exporté vers des régions moins favorisées, source du « bon commerce » des physiocrates, que nous retrouvons plus loin.

Le « produit net » a nourri la croissance; il l'a aussi mesurée. La croissance médiévale est équilibrée.

La destinée du marché

La destinée du vieux marché médiéval est prodigieuse. A la veille de la révolution industrielle, il a atteint son point de perfection. Il est si bien intégré dans les mœurs qu'on y voit, suprême malice, une institution naturelle.

La production agricole, elle aussi, apparaît comme un phénomène naturel, physique, inconscient. Le vocabulaire l'exprime : une « plaine céréalière », des « pentes viticoles », un « bassin » laitier. Plus tard, il y aura la « marée » laitière, dont il faudra « éponger » les débordements.

Le marché remplit son devoir, imperturbablement, impersonnellement. Les surplus de l'agriculture, il les « draine », mécaniquement, vers les villes, tandis que, vers les chantiers et les usines, le « marché du travail » « draine », non moins mécaniquement, la main-d'œuvre paysanne en excédent.

Le « produit net » nourricier, il le dégage au prix coûtant. La main-d'œuvre, ataviquement atomisée, maintenue soigneusement dans l'atomicité par l'individualisme jacobin – la coalition est toujours un délit –, se presse également au prix coûtant.

Et c'est de première importance. La concurrence est effrénée, l'investissement, colossal. Le profit doit être maximisé ; la consommation, les salaires, minimisés. Salaires de famine, encore est-il qu'ils butent sur le minimum vital, fût-il assuré quasi exclusivement par le pain. Moins le pain est cher, plus réduit peut être le salaire ; plus compétitif, le produit.

Dès sa naissance, l'industrie s'est évadée de la concurrence parfaite ; le profit la conditionne, nécessairement. Pragmatiquement, elle lui substitue la concurrence qui sera dite monopolistique.

La libre entrée : elle est jugulée par le capital nécessaire pour entreprendre.

L'atomicité : au lieu d'une masse inorganique de producteurs individuels, un nombre limité de fabricants conscients, ouverts de surcroît, clandestinement ou légalement, à toutes coalitions.

L'homogénéité : l'industriel diversifie, personnalise ses produits ; à l'abri de sa marque, il se constitue un petit monopole.

La transparence : le négociant recherche le contact personnel avec le client ; les opérations sont dispersées dans l'espace et le temps.

Les relations directes, suivies, avec le client, dont le paysan a été si soigneusement détourné, ce sont elles qui suscitent, orientent, modulent, mesurent la production du fabricant, protègent son monopole. La production industrielle est consciente de sa fin.

Désormais deux marchés règlent la vie économique : la concurrence parfaite, pour les produits agricoles et la main-d'œuvre, la concurrence monopolistique, pour les marchandises industrielles et les services.

Il y avait une seule balance sur le marché médiéval. Sur le marché moderne, il y en a deux : la vieille balance, censée exprimer le « juste prix », exclusif du profit, à l'abri des manœuvres, pour le paysan ; pour l'industrie et les services, la nouvelle balance, que les vieux théologiens du Moyen Age eussent estimée dolosivement faussée, génératrice de profit.

La vie économique médiévale est équilibrée ; la vie économique moderne est déséquilibrée.

L'échange est faussé par la dualité des marchés. C'est le phénomène des ciseaux : toujours plus de produits agricoles pour le même produit ouvré.

Les ouvriers s'échappent les premiers de la concurrence parfaite qui les affame. Ils rompent avec leur atomicité. Réunis par le travail et la résidence, ils se coalisent, illégalement ; conquièrent, au bout de quels combats !... le droit légal d'association.

Le paysan, lui, entre dans l'avenir à reculons. Au départ, il n'est pas directement touché. Sa vieille autarcie est à peine entamée. L'expansion urbaine développe le débouché ; il peine à le satisfaire ; les cours sont rémunérateurs.

Mais les communications, les transports se multiplient, s'accélèrent. Le marché s'élargit, et avec lui la concurrence. Local à l'origine, puis régional, il devient international, mondial, fondé toujours sur le même principe de la concurrence parfaite.

Interviennent les terres neuves d'Amérique, terres vierges, enrichies par des millénaires de jachère ; terres « sans maître », que n'obère aucune situation acquise. Foin des assolements, des contraintes traditionnelles. L'espace semble infini; la frontière, théorique. Les vieilles terres d'Europe perdent leur avantage.

Et puis la révolution industrielle gagne les campagnes; c'est la révolution agricole. Pour produire plus, pour améliorer la productivité afin de soutenir la concurrence, il faut acheter à l'industrie des engrais, des amendements, des insecticides, des fongicides, des herbicides, des condiments, bientôt des aliments; des machines, et puis des moteurs, des carburants; échanger des produits ouvrés, toujours plus chers, contre des matières prétendues brutes, toujours meilleur marché; donc produire plus encore et, toujours davantage, acheter.

L'agriculteur devient un industriel sans le savoir, mais aussi sans le profit.

La crise s'étend à toutes les agricultures du monde, et personne n'y comprend rien. Les économistes, qui n'ont pas lu Martineau, encore moins Delamare, deviennent fatalistes. N'y a-t-il pas là une loi naturelle, cyclique, qui fait du développement même la cause du sous-développement?

En 1957, Pierre Fromont, dans l'introduction à son *Économie rurale*, est très net : « L'âge industriel a scellé le destin de l'agriculture – comme une pierre tombale. Vous qui y êtes – car personne n'y entre plus –, perdez toute espérance. » Et de citer Vigny :

Fais énergiquement ta longue et lourde tâche.
Puis après, comme moi, souffre et meurs sans parler.

Et d'y trouver une cause : l'imprévisibilité de la production agricole. Au contraire de l'industriel, l'agriculteur n'est pas maître de sa production.

Or la technique agricole maîtrise de mieux en mieux la production. La production de volailles, d'œufs, de porcs, de *baby-beef* se programme avec la précision d'une machine. Et les techniciens de pointe, les spécialistes les plus minutieux sont les plus fragiles, n'ayant qu'une seule corde à leur arc, chargés qu'ils sont des plus lourds frais et investissements.

Alors, un seul espoir : un *boom* démographique, multipliant les bouches à nourrir. Les débouchés alimentaires sont en effet inélastiques. En objets industriels, les désirs de l'homme sont illimités; au besoin, on en suscite, on les excite. Un homme repu ne mange plus.

Le *boom* démographique est là, formidable au sens étymologique, semant l'épouvante. La crise est toujours là aussi, transposée à l'échelle planétaire.

Le monde développé a voulu se conserver une agriculture. Les guerres, dont il s'est lui-même déchiré, lui ont fait toucher du doigt l'impérieuse nécessité de l'indépendance alimentaire. L'Angleterre, la plus extrémiste dans la spécialisation industrielle; l'Angleterre, reine de l'économie mondiale, les sous-marins allemands, en 1916, lui font sentir le vent du boulet.

Les nations riches se ceinturent d'une solide protection douanière, d'un rempart, d'un *limes* contre les nouveaux barbares. Leur agriculture sort de son atomicité, avec les coopératives d'achat et de vente; avec les organismes stockeurs des offices. Elle s'intègre à l'industrie agroalimentaire, autour de la laiterie-fromagerie, de l'abattoir industriel, de la conserverie, de la sucrerie-distillerie, de l'entreprise vinificatrice. Elle rompt son isolement, s'évade de la concurrence parfaite, introduit la conscience dans son processus, devient une industrie comme les autres.

Mais le marché mondial menace toujours à la porte, exerçant sa pression sur les cours nationaux. Force est de subventionner l'agriculture nationale.

Et pourquoi? Pour lui permettre de payer ses frais, d'amortir ses emprunts d'équipement et de payer les intérêts, plus les intérêts de retard, et les intérêts des intérêts. Nous avons déjà rencontré cet enchaînement lugubre : produire plus pour toujours plus rembourser.

Et voilà que l'agriculture produit trop. Incorrigible, ses clients saturés, elle dégage des surplus.

Le débouché est là, à portée de la main, aveuglant. La disette ronge le Tiers Monde. Le vieux marché médiéval ménageait l'« heure des pauvres », qui prenaient ainsi leur part du « don gratuit ».

La gratuité : une catégorie exclue de l'économie moderne. Le « don gratuit », que pèse-t-il devant les frais de production ? Les pauvres ne peuvent payer les frais de production, pas même l'acheminement. Donner, alors, c'était s'enrichir, soutenir les cours, éliminer les excédents. Donner, aujourd'hui, ruinerait le producteur, qui deviendrait pauvre à son tour. Mieux vaut détruire, sous le nez des pauvres. Au moins n'y aura-t-il pas de transport à payer, et on protégera le prix de ce qui reste.

Et les pauvres, pourquoi sont-ils pauvres ? Parce qu'ils se limitent aux biens *primaires,* et primordiaux, mais ruineux. Et les riches ? Parce qu'ils se consacrent aux biens *secondaires et tertiaires,* utiles certes, en tout cas désirés; subsidiaires, mais enrichissants.

C'est la maison à l'envers. L'économie, *oikonomia,* la « science de l'administration de la maison », doctoralement, bafouille. Notre propre développement, déséquilibré, vacille.

« Nous sommes au rouet », dirait Montaigne.

Dans une situation rigoureusement inverse, mais d'une égale difficulté, les vieux administrateurs, *the old worthies,* montraient plus d'imagination. C'étaient des géants; nous sommes des nains, à qui ne vient pas même la pensée de grimper sur le dos des géants. Pèlerinons à Chartres !

Le marché artisanal

La concurrence parfaite s'applique aussi aux produits de l'artisanat. Le tisserand (atomisé) vend ses toiles (homogènes), à la halle aux toiles (publique). Boulangers, bouchers, tanneurs, cordonniers, orfèvres... sont groupés le long de la même rue, ou sur le même quai (transparence). Ils présentent des marchandises aux caractéristiques déterminées, homogènes. Le souvenir de ces marchés, petites « bourses », est rappelé par nos rues des boulangers, des bouchers, des orfèvres; par la rue des Aiguilles, la rue de la Parcheminerie, à Angers; le quai des Tanneurs, sur l'Ille à Strasbourg.

Ceux-là toutefois achètent leur matière première, produisent pour le marché. Ils ne prélèvent pas leur S.M.I.C. à la source; ils le gagnent par leur travail.

Leur marge de fabrication est surveillée de près par les pouvoirs publics, qui se méfient toujours des intermédiaires. Nous les retrouverons avec les taxations.

Les communautés de métier, qui ont le monopole du métier dans la ville, ne peuvent se muer en coalitions, pour fausser le jeu de l'offre et de la demande. Sans peine, elles trouvent la parade à un système capable de les priver de leur gagne-pain. Elles veillent à ce que l'offre ne déborde pas la demande, à ce que la production, tout en assurant le plein emploi, s'ajuste au besoin.

Il leur revient de garantir la qualité de la marchandise, la compétence de l'artisan. Elles n'acceptent d'installations nouvelles que dans la limite du débouché à satisfaire. Elles sont malthusiennes, dès le principe.

Pour accroître la production en vue de l'exportation, pour susciter l'embryon d'une industrie capitaliste, les entrepreneurs devront sortir des villes, disperser les métiers dans la campagne, hors du monopole corporatif.

Mais ce n'est pas un adjuvant au développement; c'est un frein. Ou plutôt, un modérateur du développement, qui le mesure aux conditions réelles d'un développement équilibré.

La vocation de la France est agricole. Ses blés, ses vins, ses plantes tinctoriales, voilà ce qu'elle est bien placée pour exporter; voilà la source d'un « bon commerce », également fructueux pour les deux parties.

Les céréales de France paieront les toiles de Flandre;

ses vins, les tissus de l'Angleterre qui préfère l'élevage extensif du mouton au labeur appliqué du paysan.

Les tissages flamands travaillent pour la France agricole et artisanale. La Flandre privilégie la concentration capitaliste, l'urbanisation agressive : elle le paiera des plus âpres luttes sociales du Moyen Age, et d'une plongée précoce dans le sous-développement.

Les risques du marché

Le premier inconvénient du système, nous venons de le voir pour les artisans, c'est de freiner la production. Le risque est inexistant aux XIe-XIIIe siècles, du fait de l'accroissement rapide de la population, donc du débouché.

Un autre inconvénient, c'est l'extrême sensibilité du marché. L'atomicité des intervenants les constitue en masse inorganique, soumise aux lois de la psychologie des foules, en proie à des comportements irrationnels : plus le prix monte et plus l'acheteur s'empresse, et moins le vendeur consent, et vice versa.

Le marché est sensible non seulement aux arrivages, mais aux pronostics sur la récolte suivante, aux estimations de la récolte en cours, aux rumeurs d'importation ou d'exportation...

Un déficit de l'offre par rapport à la demande entraîne une hausse démesurée par rapport à ce déficit. C'est ce que King avait tenté de cerner dans une loi mathématique : lorsque le déficit est de 1,2,3,4,5 dixièmes, le prix du blé augmente de 3,8,16,28,45 dixièmes.

Sous cette forme abrupte, l'expérience ne vérifie pas la loi. Celle-ci n'en exprime pas moins une tendance constatée dès 1209. Cette année-là, récolte surabondante; un chroniqueur de Liège le note avec cette appréciation : *pauperum gloria, divitum mestitia,* joie des pauvres, acheteurs; tristesse des riches, vendeurs.

La France de 1929 l'a éprouvé. Déficitaire en blé

jusque-là, constituant un marché clos derrière la barrière douanière, elle est en 1929 excédentaire de 10 %. En quelques semaines le prix tombe de 33 %. Un producteur qui aurait vendu 18 000 francs ses 100 quintaux ne retire plus que 12 100 francs de ses 110 quintaux. Le « don gratuit » d'une bonne récolte est pour lui une catastrophe.

Au début du XVIIIe siècle, une situation inverse a des effets désastreux pour le consommateur. Le graphique de Grandamy donne : 164 salaires horaires pour un quintal en 1707; 254 en 1708; 566 en 1709; 406 encore en 1710; mais 134 en 1718.

Au Moyen Age, la surabondance de la France de 1929 se retrouve rarement. En tout cas, elle n'est pas connue dès la récolte avec la précision de nos modernes statistiques; elle ne peut faire l'objet que d'impressions. Il n'y a pas de marché national, tout au plus des marchés régionaux; c'est l'arrivage sur le marché, résultat hasardeux de microdécisions multiples, qui décide des cours. Les battages ne sont pas le fait simultané de nos moissonneuses-batteuses. Seuls les petits producteurs pressés battent au fléau ou dépiquent dès la récolte. Les gros détenteurs, décimateurs, champartiers, battent tout au long de l'hiver, dans leurs granges. Et puis le paysan ne vend que son surplus; même très bon marché, c'est encore du net.

Ce qui est alors à craindre, c'est la flambée des prix et ses conséquences : la rétention de la marchandise, l'accaparement. Pour régulariser les cours, il y a, en première ligne, le stockage à la récolte; stockage familial, rural et urbain; stockage du gros détenteur; stockage municipal. En deuxième ligne, l'intervention du pouvoir public, par la surveillance des marges et en dernier lieu par sa taxation.

Le stockage individuel

Avoir une récolte d'avance, consommer le blé de deux ans, c'est une précaution traditionnelle de l'agriculteur.

Au IVᵉ siècle, le poète bordelais Ausone écrit : « J'engrange des récoltes toujours pour deux ans. Qui n'a pas de grandes réserves aura bientôt la famine. »

Et, en écho, douze siècles plus tard, Olivier de Serres : le bon ménager « voit à l'œil trois cueillettes (récoltes) de son bien, l'une dans sa bourse (ou en cours de vente et de consommation), l'autre ès greniers et caves, et la dernière en la campagne (en train de végéter) ».

Dans l'entre-temps, le fameux inventaire d'Annapes (IXᵉ siècle) : si la récolte présente a été de 100 *corbes,* il en reste 90 de l'année précédente.

La conservation se fait en gerbes, attendant le battage ; ou bien en grenier ou coffres. Olivier de Serres mentionne encore une pratique de l'antiquité méridionale, toujours usitée en Guyenne et Gascogne, le silo enterré, le « cros ».

Les citadins aussi, quand ils ont les moyens, se ménagent des réserves. En cas de disette, les municipalités en ordonnent le recensement, perquisitionnent au besoin pour déceler les accapareurs. Nous avons ainsi une idée de l'importance des stocks privés. A Reims, en 1422, et encore en 1594, ils représentent une marge globale de sécurité de 5 à 6 mois. La répartition est inégale ; suivant les paroisses, 30 à 50 % des ménages n'ont rien. Par contre, voici un apothicaire, à la tête d'une maison de 11 personnes, qui aligne 685 hectolitres de froment ; 86 de seigle ; 171 d'avoine ; 10 de pois et fèves. Il ne doit pas vendre que des médicaments. Un peintre, sa femme et sa tante, ont 2,5 hl de froment et près de 7 de seigle, un an de consommation.

Dans l'Italie voisine, à Pavie, au début de novembre 1539, on trouve près de 3 hectolitres par bouche à nourrir, de quoi assurer largement la soudure.

Les propriétaires de métairies ou d'un petit faire-valoir par domestiques gardent leur réserve à la campagne. Nous avons noté la pratique des bourgeois de Toulouse, actionnaires de moulins, rétribués en nature.

N'oublions pas enfin que beaucoup de citadins ont un

jardin, un verger, une petite vigne, un porc, des volailles. Nous en reparlerons au chapitre suivant.

Le stockage des maisons religieuses, des décimateurs, des champartiers

La dîme, le dixième en gros de la production brute, les rentes et fondations en nature, cela représente une réserve importante.

Les champartiers, les quelques gros producteurs, les propriétaires de métairies détiennent aussi des stocks considérables.

Si les spéculateurs sont avisés – et Olivier de Serres, préconisant les ventes échelonnées, montre qu'il est un spéculateur avisé –, la spéculation, malgré sa mauvaise réputation, est un puissant régulateur du marché.

Ephrussi, prince de la Bourse aux années 1900, en formule la règle d'or : ne pas chercher à vendre au plus haut cours, ni à acheter au plus bas. Mais tâter de l'achat lorsque la baisse se déclenche, accélérer à mesure qu'elle se prononce; vendre discrètement quand la hausse s'amorce, insister de plus en plus tant qu'elle s'amplifie. En un mot, comme le héros d'André Maurois, faire le contraire de ce que tout le monde fait. C'est ainsi que la spéculation, bénéfique pour son auteur, est aussi la plus profitable à la communauté : la bonne affaire se révèle philanthropie.

On stigmatise souvent les gros détenteurs de céréales, les décimateurs en particulier, quand on les voit vendre aux plus hauts cours, vers la soudure, moment critique. Mais c'est le meilleur service qu'ils puissent rendre. S'abstenant à la récolte, ils freinent une baisse préjudiciable aux petits paysans; ils évitent des exportations périlleuses pour l'avenir. S'ils donnaient vers la soudure, en dehors du marché – ce qu'ils font souvent : c'est la louange majeure adressé aux saints évêques et abbés –, ils soulageraient bien les plus pauvres; ils n'influeraient pas sur les prix, dont dépend la masse. S'ils offraient sur le marché au-dessous du cours, ils épuiseraient leurs réserves au profit d'accapareurs. En vendant par fractions, au cours, ils freinent la hausse pour le bien général.

C'est la conclusion à laquelle aboutit, au XVIIIe siècle, une commission où figure Delamare, qui s'y connaît. Sur son avis, Louis XV, en 1736, s'adresse aux maisons religieuses sises à Paris ou le long des rivières y convergeant, dans un rayon de 40 lieues. Il leur prescrit d'avoir en stock, chaque premier janvier, trois ans de subsistances, à la disposition des officiers publics, qui leur indiqueront les tonnages à présenter au marché, pour y être vendus au prix courant.

L'intervention des pouvoirs publics

La taxation du blé est l'arme des situations désespérées. Notre étude, au chapitre 5, débute avec la taxation de Dioclétien (305); elle nous a fourni la mesure du niveau de vie à la fin de l'Empire romain.

Charlemagne y recourt deux fois. En 794, le capitulaire de Francfort plafonne à 4 deniers le muid de froment (39 kg) à 3 deniers, le seigle; ordonne conjointement de livrer pour 1 denier soit 9,8 kg de pain de froment, soit 12,3 kg de pain de seigle. Il réitère en 806, avec le capitulaire de Nimègue.

Notons dans ce texte la taxation du pain en poids pour une somme constante, méthode qui se poursuivra durant tout le Moyen Age. Et aussi l'équivalence entre le poids du pain fabriqué et le poids de grain utilisé. Cette équivalence sera toujours de règle dans l'échange blé-pain, tant que cette pratique sera en vigueur dans les boulangeries de campagne.

Philippe le Bel taxe encore le blé, lors des difficiles débuts du XIVe siècle.

D'une façon générale, la fixation autoritaire du prix du blé n'est pas utilisée. Les moralistes professent bien que, dans ce cas exceptionnel, le prix taxé est le « juste prix »; que s'abstenir alors de vendre, quand on le pourrait, est une faute.

L'inefficacité de cette mesure est trop bien connue. Nous l'avons éprouvée en France, encore en 1934, lors de la fixation d'un prix minimum; en 1940-1944 par la fixation d'un maximum. La taxation engendre immanquablement la rétention, l'accaparement et le « marché noir ».

En 1118, la ville de Liège taxe en vain le muid (246 l) à 5 sous; il se vend 11 sous. Un chroniqueur poète en tire la leçon : « Mais le froment mis à 5 sous est vendu 11 sous. Le temps, en effet, et la vie des hommes ne tiennent pas à eux, mais à Dieu. »

Les pouvoirs préfèrent « faire paraître l'abondance » grâce aux stocks publics ou privés. Charlemagne, dans les capitulaires, cités ci-dessus, prescrit conjointement de vendre les réserves de ses *villae* 1 denier de moins que le prix taxé.

Philippe le Bel, en 1286, mande à son sénéchal d'ouvrir tous les greniers de Moissac, qu'ils appartiennent à des laïques ou à des religieux, l'abbaye de Moissac exceptée.

Les municipalités font de même, et cela nous a permis de connaître les réserves de Reims.

Au début du XVᵉ siècle, le comte de Flandre agit aussi pour stabiliser les cours : il exporte vers Gand, quand le blé tombe à Valenciennes; il expédie vers Valenciennes dans le cas contraire (G. Sivéry).

Si la taxation du blé est exceptionnelle, par contre est fréquente la taxation des marges des meuniers, des boulangers, et aussi des bouchers, faciles à contrôler.

M. Dubled, en dépouillant les archives de Carpentras, a retracé la politique de la municipalité vis-à-vis des bouchers, de 1418 à 1478. La viande jouit d'une stabilité remarquable, si on la compare aux oscillations des céréales; sa production est infiniment moins tributaire des accidents climatiques que celle de l'aliment principal. La consommation individuelle de viande s'établit à la moyenne de 30 kilos par an, volailles exclues. La pénurie de viande, en 1478, se traduit par une augmentation de 15 % sur le bœuf, première variation depuis 1455; de 12,5 % sur le mouton, par rapport à 1418. Le porc reste à son prix de 1455, date à laquelle il augmentait de 14 % sur 1418.

Aux temps carolingiens, la stabilité des prix est telle que, pour les redevances, les porcs sont caractérisés non par leur âge ou leur poids, mais par leur prix, toujours les mêmes dans le rapport 1, 2, 4, 8 suivant que l'on désigne un porcelet, un porc sevré, un porc adulte avant engraissement, un porc gras.

On retrouve le même rapport dans le compte général de Flandre, en 1187. Au XVIe siècle, nous avions remarqué le même doublement à propos de la glandée dans la forêt de Haguenau.

La taxation du pain est plus épineuse. Elle est précédée d'essais officiels dont Delamare a conservé, pour Paris, les procès-verbaux de 1418, 1432, 1466, 1477. Dans les années 1930, certaines villes, comme Laval, procédaient encore à ces essais; géraient, dans un but de contrôle, une boulangerie et une boucherie municipales.

Les procès-verbaux de Delamare enseignent comment on aménageait les crises. On distingue trois catégories de grains – et donc de farines – et trois qualités de pains. Pour le pain de troisième qualité, on ajoute à la farine de troisième catégorie, suivant la conjoncture, plus ou moins de gruau, remoulage, recoupe, issus du blutage de la première catégorie.

1° En comparant 1418, année la plus chère, et 1466, année le meilleur marché, on observe que les mouvements des prix des céréales et des pains sont proportionnels.

2° La composition du lot essayé varie avec les circonstances. 1418 : froment, méteil, seigle, par tiers, soit moitié froment, moitié seigle. 1466 : 2/5 de froment premier choix, 2/5 de froment deuxième choix; 1/5 de seigle.

3° De même, la répartition du lot entre les trois qualités de pain. 1418 : 20 % en première qualité; 30 % en deuxième; 50 % en troisième. 1466 : 1/3 en chacune des qualités.

4° De même, enfin, le taux de blutage, et donc de panification. Le taux global est de 112 % en 1418; de 77 % en 1466.

Pour amortir les variations, on essaie parfois une certaine péréquation à la charge du transformateur. Charles V le tente en 1372 : le prix normal du setier (117 kg) étant de 12 sous, le poids du pain ne changera que lors d'une différence de prix de 25 %, en plus ou en moins, et la variation du pain sera seulement de 5,5 % pour la première qualité; 8,3 % pour la deuxième; 4,2 pour la troisième. Le boulanger, censé gagner sa vie avec le setier à 12 sous, rend dans la hausse ce qu'il a trop perçu dans la baisse.

En 1376, on revient à la proportionnalité, mais tempérée : les changements de poids ne s'opéreront qu'à 8, 10, 14, 16, 18, 20, 22, 24 sous le setier.

Moissac, en 1286, présente une autre formule de péréquation : pour des prix de farine allant de 1 à 20, le poids de pain varie de 11 à 1.

Certaines coutumes de Picardie, au XIIIe siècle, reflètent le souci d'adapter le prix des services aux facultés des usagers, plus élevé aux périodes faciles, plus bas aux périodes de gêne. A Saint-Pol (1202), le prélèvement du meunier banal est de 1/12 de la moisson à Noël; de 1/18 de Noël au 1er août. A Étaples (1277), la rétribution du fournier banal est de 1/16 pendant le mois d'août; de 1/20 les autres mois. Amiens offre un exemple analogue.

La politique frumentaire des villes

Les villes françaises, à l'exception de Strasbourg, ne ressentent pas le besoin d'une politique frumentaire particulière; les réserves privées suffisent. Et puis on recourt aux négociants locaux pour aller quérir du blé dans les régions plus favorisées. A Laval, en 1520, un printemps très sec fait craindre une récolte désastreuse : les marchands lavallois partent acheter en Orléanais, et jusqu'en Guyenne.

Strasbourg seule a une politique municipale remarquable. La ville entretient en permanence un stock couvrant jusqu'aux 3/4 de la consommation annuelle. Aux XVIIe-XVIIIe siècles, il ne descend jamais au-dessous de 50 000 hectolitres. La conservation, sans doute pour partie en silos hermétiques, est extraordinaire. Hanauer, qui a passé sa vie à fouiller les archives strasbourgeoises, grâce à qui Fourastié-Grandamy ont pu dessiner leurs graphiques, Hanauer note qu'en 1632, les réserves comprenaient des blés de 1591, 1525 et... 1439.

En comparaison, Bruges paraît bien timide. Au long des cent ans du XVe siècle, le total des achats est de moins de 80 000 hectolitres, une demi-année de consommation. La plus forte opération – 1416, 9 778 hectolitres – équivaut à 20 jours de ravitaillement [1].

Ypres intervient moins encore : 9 113 hectolitres au total, un quart d'année; avec une pointe de 2 178 hectolitres en 1414, 20 jours aussi de consommation.

La politique de Bruges illustre le comportement ultrasensible du marché concurrentiel parfait, et le parti qu'en peut tirer un acheteur non atomistique. Bruges procède par achats massifs et lointains, de blés baltes surtout. L'ordre Teutonique a colonisé : l'exportation des blés est sa grande ressource.

Du 19 avril au 6 mai 1409, achat, à des marchands de la Hanse germanique, de 8 427 hectolitres de froment et de seigle. La hausse est immédiatement brisée, deux mois avant que les blés n'aient pu arriver : leur seule annonce a suffi. Louvain, qui n'a rien fait, profite de la nouvelle

---

1. Marie-Jeanne TITS-DIEUZAIDE : *La Formation des prix céréaliers en Brabant et en Flandre, au XIVe siècle*, Bruxelles, Éd. de l'Université, 1975, in-8°, 406 p.

à retardement; la flambée y dure un mois de plus.

Août 1415, récolte exécrable; hiver 1415-1416, la récolte suivante s'annonce mal. Mai 1416, premier achat à la Hanse, de 1 892 hectolitres seulement : la hausse ralentit. Noël 1416, achat plus fort, 7 884 hectolitres. Un mois après, un mois cependant avant l'arrivée du convoi, la courbe descend franchement. Même politique et même résultat en 1437-1438.

Les villes de Flandre et de Brabant s'approvisionnent dans un rayon insoupçonné. De ce Moyen Age que l'on se figure cloisonné, on connaissait l'ampleur et l'intensité des échanges intellectuels; l'extension du commerce du vin et de la laine. Mme Tits-Dieuzaide nous dévoile un marché des céréales « international ».

Flandre et Brabant sont normalement nourris par leur hinterland, par le Hainaut, la Flandre gallicante, l'Artois, la Picardie, la Normandie – l'influence du marché d'Anvers est perçue à Rouen. Mais en période de crise, on recourt à la Bretagne, l'Espagne, l'Angleterre, et surtout l'Europe septentrionale – Allemagne du Nord, Prusse, Pologne, Livonie – qui, en ce XVe siècle, joue un peu le rôle de l'Amérique sous-peuplée du XIXe.

7

La vie urbaine au Moyen Age

Un autre facteur du développement médiéval, c'est la modération dans ce qui en est l'expression même, dans l'urbanisation. Au début de cette étude, nous avons remarqué la vigueur de l'expansion urbaine aux XIe-XIIe siècles. Il nous faut maintenant analyser son caractère.

Il ne s'agit pas d'une ruée vers les villes, comme au XIXe siècle, d'un phénomène allogène, trouvant en lui-même son principe et sa fin, aspirant à soi la vie, facteur de grossissement démesuré de la ville, d'une désertification du plat pays, de clivage entre deux populations. Nous sommes au contraire en présence d'un développement homogène de la région, d'un épanouissement, d'une urbanisation de la campagne, fruit d'une surabondance de vie; le progrès de l'ensemble résultant d'un échange mutuel, d'une compénétration des qualités et des facultés de chacun.

La ville est fille du village

Cette expression de Roger Grand définit le processus. C'est la campagne avoisinante qui, autour de l'église, engendre le village, avec les artisans et commerçants qui répondent à ses besoins. Dans les zones de champs ouverts, les cultivateurs résident au village; ils y ont maison, étables, grange; un jardin par-derrière, et par-devant le tas de fumier, dans la rue. Encore en 1939, en Lorraine, on jaugeait la fortune du propriétaire au volume de sa fumière. La campagne nourrit le village, au marché : elle y rencontre les acheteurs de ses surplus.

Le village devient bourg, à mesure que les champs prospèrent, que les excédents, nourriciers et humains, se font plus abondants. Il se développe quand la situation géographique est favorable.

L'expansion urbaine, la multiplication des « villes », c'est, le plus souvent, une dilatation des bourgs.

Le peuplement du territoire étant alors plus équilibré qu'aujourd'hui, les « villes » locales sont plus nombreuses et, en bien des cas, plus peuplées. Mirepoix (Ariège) qui compte, en 1960, 3 000 habitants, en aligne 10 000 vers 1300; en 1317, c'est un évêché.

Paris mis à part, qui pèsera si lourd sur le destin de la France, la population des grands centres, remontant à l'époque gallo-romaine, est relativement modeste. Au XIIIe siècle, Toulouse, avec ses 35 000 à 40 000 résidents, est une très grande ville; comme Montpellier, d'origine plus récente. A la même époque, les villes italiennes et rhénanes les surclassent nettement.

La dissémination des « villes » met à portée de la main les fournisseurs du paysan. Même le petit pays rêve d'autarcie. On déplore souvent l'absence de spécialisation géographique des différentes productions; ce serait un frein à la productivité, donc au bon marché, donc aux courants commerciaux.

Outre que la technique du temps ne postule pas, d'une façon générale, la concentration, c'est oublier que les frais de transport eussent alors mangé, et au-delà, le gain de la spécialisation. Le commerce lointain n'est intéressant que pour les marchandises chères; pour les produits comme le vin, dont la qualité est liée à un terroir; ou encore dans le cas de différence énorme du prix de revient.

Les blés baltes sont attractifs du fait du sous-peuplement et de la culture extensive de leur pays d'origine ; de la condition sociale arriérée de ses cultivateurs, contraints de se contenter de peu. En 1405, le transport de Dantzig à Bruges entre pour 40 % dans le prix du grain, arrivé à bon port. Par contre, le passage de Guyenne en Angleterre grève le prix du vin de 10 à 17 % seulement.

Le caractère rural des villes

La ville est pénétrée de campagne, par ses habitants, de proche ascendance paysanne ; par son paysage. Elle vit en symbiose étroite avec la campagne.

Mirepoix, détruite par une inondation, est rebâtie sur un site plus sûr, selon un plan régulier. Érigée en bastide, vers 1280, Mirepoix appelle de nouveaux venus pour renforcer les anciens. Le lot assigné à chacun est composé d'un terrain à bâtir, sur la rue, de 9 sur 8 mètres, suivi d'un jardin de 9 sur 27 mètres.

Les censiers, comme le « vieil rentier » d'Audenarde (vers 1275), foisonnent de courtils autour des agglomérations.

Ces jardins ont parfois laissé des traces dans le paysage. Autour de Nîmes, on a dénombré 8 000 enclos en pierre sèche.

Paris lui-même est pénétré de campagne. L'enceinte de Philippe Auguste renferme des jardins et des vignes. Le nom des abbayes qui l'entourent en dit le caractère agreste : Saint-Germain-des-Prés, Saint-Antoine et Saint-Martin-des-Champs. L'actuel quartier du Marais, jusqu'au XVIᵉ siècle, est couvert de jardins, mis en valeur par des « maraîchers ».

Une miniature de 1317 représente, sur le Grand-Pont, avec leurs bêtes, des âniers, des bouviers, un berger, mêlés à la foule des passants.

La campagne s'infiltre à tel point qu'en 1438, les Parisiens sont terrorisés par les loups des bois de Boulogne et de Vincennes. 14 personnes sont étranglées entre

Montmartre et la porte Saint-Antoine; un enfant est
enlevé près du marché des Innocents. De même qu'en
Inde on donne un nom à tel vieux tigre, mangeur
d'hommes, les Parisiens ont identifié un loup particulièrement audacieux, qui a perdu la queue dans la bataille :
ils le dénomment Courtaut. On finit par tuer Courtaut :
sa mort est célébrée par des réjouissances publiques.

Plus couramment, les rues de Paris sont parcourues par
des cochons, au moins jusqu'à ce que l'un d'eux provoque la mort du fils aîné de Louis VI le Gros, en s'empê-
trant dans les pattes de son cheval. La divagation des
porcs est alors interdite, exception faite pour les porcs des
charitables antonins, les cochons de saint Antoine, marqués d'un T au fer rouge. Pourtant Philippe Auguste est
encore obligé de cerner d'un mur le cimetière des Innocents, pour empêcher les porcs d'y déterrer les morts.

Les porcs sont des agents de répurgation; omnivores,
les meilleurs transformateurs qui soient – ils consom-
ment jusqu'aux bouses de vaches –, aucun déchet ne leur
échappe. Ils sont aussi des agents de pollution. Un
voyageur arabe, passant par les Gaules au XIIᵉ siècle, loue
Mahomet d'avoir proscrit la viande de porc; au moins,
les villes islamiques sont propres; les villes de Gaule sont
de véritables fumières.

Nous avons noté la bonne fortune que constitue leur
forêt pour les citoyens de Haguenau. Chaque ménage a le
droit d'y engraisser un ou deux porcs, gratuitement, à la
glandée.

Les communaux, la vaine pâture permettent aux citadins d'avoir des vaches. Encore en 1825, un voyageur
écrit : « Colmar a encore des rues entièrement consacrées
aux laboureurs. Vous voyez le soir rentrer les vaches
qu'on a envoyées le matin au pâturage. Elles reviennent
en troupe, se dispersant à travers la ville, et chaque
animal reprend sans guide le chemin de son logis. »
Combien plus encore aux XIIIᵉ et XIVᵉ siècles!

Les chartes d'Orléans (1057), Bourges, Tonnerre, Arras
(1187), Aurillac (1280-1298); des textes d'Amiens (1286),

Laon (1231) contiennent de nombreuses clauses d'économie champêtre : pâturages, jardins, police des vaches
« rentrant en ville ». Les bourgeois de Picardie sont
astreints à résidence dans leur commune ; les chartes
prévoient toutefois des « congés agricoles », pour les
travaux de printemps, été, automne.

Ces « congés agricoles », en bénéficient des profession-
nels bien imprévus. A la fin du XVIᵉ siècle, les paroissiens
d'Avénières engagent un organiste ; son contrat prévoit,
par an, trois semaines de « vacances » pour ses foins et
autres besognes champêtres.

Inversement, certains artisans, comme les tisserands,
qui peuvent établir leur métier à la campagne, adjoignent
à leurs maisons quelques lopins de terre. Dans le bas
Maine, on voit encore des vestiges de villages de tisserands : des masures, avec, en appentis et en contrebas, la
« cave » où était monté le métier, éclairé d'une seule
lucarne, au nord ou à l'est de préférence, humide à
dessein, pour éviter que le fil ne casse. Alentour, quand le
remembrement n'a pas arasé les haies, de petits champs
constituaient la « biqueterie » du tisserand-cultivateur.

*Les retombées économiques de la symbiose ville-
campagne*

Cette symbiose de la ville et de la campagne a une
influence heureuse sur le développement général.

Outre qu'elle assure un développement homogène ;
qu'elle mesure la croissance des secteurs secondaire et
tertiaire à la capacité excédentaire du primaire ; qu'elle
oriente les bourgeois vers les placements agricoles – baux
à cheptel, métayage, vignes, etc. –, elle est pour les
artisans, leurs compagnons et leurs familles une garantie
de plein emploi, une contribution à leur alimentation et à
leur entretien, une assurance contre le chômage, un
équilibrage vital.

Au début de l'ère industrielle, Fourier préconise, dans

son phalanstère, la libre alternance des tâches. Le Moyen Age a pratiqué le fouriérisme avant la lettre, les extravagances en moins.

Grâce à l'alternance des tâches, les loisirs deviennent productifs, sans cesser d'être des loisirs. Chacun peut déployer la totalité de sa force productrice, sans s'abrutir dans la monotonie d'une tâche unique

Nous avons remarqué l'abondance des jours chômés. A quoi s'occupaient les ouvriers pendant ce temps-là? Ils faisaient leur jardin; bêchaient et taillaient leur vigne, leur verger; ils soignaient leur élevage; ils mettaient à profit leurs droits d'usage; ils se louaient pour aider aux gros travaux des champs.

Et ce faisant, ils acquéraient une « culture »; car la culture, le jardinage, l'élevage constituaient une « culture », au sens intellectuel du mot, et un dérivatif équilibrant aux servitudes du métier principal. Et ce jour-là, l'ouvrier était son maître, travaillant avec ses outils, sur son bien et pour son bien.

La destinée de l'alternance des tâches

Les modernes ruraux travaillant en usine ont longtemps conservé cette habitude. Dans les années 1920, mon professeur d'économie politique nous citait les sidérurgistes de Lorraine qui avaient gardé leur petite ferme familiale. Les grèves étaient rares. Mais quand elles éclataient, elles étaient longues : l'ouvrier attendait patiemment dans son champ que le patron revienne le solliciter.

L'Auvergne est encore fidèle à cette pratique. Nombre d'ouvriers de Michelin à Clermont-Ferrand « descendent » le matin de la « montagne » où ils ont conservé leur exploitation. Et aussi la Bretagne, avec le personnel de Citroën, à Rennes.

La spécialisation n'en est pas moins la règle, l'impératif, catégorique. A tel point qu'est dénommé O.S., ouvrier spécialisé, celui-là précisément dont la spécialité est de n'en point avoir; que l'absence de formation spécialisée relègue dans les tâches subalternes. La non-spécialisation est élevée au rang de spécialité.

Il est vrai que l'alternance des tâches, de simultanée qu'elle était au Moyen Age, se déroule désormais dans le temps, au moyen de recyclages perpétuels.

Les syndicats, tant ouvriers qu'agricoles, sont hostiles au travail à temps partiel, à l'agriculture conjuguée avec l'industrie. Les prétextes sont divers. Ils se résument en ceci : notre économie ne prévoit pas cette catégorie. L'économie moderne ignore le paysan, lequel constitue tout de même une bonne moitié de la population mondiale.

Cette économie est en crise. Les ouvriers, plus sages que leurs dirigeants, retournent au Moyen Age. Dans la campagne de Montluçon, et aussi en Mayenne, ils recherchent activement les petites fermes vacantes.

Le « bon commerce »

Pour les physiocrates, le commerce extérieur n'est en soi ni un facteur, ni même un indice de prospérité. Il faut distinguer bon et mauvais commerce.

Une balance commerciale excédentaire est une condition de prospérité monétaire. Reste à savoir comment elle est obtenue.

Si, obéissant à des préoccupations de puissance et de prestige, les pouvoirs publics, dans le seul but d'obtenir des rentrées d'argent, favorisent des activités non profitables au pays, au détriment d'activités indispensables, ces rentrées d'argent se soldent en définitive par une perte de substance du pays lui-même. Un exemple de « mauvais commerce » : la France du XVIIIᵉ siècle. Elle exporte de la toile en Amérique espagnole en contrepartie d'espèces sonnantes et trébuchantes. Pendant ce temps-là, elle est très mal nourrie. Tout au long du siècle, le quintal de blé se tient en moyenne à plus de 200 salaires horaires; à 211, de 1777 à 1802; à 278, en 1770; à 276, en 1789; au niveau du Bas-Empire romain. La France est sous-développée.

A ce moment, Arthur Young observe l'agriculture française. Passant par le Maine, il manifeste sa désolation. Son correspondant local lui rétorque : « Dans les endroits où la fabrication de la toile est la plus prospère, l'agriculture est aussi la plus négligée, car le peuple ne compte que sur sa toile. » Et pourquoi? Parce que l'agriculture est écrasée par les charges.

– D'abord la rente foncière : les fermages, exprimés en blé, butent sur la productivité – du XVIe au XVIIIe siècle, ils sont multipliés par 1,5 seulement, contre 7,7 dans la région parisienne. Ils sont toutefois sans commune mesure avec le cens médiéval – le cens primitif constitue le 1/40 de tel fermage de 1784.

– Surtout les charges fiscales : un curé les évalue à plus du 1/3 du produit de sa paroisse.

Alors le paysan préfère vivre de galettes et de bouillie de sarrasin; consacrer ses forces au lin et au chanvre, au filage et au tissage de la toile. Cette production est moins sensible aux aléas climatiques. Elle lui rapporte tout au long de l'année les deniers indispensables à ses paiements.

Le commerce est prospère. Les négociants lavallois se bâtissent de somptueux hôtels. L'un d'eux grave au fronton du sien : VLT, Vive la toile! Mais c'est du mauvais commerce, ruineux pour la nation.

La France médiévale pratique le « bon commerce »

Le « bon commerce » consiste à forcer la production de ce que favorisent les conditions locales – physiques, acquises et humaines –, à les échanger avec les produits étrangers, favorisés eux-mêmes par leur situation propre. Il enrichit les deux parties.

La France médiévale est bien placée en agriculture : son climat; son sol et les améliorations dont il a été l'objet; son paysannat « propriétaire », nombreux, actif, riche de sa tradition. Elle est mal placée pour l'industrie, en raison même de son niveau de vie élevé, des salaires onéreux : au XVᵉ siècle, le prix salarial moyen du blé, à Anvers, est plus de trois fois ce qu'il est à Strasbourg, Paris et ailleurs. Strasbourg a tout intérêt à acheter ses draps en Flandre.

Le vin

Les statistiques manquent pour le quantifier. A une exception près, grâce à l'esprit méthodique des Anglais, maîtres de Bordeaux jusqu'en 1453. Les Anglais ont tenu et conservé la comptabilité des sorties de vin par la Gironde.

Lorsqu'en 1952 Yves Renouard publie le résultat de ses recherches, c'est une véritable stupeur dans le petit monde des médiévistes, tant est invétérée la conviction de la médiocrité médiévale. La moyenne annuelle, pendant le premier tiers du XIVᵉ siècle, se chiffre à 747 000 hectolitres – 850 000 environ en 1308-1309. Pour fixer les idées, en 1950, l'exportation totale de vin par la France est de 900 000 hectolitres [1].

Et cela ne concerne que les seules sorties par la Gironde : Bordeaux et Libourne. Il est vrai que, devant la demande, la zone d'approvisionnement s'étend le long de la Garonne et de ses affluents. Higounet a calculé qu'au cours de l'année 1331-1332, il est passé, sous le pont d'Agen, 5 350 bateaux, une vingtaine par jour ouvrable. On comprend dès lors que Bordeaux ait accueilli sans enthousiasme sa conquête par Charles VII.

Il n'y a pas, sur l'Atlantique, que Bordeaux; il y a

---

1. Sur cette question, voir les articles d'Yves RENOUARD, en particulier « Le grand commerce des vins de Gascogne au Moyen Age », *Revue historique,* avril-juin 1959, p. 261-304.

Bayonne, et surtout La Rochelle – Nantes ne vient à l'exportation que tardivement. La Rochelle expédie jusqu'à Dantzig. La navigation est d'une telle densité sur la côte sud-ouest qu'elle y fait l'objet du premier code maritime international, les « Rôles d'Oléron », rédigés, dès avant 1250, par la communauté des transporteurs. Du fait de la prééminence du vin, les bateaux sont jaugés en *tonneaux,* appellation qui a survécu jusqu'à nos jours.

Et il n'y a pas que le Bordelais, il y a aussi la Bourgogne, dont les vins sont encore aujourd'hui si appréciés en Belgique; les vins du Rhin et de la Moselle. Dès qu'il y a voie d'eau pour faciliter le transport, un vignoble se crée. Vers 1245, Fra Salimbene, le franciscain italien, passant par Auxerre, note la richesse des habitants que leur vin suffit à défrayer de tout le reste.

Orléans s'entoure d'un vignoble : Saint Louis, captif en Égypte, fait venir des vins d'Orléans, à l'intention du sultan et de sa cour. Sans doute ces musulmans pensaient-ils comme tel chef ivoirien à qui j'offrais une bouteille de whisky : « Mahomet interdit la bouteille, mais pas ce qu'il y a dedans. »

La réputation des vins français s'étend à toute la chrétienté. Vers 1250, le Languedoc expédie en Italie. Les villes flamandes sont demandeuses : voici les vignes de Champagne, du Laonnais, de Picardie. Amiens a une corporation de vignerons, assez riche pour offrir une chapelle à la cathédrale.

Il est vrai que Flamands et Hainuyers sont gros buveurs. Aux XIVe et XVe siècles, la consommation de leurs villes s'échelonne entre 25 et 100 litres par habitant et par an. Les autorités n'y voient qu'avantage : le tonlieu sur les vins est un de leurs plus abondants revenus.

A lire les nombreuses études locales consacrées à la question, c'est une véritable frénésie. Tout le monde plante : grands et petits, clercs, nobles, bourgeois, officiers publics et, bien entendu, paysans. Les bourgeois de Toulouse ceinturent leur cité d'une couronne de vignes.

Les villes veillent à la qualité de leurs vins. A la fin du
XIIIe siècle, Moissac fixe un modèle type de tonneau;
défend, en 1328, d'engraisser les vignes au fumier; en
1388, fait arracher sur son territoire les mauvais cépages.
Bergerac, Toulouse prennent des mesures analogues.

Le blé

Le commerce des blés a malheureusement laissé beaucoup moins de traces. On le devine plutôt qu'on ne
l'observe. Par exemple, un tarif de tonlieux nous indique
que Vannes est un port exportateur de grains. Pour
Castelnaudary, des lettres patentes de 1356 garantissent la
liberté, jusqu'à 1 000 quartons annuels, d'exporter du blé
du royaume, à condition que ce ne soit pas « aux ennemis
du roi de France ».

Nous avons vu que l'influence du marché d'Anvers se
fait sentir jusqu'à Rouen. La Flandre dépend à tel point
de la France qu'au plus fort de sa lutte contre Charles le
Téméraire, Louis XI joue de son *food power :* en 1470, il
ferme la frontière, dans l'espoir de soulever contre son
rival ses sujets affamés.

Les ducs de Bourgogne encouragent l'exportation de
leurs vins : chaque année, au vin nouveau, ils expédient
aux autres cours des cadeaux publicitaires. Et aussi de
leurs blés. A Chalon-sur-Saône, la « foire chaude », tout
de suite après la récolte, leur est consacrée en première
ligne : elle s'ouvre à la Saint-Barthélemy (24 août) et dure
vingt-huit jours.

Il est vraisemblable que, malgré sa discrétion documentaire, l'exportation des grains représente un chiffre du
même ordre que celle des vins.

Les plantes tinctoriales

L'Angleterre, la Flandre recherchent pour leurs draps la
gaude, qui teint en jaune, la guède ou pastel, qui donne le

bleu. L'Artois, la Picardie leur en fournissent. La corporation des marchands de guède domine Amiens, y accapare les fonctions publiques.

L'Angleterre se fournit aussi de guède en Normandie, par Caen et Dieppe.

Le pastel fait surtout la fortune du Languedoc, de l'Albigeois, du bas Quercy, du Rouergue, du Béarn, du Lauragais. Il sort par Bayonne et Bordeaux. Le centre du commerce est Toulouse. La famille maternelle de Montaigne (1533-1592), les Lopez, s'est enrichie dans le pastel. Un Lopez s'est installé à Toulouse; un autre, à Bordeaux; un troisième, à Anvers, qui leur sert de démarcheur. Ils envoient aussi à Bilbao et à Londres.

L'Artois, la Picardie, la Normandie exportent encore la garance, qui fournit le rouge. Et le jaune safran est la spécialité du Quercy.

Le bétail

C'est toujours à la sauvette, par des droits portuaires, qu'on saisit le commerce breton des porcs, du beurre; et surtout, vers l'Angleterre, des chevaux.

Le tarif de La Turbie mentionne bœufs, chevaux, moutons, chèvres à destination de la Riviera de Gênes.

Il y aurait encore le sel des salines de la côte atlantique, de Guérande, de la baie de Bourgneuf, de l'Aunis, qui s'en va jusqu'en Italie, par La Rochelle.

Terminons par un bien primaire par excellence, la pierre. Maître de l'Angleterre, Guillaume le Conquérant reste fidèle à la pierre de Caen. Il en bâtit Battle Abbey, l'abbaye de la Bataille, commémorant Hastings. L'usage de la pierre de Caen est courant en Angleterre : on la trouve au chœur de Cantorbéry, à la cathédrale de Norwich, au château de Winchester, à l'abbaye de Westminster [1]...

1. Jean GIMPEL : *La Révolution industrielle du Moyen Age*, Paris, Seuil, 1975, p. 36.

Encore un paradoxe de l'économie médiévale. Le développement se mesure à la prédominance, aujourd'hui, des secteurs secondaire et tertiaire; il se mesurait autrefois à l'importance du secteur primaire. Les producteurs primaires sont aujourd'hui les pauvres; ils étaient alors les riches.

8

Où commence le Moyen Age

Nous avons analysé les facteurs qui ont permis à la société sous-développée du Bas-Empire romain d'accéder progressivement au développement.

Le processus se devine aux temps mérovingiens, vers l'époque de Dagobert. Il se précise sous les Carolingiens : à l'échelle de Fourastié, Charlemagne fait bonne figure. Après l'éclipse passagère des IXᵉ-Xᵉ siècles, la poussée s'accélère.

Les historiens américains, pour leur propre pays et pour l'Europe, utilisent le concept de « frontière ». La « frontière », c'est la zone libre où l'expansion est possible, où s'opère la conquête des terres vierges, des ressources naturelles, des marchés; la zone d'action offerte aux hommes entreprenants.

La « frontière » peut aussi s'entendre au sens intellectuel, scientifique, artistique : les voies nouvelles ouvertes à la pensée, à la recherche, à la création.

La frontière, dans l'acception française, c'est la limite. La frontière, dans ce sens-là, la société médiévale semble l'avoir atteinte au XIIIᵉ siècle.

Tout y évoque la moisson, l'achèvement, la plénitude. Les XIᵉ-XIIᵉ siècles sont une aube, un printemps, le temps des semailles; le XIIIᵉ est un midi, un zénith, le temps des moissons.

De même que septembre annonce l'automne, que l'été

de la Saint-Michel n'est qu'un feu éphémère, la seconde moitié du XIII⁰ siècle manifeste un affaissement de l'élan vital qui avait soulevé la société à la veille de l'an mil. L'assoupissement, au XIIIᵉ siècle finissant, de la France féodale illustre la loi des trois âges, l'âge des créateurs, l'âge des ordonnateurs-administrateurs, l'âge des jouisseurs-dilapidateurs, la loi de l'action et de la réaction qui domine le monde physico-chimique et rythme également le cours de l'histoire. C'est alors toute la société qui « boit la sueur » des pionniers des XIᵉ-XIIᵉ siècles.

Un symptôme de vitalité qui ne trompe pas, c'est la fécondité familiale, la natalité. Les études locales tendent à montrer que le maximum démographique a été atteint, dans l'hexagone, vers 1280. Dès avant cette date, la natalité baisse, le mariage tardif se répand, le célibat définitif se multiplie chez les laïcs. Lucien Musset note, en Normandie, une lente descente à partir de 1270, avec même la suppression de quelques paroisses. Millau, Antibes régressent dès avant 1300. Higounet montre, sur l'exemple de Périgueux, que la population urbaine ne se maintient que par une constante immigration.

Jean Gimpel constate la même chute du dynamisme dans le domaine de l'invention technique, et suivant la même chronologie. Plus rien d'équivalent à l'attelage d'épaule du cheval, au gouvernail d'étambot, au moulin à vent qui, en période sèche, double si utilement le moulin à eau. Il place en 1277 le début du déclin, le voyant coïncider avec l'invasion du sentiment dans l'expression de la foi.

De ce survol de douze siècles, éclairé par la physiocratie et la morale, il se dégage que le développement s'obtient, se conserve et fructifie au cours d'un long processus dont il importe de respecter l'ordre sans enjamber les étapes; qu'il peut s'évanouir en quelques années, sans que l'État perde sa puissance, ni la société, ses brillantes apparences, au prix toutefois de la misère des masses. Par contre, la sortie du sous-développement est extrêmement ardue et ne se réalise, à défaut d'apports extérieurs judicieux, que par une réduction drastique des charges « stériles », celles qu'implique l'hypertrophie des pouvoirs de l'État et de l'argent.

La coïncidence entre l'effacement économique et artistique du Moyen Age n'est pas fortuite. Un développement économique profitant à tous n'est possible que dans un climat de paix, intérieure et extérieure ; avec une société qui reconnaît, même quand elle la viole, la suprématie universelle de la loi morale ; une société qui respecte les particularités régionales, les autonomies locales, tout en assurant sa cohésion par la communauté d'idéal et de foi ; une société telle que la constitua la chrétienté. A la vérité, avec le XIVe siècle, c'est une tout autre mentalité qui se fait jour, une autre civilisation qui s'élabore.

Auguste Comte ne s'y trompe pas, qui fait débuter au XIVe siècle « l'immense révolution occidentale que le positivisme vient aujourd'hui terminer... (Depuis lors) les diverses puissances européennes sont rentrées, les unes vis-à-vis des autres, dans l'état sauvage ; les rois ont fait graver sur leurs canons l'inscription, dès lors exactement vraie : *ultima ratio regum* », ultime raison des rois. Le pouvoir substitué au service.

Saint Louis était le suzerain supérieur de son royaume, membre de la chrétienté. Il se voulait essentiellement gardien de l'ordre et de la paix, arbitre.

Philippe le Bel, premier roi moderne, se veut le roi. Il ne se reconnaît d'autre supérieur et d'autre juge que sa conscience. Il est, certes, soucieux de l'opinion publique, non pas pour l'écouter, mais pour la diriger et la manipuler. Et Dieu sait si ses conseillers s'y entendent ! S'il y a un monde entre Bouvines et Crécy, il y a un monde entre Saint Louis, « dernier sourire de Dieu au Moyen Age », et Philippe le Bel, l'« homme de marbre », le premier « monarque ».

Encore un mot :

On nous reprochera d'avoir regardé le Moyen Age avec des lunettes bleues, de nous être tu sur ses manques.

Nous n'avions pas à souligner ses manques, mais les facteurs positifs qui ont procuré son développement.

Et puis, si l'histoire, en tant que déroulement des faits, a un caractère objectif, l'histoire – récit et interprétation de ces faits – ne peut être que subjective, soumise à la subjectivité de l'historien, à sa mentalité, à ses certitudes. On ne peut exiger d'un historien qu'il révoque ses convictions; on lui demande seulement d'être honnête.

L'historien peut aborder son sujet avec sympathie, avec des lunettes bleues; avec hostilité, avec des lunettes noires. A défaut de lunettes incolores, impensables en la matière, mieux vaut les lunettes bleues; elles sont plus lumineuses. Le cœur n'est-il pas aussi un instrument de connaissance?

Raymond DELATOUCHE.

Troisième Partie

Le Moyen Age
au service
du Tiers Monde

1

Mieux que dix discours :
un modèle réduit

Au début du mois d'avril 1977, je fis une escale à New York pour rencontrer le Dr Standke, qui dirigeait le Bureau de science et technologie des Nations unies. Je revenais de Los Angeles, où j'avais organisé un colloque international rassemblant plus de deux cents savants et chercheurs, à l'université de Southern California (U.S.C.), Son titre : « L'Avenir de l'Occident. Déclin ou Transformation. » J'avais eu l'ambition de faire appel aux historiens des sociétés en déclin et de leur demander de nous exposer ce que ces sociétés avaient entrepris pour tenter de ralentir ce processus.

Les participants étaient invités à tirer les leçons du passé et à proposer des réformes aux gouvernements intéressés, tel celui de Washington, ou à des organisations internationales, telles celles des Nations unies. C'est à ce titre que je me trouvais au Bureau de science et technologie des Nations unies début avril. Le Dr Standke ne fut pas intéressé par le projet que je lui soumettais. Il le trouvait par trop spécifiquement occidental. Je cherchais l'appui des Nations unies pour engager une campagne contre l'hostilité croissante des nouvelles générations, dans les pays industrialisés, contre la science et la technique.

Par contre, à ma surprise, le Dr Standke exprima son intérêt pour mon dernier livre, *La Révolution industrielle du Moyen Age,* susceptible selon lui d'être d'une certaine utilité pour le Tiers Monde. J'avais toujours cru que le passé devait aider à comprendre et même à prévoir l'avenir, mais je n'avais jamais envisagé que le Moyen Age pouvait aider au développement du Tiers Monde, ni que des techniques médiévales pouvaient être ressuscitées non dans les musées, mais dans des milliers de villages d'Afrique, d'Asie ou d'Amérique.

Cette idée était évidemment justifiée par le fait historique, et dramatique, que les deux millions de villages du Tiers Monde n'ont pas les connaissances techniques et en particulier mécaniques des villages de l'Europe du XIIe et du XIIIe siècle. Ils n'ont pas deux cents ans de retard sur l'Europe, mais huit cents; ils ne sont pas en retard d'une révolution industrielle, mais de deux : la révolution industrielle du Moyen Age qui a eu lieu entre le XIe et le XIVe siècle et la révolution industrielle anglaise du XVIIIe siècle qui touche aujourd'hui à sa fin en ce dernier quart du XXe siècle, aux États-Unis. Pendant huit cents ans l'Europe a formé des générations successives de techniciens dans le domaine de la mécanique et de l'ajustage. Ce sont d'ailleurs les descendants des fabricants de moulins du Moyen Age, les *Millwrights,* qui ont fourni la main-d'œuvre indispensable à l'essor de la révolution industrielle britannique.

Or ces générations de techniciens manquent dans le Tiers Monde; aussi l'implantation d'usines dans ces pays se solde-t-elle souvent par des échecs. L'entretien pose de multiples problèmes. Lorsque des machines tombent en panne, on découvre que l'on n'a pas assez de spécialistes locaux pour les réparer. Et ces usines deviennent parfois des ruines dont pourront seules profiter de futures générations d'archéologues industriels.

Une autre critique que l'on peut faire à l'implantation de ces usines, c'est qu'elles sont trop souvent hautement mécanisées et qu'elles exigent peu de main-d'œuvre locale non spécialisée. Pour reprendre une expression anglaise, ce sont des *capital intensive factories;* or, ce qu'il faut à ces pays qui ont un taux de chômage beaucoup plus élevé qu'en Occident, ce sont des usines qui peuvent offrir des emplois : des *labour intensive factories,* des usines à taux de main-d'œuvre élevé.

L'introduction rapide et désordonnée des produits de l'industrie moderne dans un monde rural et artisanal, comme celui des 576 000 villages de l'Inde, a souvent des effets catastrophiques, sur l'emploi tout d'abord. En Inde plus qu'ailleurs, les usines hautement mécanisées ne peuvent résorber un chômage qui est considérable : la grande entreprise qui fabrique 30 % des allumettes indiennes n'emploie que 15 000 ouvriers alors que les centaines d'ateliers artisanaux qui fabriquent pour le même prix les 70 % restants emploient 450 000 ouvriers. Pour freiner ces effets, ou plutôt pour les différer, on peut prendre des mesures autoritaires à l'exemple de Shri George Fernandes, le ministre du gouvernement de Moraji Desai, qui avait constaté qu'en quelques années l'industrie avait progressivement évincé les artisans locaux qui fournissaient leurs produits aux 7 500 gares du célèbre et vaste réseau ferroviaire indien; ainsi, une vaisselle industrielle avait remplacé les pots et les cruches traditionnels en terre, enlevant au potier et à sa famille leur moyen de subsistance. Il avait donc fait voter une loi obligeant les fonctionnaires responsables des gares à n'acheter dorénavant que localement pour redonner du travail à ces potiers et autres artisans.

Les usines aggravent les difficultés du pays parce que certains paysans qui ont du mal à « joindre les deux bouts » dans leurs villages en entendent parler et émigrent vers les villes. Ils découvrent vite qu'elles ne peuvent les embaucher, et leurs familles misérables vont s'entasser dans les bidonvilles périurbains des cités du Tiers Monde.

L'un des problèmes majeurs auxquels ont donc à faire face ceux qui veulent aider à l'amélioration des conditions de vie des populations du Tiers Monde est de ralentir l'exode des populations rurales vers les agglomé-

rations urbaines. Pour ce faire, il faut en premier lieu
porter plus d'attention aux paysans et artisans des campagnes qui sont le plus souvent les déshérités des régimes
actuellement au pouvoir. Élever leur niveau de vie, en
tout cas assurer leur stabilité.

Lors de ma première entrevue aux Nations unies, un
collaborateur du Dr Standke, un savant éthiopien, le D^r
Aklilu Lemma, m'expliqua comment il croyait que l'on
pourrait le faire. Selon lui, il fallait non seulement
introduire dans les régions rurales des techniques avancées, mais aussi des techniques médiévales; il fallait
encourager les techniques traditionnelles; réhabiliter celles qui, parfois, sont mises en doute même par des
artisans qui auparavant les utilisaient, influencés par le
prestige de l'Occident. Moderniser ces techniques traditionnelles quand cela était possible. Les transférer d'un
pays du Tiers Monde à tout autre qui les ignore. Aklilu
Lemma me confia que si son pays, l'Éthiopie, avait eu
connaissance (lors des premières sécheresses des années
70), des techniques de levage d'eau en usage en Égypte
depuis deux mille ans et plus, elles auraient soulagé la
misère des régions affectées.

Dans sa conviction des bienfaits des techniques traditionnelles, Lemma ajouta qu'il pensait que l'on devait
s'efforcer même de retrouver certaines d'entre elles
aujourd'hui disparues et qui pourraient être réintroduites
dans les économies rurales.

Un historien est en droit de se demander si l'expression
« technique traditionnelle » n'est pas une expression
impropre, qui peut prêter à confusion. Dans l'esprit du
public, c'est généralement une technique qui a toujours
été telle qu'on la découvre aujourd'hui. Or, en vérité, elle
a évolué pour atteindre son point de perfection à un
moment de son évolution et s'est ensuite dégradée. De
nombreuses techniques africaines ont dû atteindre leur
point de perfection au XVIe siècle, par exemple. Lorsqu'ils
ont pénétré en Afrique au XIXe siècle, les Européens n'ont
trouvé le plus souvent que des techniques dégradées.

L'histoire est dans ce domaine cyclique, comme dans le domaine social ou économique. Les États-Unis sont aujourd'hui une société traditionnelle avec des techniques dont beaucoup sont périmées.

Aklilu Lemma me demanda si j'accepterais de partir dans le Tiers Monde pour mettre à exécution les idées qu'il venait de m'exposer. Un tel projet allait à l'encontre de mes vues de l'histoire, et de ma passion pour les techniques avancées de notre civilisation, mais je devais me rendre à l'évidence que celles-ci avaient en partie échoué. J'acceptai donc de tenter l'expérience, convaincu que notre civilisation occidentale, comme les quelque vingt-cinq qui l'ont précédée, va à sa ruine. Les techniques traditionnelles seront alors plus que jamais une planche de salut pour les pays aujourd'hui du Tiers Monde.

L'historique des modèles mécaniques

Lorsque le D\u0072 Aklilu Lemma me demanda d'examiner le problème des techniques traditionnelles, j'eus l'idée de recourir à un moyen, lui aussi traditionnel pour mettre en œuvre les différents projets. L'idée était de construire des modèles réduits, des maquettes animées, pour démontrer les avantages de certaines techniques médiévales, pour suggérer des perfectionnements à apporter à des méthodes locales, pour permettre des transferts viables de savoir-faire d'un pays à un autre.

Le modèle a l'avantage sur un dessin d'ingénieur, souvent fort difficile à lire par un non-initié, d'être à trois dimensions. Il a l'avantage sur le film, la télévision et tous les moyens modernes audiovisuels, d'être tactile. Le non-initié peut faire fonctionner le mécanisme jusqu'à ce que la compréhension intervienne. Le modèle peut être compris par l'analphabète comme par le savant.

Il fascine l'enfant comme l'adulte et il ne connaît pas de frontières linguistiques. Les premiers ingénieurs qui à notre connaissance ont dû construire des modèles réduits seraient ceux de l'école d'Alexandrie aux IIIe et IIe siècles avant Jésus-Christ. A cette époque, les architectes soumettaient aux autorités compétentes des modèles ou maquettes de leurs projets. Cette tradition va se poursuivre au Moyen Age bien que de nombreux architectes de la « croisade des cathédrales » aient dessiné certains de leurs projets sur parchemin.

Cette tradition des maquettes se poursuivra à la Renaissance, mais c'est à partir du XVIIe siècle que les modèles mécaniques font leur réapparition en force. L'ingénieur qui construisit la fameuse machine de Marly pour amener l'eau à Versailles soumit à Louis XIV en 1680 un modèle à petite échelle du projet. Il y eut une première exposition de modèles en 1693, rue de la Harpe à Paris. Le XVIIIe siècle va se passionner pour les modèles. Vaucanson en construira qui seront achetés par le roi en 1783 et formeront l'amorce du Conservatoire des arts et métiers. Les modèles jouent alors un rôle non seulement de démonstration, mais de pédagogie. Mme de Genlis, la préceptrice du futur roi de France Louis-Philippe, fit mettre en modèles certaines planches de l'*Encyclopédie* pour son élève princier. James Watt fit des expériences sur une maquette d'une pompe de Newcomen qu'il trouva dans le matériel d'enseignement du collège de Glasgow. Ses expériences donneront naissance à la mise au point de la première machine à vapeur pratique.

Au XIXe siècle, lorsque l'on soumettait un projet au Service des brevets, on devait accompagner celui-ci d'un modèle. Certains de ceux-ci sont à l'origine du célèbre Smithsonian Institution à Washington. Bien que cette tradition soit aujourd'hui périmée, le Service des brevets de Washington demande encore aux chercheurs qui lui soumettent des projets de machines à mouvement perpétuel de construire des modèles de leurs projets. C'est alors seulement qu'ils découvrent en fait que leur idée est irréalisable.

Mais jamais dans l'histoire, à notre connaissance, on ne

s'est servi de modèles réduits pour diffuser un savoir technique dans les régions rurales du monde.

L'arbre à cames et l'industrialisation de l'Europe

Au début des années 1950, je possédais un modèle en bois du plus vieux moulin à papier de France (1326), celui du moulin Richard-de-Bas près d'Ambert dans le Puy-de-Dôme. Ce moulin fabrique encore du papier aujourd'hui selon les techniques de cette époque. Régine Pernoud, qui s'est toujours passionnée pour les techniques médiévales, devait acquérir un de ces modèles du moulin Richard-de-Bas pour le musée de l'Histoire de France aux Archives nationales dont elle venait d'être nommée conservateur. Le mécanisme de ce modèle fascine les visiteurs, car il est muni d'un arbre à cames qui alternativement soulève, puis laisse retomber les maillets dans la cuve à papier. Nombre de visiteurs qui font jouer ce mécanisme semblent ignorer ou oublier que toutes les voitures automobiles ont, elles aussi, des arbres à cames.

L'arbre à cames était connu des ingénieurs de l'école d'Alexandrie comme Héron, mais ils ne l'employèrent que pour mouvoir des automates. Le Moyen Age va enfin utiliser ce mécanisme pour supprimer le gros œuvre manuel dans toute une série d'industries. La came va ainsi permettre d'écraser mécaniquement le chanvre, fouler les draps, marteler le fer et écraser le papier. L'industrialisation de l'Europe a été rendue possible par l'introduction sur une grande échelle de l'arbre à cames. Mais les hommes et les femmes des deux millions de villages de ce qu'on appelle aujourd'hui le Tiers Monde vont péniblement continuer à écraser à la main produits et matériaux. L'arbre à cames va ainsi creuser le fossé entre l'Europe et les autres continents.

Le moulin à papier est à ce titre symbolique. « Pendant plus de mille ans, le papier, inventé par les Chinois, avait été fabriqué à la main ou au pied, mais dès que le papier fut introduit en Europe, son procédé fut mécanisé...; mentionnés en 1276, les premiers moulins à papier mus par l'énergie hydraulique furent ceux de Fabriano en Italie. Des moulins à papier fonctionnaient en 1280 à Xativa près de Valence, en Espagne [1]. » Vers les années 1300 la fabrication du papier sera mécanisée en France.

Afin d'introduire l'arbre à cames dans les régions rurales du Tiers Monde, je rendis visite à l'artisan du moulin Richard-de-Bas, Claude Lebon, qui avait fabriqué la maquette que je possédais, pour lui demander une série de ces maquettes, mais complétée par des roues motrices de différents types, propulsées par le haut ou par le bas. Et je lui demandai de me construire une série de machines qui traditionnellement ont été entraînées par des moulins à roue verticale : des martinets, des souffleries hydrauliques et des machines à scier le bois.

Lorsque, quelques mois plus tard, un certain nombre de ces maquettes furent achetées par le Conseil des sciences du Commonwealth à l'initiative de son secrétaire

1. Jean GIMPEL : *La Révolution industrielle du Moyen Age,* Paris, Seuil, 1975. p. 19.

général, le Pr Christian de Laet, et exposées en janvier 1978 à Dacca (Bangladesh), dans un atelier régional Asie-Pacifique sur la technique rurale, les chefs de village réunis dans la capitale furent fascinés par l'arbre à cames et comprirent immédiatement tout l'intérêt que ce mécanisme pouvait avoir dans leurs régions.

Je me souviendrai toujours de la joie d'un forgeron d'un petit village perdu de l'Himalaya, Tupche (Népal), à la vue du modèle où un martinet était actionné par ce moyen. Il avait tout de suite saisi les immenses possibilités d'un arbre à cames actionné par l'énergie hydraulique. J'ai de lui une photographie : il explique avec enthousiasme à son ami le menuisier du village tous les avantages de cette technique « révolutionnaire ». Sur le même modèle se trouve une soufflerie hydraulique dont il comprit évidemment les grands bénéfices qu'un forgeron pouvait en tirer. Il est pénible d'avoir à actionner manuellement un soufflet de forge. C'est grâce aux soufflets de forge hydrauliques que l'on put élever sensiblement au Moyen Age la température des fours pour obtenir de la fonte.

Le menuisier de Tupche fut fasciné par la scie hydraulique du modèle. Ce qui est surprenant, c'est que les menuisiers et les bûcherons de nombreuses vallées du Népal ne connaissent pas encore la scie que l'Antiquité et le Moyen Age utilisaient. Alors, comment les bûcherons travaillent-ils? Ils abattent et découpent les arbres à la hache. C'est souvent un massacre. Si l'on veut protéger les forêts de ces pays, il faut offrir des scies aux bûcherons de ces régions.

On connaît des représentations de scies au Moyen Age – ainsi dans le manuscrit *De Origine Rerum* de Raban Maur du XIe siècle. On voit deux ouvriers sciant du marbre, et l'on sait que le Moyen Age avait inventé la scie hydraulique puisque Villard de Honnecourt, l'architecte-ingénieur du XIIIe siècle, en dessine une dans son Carnet de notes. Et aujourd'hui l'Association Villard de Honnecourt a fait construire cette scie hydraulique sur la place

principale du village où il
est né, Honnecourt-sur-
Escaut, près de Cambrai.

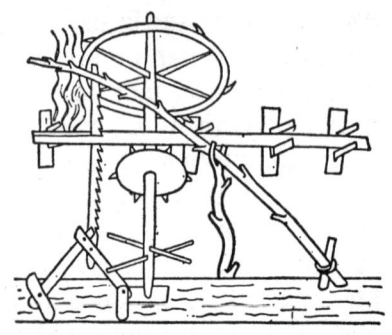

Sur le même modèle
construit par l'artisan du
moulin Richard-de-Bas,
nous avons fait représen-
ter une autre technique
que le Moyen Age con-
naissait, mais qui ne se
trouve pas dans les villa-
ges du Tiers Monde ni dans la plupart des petites villes
d'Asie ou d'Afrique : le tour. De même, lorsque nous
avons voulu construire des poulies pour un de nos projets
au Kenya, nous avons dû les faire tailler à la main par le
menuisier de la petite ville voisine de Gatundu. Ces
poulies n'ont jamais été très circulaires, mais elles ont fait
l'affaire. Et l'arbre abattu avec lequel on les a faites a été
non scié, mais découpé à la hache...

Description des modèles réduits

Le succès de ce modèle dans les régions rurales m'en-
couragea à en construire d'autres. Je m'adressai en
Angleterre, où je vis depuis le début des années 1960, à
John Evans, qui enseigne la technique des maquettes aux
élèves architectes de l'Architectural Association, pour
qu'il prenne en main la fabrication d'une série de
maquettes « animées », avec une exceptionnelle équipe
de maquettistes : Frank Cossell, Terry Clarke et Don
Harwick. Il fut décidé que nos maquettes auraient l'air le
plus moderne possible à l'intention de certains dirigeants
du Tiers Monde, qui estiment trop souvent que les
techniques traditionnelles sont démodées. L'accueil de
ces nouvelles maquettes, une fois réalisées, dépassa très
vite toute espérance.

A Washington, le Dr Baghdadi, personnalité du domaine nucléaire et attaché scientifique égyptien, me promit son appui après avoir admiré une vis d'Archimède en Plexiglas. Le frère du roi du Népal, le prince Direndhra Shah, à qui je montrai une série de maquettes animées dans son palais de Katmandou, fit de même. Le ministre du Plan indien, Narayan Datt Tiwari, après avoir étudié les modèles réduits soumis au comité du Plan, m'écrivit pour exprimer son grand intérêt pour « les nouvelles possibilités contenues dans vos modèles et qui méritent d'être essayées et évaluées dans des conditions de vie réelle, non seulement pour leurs performances techniques, mais aussi pour leur viabilité économique et leur acceptation sociale ».

Je dispose aujourd'hui de plus d'une trentaine de modèles réduits. Il s'agit essentiellement de modèles s'inspirant de techniques que connaissait le Moyen Age, des maquettes présentant :

– des systèmes de production ou d'économie d'énergie tels que des moulins à roue horizontale, des moulins flottants, des moulins à vent et des fours ou poêles avec cheminées pour économiser le bois de feu ;

– des systèmes d'exhaure de l'eau tels des shadoufs, des vis d'Archimède, des chaquis et des pompes à chapelets. Nous savons par des représentations que cette dernière technique était connue au XVIe siècle, mais il est possible qu'elle ait été inventée à la fin du Moyen Age ;

– des métiers à tisser ;

– des systèmes de production, de stockage et de transformation tels que des techniques de pisciculture, des jarres et des greniers sur pilotis antirats ;

– des systèmes agricoles tels des cultures en terrasses et des chinampas. Cette technique des chinampas, connue du haut Moyen Age, est encore exploitée aujourd'hui dans les marais de Saint-Omer dans le nord de la France. Mais c'est une technique connue aussi des sociétés précolombiennes, et qui est utilisée au Mexique dans les environs de Mexico-City. Elle ne nécessite ni engrais chimique ni machine agricole. « On quadrille des marais en creusant des canaux et sur ces chinampas ainsi créés on étend des radeaux faits de branchages sur lesquels on verse la boue enrichie de plantes aquatiques [1]. »

Le soutien international

Les organisations internationales vont épauler mes efforts pour diffuser ces techniques par le moyen de modèles réduits. Les Nations unies vont appuyer cette action en m'invitant à de nombreuses conférences internationales pour y exposer les modèles. Et, en 1981, je serai nommé consultant des Nations unies pour le Programme des Nations unies pour l'environnement (P.N.U.E.)

Les modèles seront exposés en 1978 à New Delhi (Inde) au Forum international sur les techniques appropriées organisé par l'Organisation des Nations unies pour le développement industriel (O.N.U.D.I.), ainsi qu'en 1979 à Lomé (Togo), à un séminaire des Nations unies sur le développement. En août de cette même année, les modèles seront exposés à Vienne (Autriche) à la grande Conférence sur la science et la technique pour le développement (C.N.U.S.T.E.D.), et en septembre je ferai une démonstration des modèles réduits à Katmandou (Népal) à un séminaire de l'O.N.U.D.I. sur les micro-centrales hydrauliques. Ils seront présentés encore en 1980 à Nairobi (Kenya), à une conférence des pays africains pour la coopération entre pays en voie de développement et enfin, en 1981, à un séminaire à Los Baños (Philippines) sur l'intégration des techniques de pointe et des techniques anciennes.

Par ailleurs, l'U.N.E.S.C.O. me commandera deux modèles de moulins horizontaux pour des expositions dans le Tiers Monde et participera au financement d'un

---

1. Jean GIMPEL : *L'Ultime Rapport sur le déclin de l'Occident,* Olivier Orban, 1985, p. 189 à 191.

projet d'installation de moulins flottants en Inde.
L'U.N.I.C.E.F., au Kenya, par l'intermédiaire de Philippe
Hassrick qui dirige à Nairobi la section des techniques
appropriées, me demandera de l'aider à installer un
atelier de fabrication de modèles réduits et participera
activement au développement de mon projet local du
Ndarugu en me donnant les moyens entre autres
de moderniser les moulins horizontaux de ce site.

L'U.N.E.P., par l'intermédiaire de Naigsy Gebremedhin, président de la cellule pour des établissements
humains, contribuera aussi à m'aider à développer mes
projets au Kenya. Et l'U.N.C.H.S. (Habitat) publiera une
brochure à l'intention des visiteurs du projet du Ndarugu
pour leur signaler toutes les techniques anciennes et
améliorées de ce site.

J'aurai aussi à l'occasion l'appui de la Banque mondiale, qui participera financièrement à l'exposition de mes
maquettes à la conférence des Nations unies de Vienne.
Et dans leurs grandioses bureaux de Washington se
trouvent certains de mes modèles, entre autres les fours
améliorés d'Afrique, de l'Inde, du Guatemala et du
Népal. Des articles vont paraître dans de nombreux pays
pour seconder notre action. L'hebdomadaire des Nations
unies, *Le Forum du développement*, publié à Genève, va
titrer « Modèles anciens pour aujourd'hui » un article où
on lit que Guy Gresford, le secrétaire adjoint de la
Conférence des Nations unies sur la science et la technique pour le développement, a écrit : « Cette façon nouvelle d'aborder les problèmes de techniques appropriées
mérite d'être sérieusement encouragée, car elle est basée
sur l'expérience historique plutôt que sur des connaissances théoriques. »

Le *Times* de Londres publiera un article : « *A model
end to misery* (Un modèle pour en finir avec la misère). »
En France, *La Recherche* publiera un article sur notre
activité en Inde et au Népal; le *Rising Nepal* va titrer
« Comment éclairer les Himalayas avec des moulins à
roue horizontale ».

En Grande-Bretagne, dans la série de télévision « *To-Morrows world* (Le Monde de demain) », le public britannique découvrira le rôle des maquettes dans le développement du Tiers Monde. Jean Lallier et Monique Tosello, dans leur série « Portraits de l'Univers », tourneront au Népal un documentaire sur notre activité dans ce pays, qui sera projeté en juillet 1981 sur Antenne II : « Des maquettes au village ». Une journaliste de *Télérama*, Dominique Le Reun, à l'occasion de cette émission, titrera son article « Celui qui se bat pour les moulins ».

Le célèbre commentateur de la télévision américaine Walter Kronkite viendra au Kenya filmer le public de femmes et d'enfants installés dans une hutte en terre et regardant le poste de télévision que j'y ai installé et qui fonctionne avec des accumulateurs chargés par un alternateur de voiture branché sur un moulin horizontal amélioré. Le jour où Kronkite a tourné son film, il y avait sur l'écran une émission sur l'Amérique...

Pour diffuser dans les régions rurales elles-mêmes ces modèles réduits, j'ai souvent organisé des concours dotés de prix dans les écoles techniques, mais aussi dans les villages. Certains des modèles reproduits étaient de qualité remarquable. C'est ainsi que fut organisé un concours dans une école polytechnique de Lucknow (Inde), où l'un des participants a copié notre vis d'Archimède en Plexiglas, si bien que je ne reconnaissais plus laquelle était la mienne. A Malicounda, un village du Sénégal, l'un des concurrents a copié avec une très grande exactitude le grenier sur pilotis antirats. A Dakar, nous avons demandé aux handicapés de participer au concours dans cette ville, car c'est un travail qui peut se faire sans que l'on ait besoin de beaucoup se déplacer.

Des modèles dits négatifs

Peu de temps après avoir créé nos premiers modèles techniques, j'ai eu l'idée d'un nouveau type de modèle dit négatif, pour démontrer ce qu'il ne faut pas faire, ce qui est souvent plus important que d'enseigner ce qu'il faut faire. Ce type de modèles a deux scènes : dans la première, on met en évidence ce qu'il est recommandé de ne pas faire, et dans la seconde, ce qu'il faut entreprendre. Mon premier modèle négatif a eu pour but de mettre en valeur une technique, la culture en terrasses, que les paysans du Moyen Age connaissaient bien, mais que de nombreux cultivateurs d'Afrique Noire, par exemple, ne pratiquent pas. Malgré les conseils qui leur sont souvent donnés, certains cultivateurs continuent de tracer leurs sillons dans le sens de la pente. L'eau de pluie ruisselle, provoquant une érosion désastreuse des sols fertiles. C'est ce que j'ai fait représenter dans la première scène. Dans la scène suivante, on montre ce qu'il faut faire : des terrasses qui épousent la forme des terrains, permettant de retenir les eaux de ruissellement et d'assurer la stabilité des sols.

Ce qui est surprenant, c'est que les cultivateurs ne voient pas toujours l'intérêt de construire des terrasses pour protéger leur terre contre l'érosion. Lorsque nous étions au Kenya, ma femme et moi, l'on nous a raconté que les autorités britanniques, du temps où elles avaient en main les rênes du pouvoir, faisaient construire ou entretenir des terrasses par les ouvriers agricoles une fois par semaine. La population considérait que c'était une brimade de colonialiste. Et lorsque Jomo Kenyatta, qui était pourtant un grand propriétaire terrien, prit le pouvoir, il arrêta le terrassement purement et simplement dans tout le pays, à la grande satisfaction de la population. Ce n'est que quelques années plus tard que le président du Kenya reconnut son erreur et donna l'ordre de recommencer à entretenir des terrasses. En attendant, l'érosion avait entraîné vers la mer des millions de mètres cubes de sol fertile.

Mon deuxième modèle négatif a eu pour but de montrer comment un puits peut être pollué et comment y remédier.

La protection des puits contre la pollution ne date pas d'aujourd'hui. Dans la Chine ancienne, les règlements prévoyaient que l'on devait nettoyer régulièrement les puits. Un célèbre savant et lettré du XIe siècle de notre ère, Shen Kua, a écrit : « Les puits doivent être couverts et fermés à clef pour empêcher les insectes (vers, reptiles, etc.) et les rats de tomber au fonds, sans oublier les enfants. » Je me suis inspiré d'une technique utilisée dans le Jura qui pourrait remonter au Moyen Age : les points d'eau sont entourés d'une murette de pierre qui gardent les animaux à distance. Mais dans ce modèle les excréments humains, surtout ceux des animaux, s'infiltrent dans le puits parce que celui-ci n'a pas de revêtement intérieur et parce que la fosse d'aisance et les animaux sont trop proches du puits. Dans la deuxième scène, on a montré ce qu'il faut faire : construire un revêtement intérieur et une margelle pour que les eaux sales ne s'infiltrent pas dans le puits, installer la fosse d'aisance en dessous du puits si le terrain est en pente; mais surtout parquer les animaux le plus loin possible du puits en dressant une barrière tout autour pour qu'ils ne puissent pas s'en approcher.

On m'a reproché d'avoir représenté l'eau polluée bleue et limpide. J'ai craint que si l'on représentait l'eau polluée d'une couleur gris sale, les gens pourraient conclure que l'eau claire est toujours pure. Les femmes de Malicounda, à qui je montrai le modèle, me dirent combien elles furent intéressées d'apprendre que l'eau claire peut être polluée.

Elles ne savaient pas que certains maux de ventre de leurs enfants pouvaient avoir été causés par l'eau du puits. Elles devaient par la suite construire une barrière autour de leurs puits, et quand je suis revenu, deux ans plus tard, les puits de toutes les communautés des environs avaient été protégés.

Des modèles contre les maladies infectieuses

Le succès des modèles dits négatifs dans des domaines aussi différents que ceux du terrassement et des puits pollués me conduisit à vouloir créer des modèles de ce type dans le domaine médical, et en particulier dans celui des maladies infectieuses où ils pourraient rendre d'innombrables services aux autorités médicales responsables de la lutte contre ces maladies.

Le Dr Maluret, de Médecins sans frontières, ayant suggéré que j'introduise ce type de modèle dans les camps de réfugiés, je pris contact avec un médecin éthiopien, le Dr Gebreal, qui revenait des camps de réfugiés du Soudan. Celui-ci nous conseilla de faire un modèle pour lutter contre la tuberculose qui sévit dans les camps. C'est une maladie éminemment contagieuse qui se développe là où la population est groupée dans des conditions insalubres et où elle est sous-alimentée. Ces conditions font que la tuberculose n'est pas seulement une maladie qui sévit dans les camps de réfugiés, mais dans l'ensemble du Tiers Monde. Au Népal, par exemple, c'est la maladie numéro un, due à l'afflux de réfugiés tibétains, dont beaucoup de moines qui ont vécu dans des monastères insalubres.

Le modèle créé à Londres pour les camps de réfugiés inspira la création d'un autre, remarquable, pour le Kenya, sous la supervision du Dr Aluoch, directeur du Centre de recherches sur la tuberculose de l'hôpital de Nairobi.

Le modèle fut créé à Nairobi par un artiste ougandais de très grand talent, Exposito M'Bwebe. Il sculpta une scène vraiment dramatique où l'on voit un long personnage squelettique atteint de tuberculose dont les os percent à travers la poitrine et qui tousse sur un groupe d'enfants jouant sur la terre battue. Dans la deuxième scène du diptyque, le personnage, qui n'est plus aussi squelettique, car il vient d'être soigné pendant plusieurs semaines à l'hôpital avec de la streptomycine, reçoit trois pilules d'une infirmière qui lui montre du doigt un calendrier au-dessus duquel est écrit en grosses lettres ce qu'il doit faire : prendre 3 pilules par jour pendant 18 mois pour être définitivement guéri.

Ce message, le Dr Aluoch et son équipe tenaient à ce que le modèle le communique au patient : lorsque celui-ci sort de l'hôpital, en effet, il n'est plus contagieux; il se sent mieux; il a grossi, mais il n'est pas guéri. Il lui faut prendre ses 3 pilules pendant 547 jours s'il ne veut pas retomber gravement malade. Or le problème auquel tous les médecins du Tiers Monde qui luttent pour l'éradication de la tuberculose ont à faire face est de convaincre leurs malades – en particulier ceux des régions rurales – qu'il faut retourner tous les mois à l'hôpital, distant peut-être de 50 kilomètres ou plus et par de mauvais chemins de campagne, pour chercher leur lot de pilules. Dans la pratique, un grand nombre de patients ne se soignent plus et redeviennent contagieux.

A mon retour en Europe, on m'a écrit pour m'informer qu'après notre départ, un beaucoup plus grand nombre de personnes s'étaient rendues à l'hôpital local, les unes pour y chercher leur ration mensuelle de pilules, les autres pour se faire examiner. Le modèle avait, comme nous l'espérions, influencé le comportement des habitants de Tala vis-à-vis de la tuberculose.

La tuberculose, qui vient seulement de disparaître comme fléau de notre monde occidental après des décennies de lutte intensive, était considérée par nos parents et nos grands-parents comme une maladie honteuse. Si un membre de la famille en était atteint, on cherchait à ce que les amis et voisins l'ignorent dans la mesure du possible et on l'isolait. La société de l'Afrique de l'Est semble avoir eu la même attitude de crainte et de honte devant cette maladie. Et, comme en Occident, on isolait le malade que l'on croyait ensorcelé par un mauvais esprit. Il devait vivre à l'écart de la communauté dans une hutte à l'orée du village, avec ceux atteints de lèpre et d'épilepsie. Ils devaient ramasser leur propre nourriture et faire leur propre cuisine. Cette société avait raison d'isoler les tuberculeux et les lépreux dans ces circonstances, bien que nous sachions aujourd'hui que la lèpre n'est pas aussi contagieuse qu'on le croyait autrefois, et, que l'épilepsie, elle, n'est évidemment pas transmissible.

Lorsque je racontai à un jeune et brillant médiéviste, Bruno Tabuteau, qui prépare une thèse sur la lèpre dans certains villages de Normandie au Moyen Age, mes expériences avec la TB dans le Tiers Monde, il fut fasciné d'apprendre que les tuberculeux et les lépreux étaient exclus ensemble de communautés villageoises de l'Afrique de l'Est. Et il m'écrivit pour me demander d'enquêter plus avant, car « peut-on considérer – comme certains historiens qui constatent une succession chronologique en Occident du XIVe au XVIIe siècle –, que la tuberculose immunise contre la lèpre? ».

De nombreux médiévistes s'intéressent ainsi au Tiers Monde. Un certain nombre, comme Raymond Delatouche, pensent que les techniques médiévales peuvent en effet avoir un rôle à jouer dans ces pays « non industrialisés ». C'est même de cette communion d'idées qu'est né ce livre, cimenté par notre commune amitié avec Régine Pernoud. En juillet 1981, Raymond Delatouche m'écrivait : « J'ai appris que vous aviez réalisé des modèles réduits de moulins et autres engins susceptibles d'application dans les pays non industrialisés. Nous avons un fils au foyer de Rémera au Rwanda. Il me demande de vous interroger sur un engin éventuel capable de monter l'eau pour l'arrosage des jardins à partir d'une nappe profonde d'une dizaine de mètres. »

Je lui répondis que l'Europe méditerranéenne avait connu au Moyen Age le chaqui, technique qui permet de monter l'eau dans des pots accrochés à une corde qui s'enroule autour d'une roue verticale; celle-ci est entraînée par un animal tournant sur une aire circulaire par l'intermédiaire d'un système d'engrenage. Les pots en remontant déversent l'eau dans les canaux d'irrigation.

Mais il y a bien d'autres applications possibles encore des techniques médiévales aux besoins du Tiers Monde.

2

Le moulin horizontal
au service du progrès

Lorsque le Dr Aklilu Lemma, dans son bureau des Nations unies à New York, suggéra que je devais tenter l'expérience d'introduire des techniques médiévales dans le Tiers Monde et de moderniser les techniques traditionnelles avec l'aide de modèles réduits, je ne pensais pas que quatre ans plus tard les gouvernements du Népal, de l'Inde et du Kenya auraient accepté l'idée de ce type de développement, ni que ce projet aurait l'appui des gouvernements français, anglais et allemand et des organisations des Nations unies.

C'est dans le domaine de l'énergie hydraulique que je devais porter la plus grande partie de mon effort, parce que la révolution industrielle du Moyen Age avait pris son essor grâce à cette inépuisable source d'énergie. Même dans un pays comme l'Angleterre, qui était alors en voie de développement, on avait recensé en 1086 non moins de 5 624 moulins.

Ce que je ne savais pas, lorsque je fis construire le modèle du moulin à roue verticale, c'est qu'il y avait des moulins hydrauliques d'un type plus ancien dans le Tiers Monde, mais aussi en Europe : le moulin à roue horizontale. C'est Michel Peissel, l'explorateur français de l'Himalaya, qui me révéla un jour qu'il y en avait des milliers au Népal : on devait plus tard en recenser effectivement 25 000 dans ce pays. Progressivement, je devais découvrir qu'il n'y en avait pas seulement dans toute l'Asie, depuis la Méditerranée jusqu'à la mer de Chine, mais aussi en Afrique de l'Est, en Amérique du Nord et du Sud, en Europe méridionale depuis le haut Moyen Age, par milliers. Aucun ouvrage ne leur a jamais été consacré, alors qu'ils sont à l'origine d'une invention fondamentale de notre temps, la turbine. Même le plus grand historien français des techniques, Bernard Gille, ne les mentionne qu'en passant. Je devais découvrir l'existence de ces moulins horizontaux grâce aux archéologues industriels qui cherchent à remettre en état les monuments industriels du passé. C'est ainsi que je devais apprendre qu'il y en avait quelque 25 000 au Portugal, dont un grand nombre sont encore en activité. La plupart des moulins espagnols sont aussi de ce type, et peut-être la majorité des moulins de la France méridionale.

Comment ces moulins ont-ils pu être ainsi ignorés et des historiens et du grand public? C'est qu'ils sont localisés dans des régions vallonnées, à l'écart des grandes voies de communication et des agglomérations, et souvent le long de cours d'eau encaissés. Par ailleurs, ils ne se distinguent souvent pas des maisons traditionnelles du pays. Aucun mécanisme extérieur ne les caractérise, la roue horizontale se trouvant cachée sous le plancher du moulin. Pour découvrir le mécanisme, il faut arrêter le moulin, se déshabiller et ramper sous le bâti dans un court tunnel par où s'écoule l'eau. Nous en avons fait l'expérience. Il y fait froid, humide et sombre. Il faut vraiment se passionner pour les moulins et l'histoire pour pénétrer dans ce mini-enfer souterrain.

Pour toutes ces raisons, les poètes et les peintres n'ont presque jamais chanté ou peint ce type de moulin. Il n'a pas le romantisme des moulins à roue verticale. Mais ils ont rendu et rendent encore un immense service à des millions de femmes qui n'ont pas à peiner pour moudre journellement le grain.

En vérité, l'un des seuls poètes à avoir évoqué ce type de moulin est Antipater de Thessalonique qui vivait sous le règne d'Auguste et de Tibère et qui chante les « nymphes aquatiques » qui libèrent la femme des lourds travaux de la meunerie. Certains historiens contemporains ont considéré que ce poème se réfère à un moulin à roue verticale, mais le poème décrit beaucoup plus vraisemblablement un moulin à roue horizontale :

« Cessez de moudre le grain, ô femmes qui peinez au moulin, dormez tard, même si les chants des coqs annoncent l'aube, car Déméter a ordonné aux nymphes d'accomplir de leurs mains le travail, et elles se précipitent sur la face supérieure de la roue, faisant tourner l'axe et les pales qui entraînent les lourdes pierres meulières concaves de Nysis. »

A l'origine de la turbine

Je devais peu à peu découvrir l'étendue de l'implantation en France de ce type de moulin horizontal que les guides ne signalent jamais.

Bernard Dufournier, dans *Les Moulins du Sud-Ouest*, a publié des cartes de la région où est indiqué nombre de ces moulins. On en trouve, plus au nord, dans les monts du Limousin, où Fernand Gaudy, l'un des rares chercheurs à les étudier, me signalait qu'il y en avait encore en activité en 1984. Et je devais apprendre, à mon grand étonnement, que le fameux barrage du Bazacle, de 400 mètres de long, construit à travers la Garonne à Toulouse à la fin du XIIe siècle, probablement le plus important barrage construit dans le monde jusqu'alors, entraînait douze moulins horizontaux.

En Corse comme dans la péninsule Ibérique, les moulins horizontaux sont en majorité et certains seraient encore en activité. Il en est de même en Provence. Je découvris qu'en amont de la petite rivière le Calavon, qui coule au pied du village de Ménerbes où nous avons une maison, les moulins étaient tous à roue horizontale. Dans la vallée de Véroncle, entre Gordes et Sénanque, il y avait encore au début de ce siècle une concentration remarquable de ce type de moulins. Le tremblement de terre de 1906 devait détourner les sources et mettre fin à leur activité séculaire. Ces moulins de Provence, mais aussi du Bazacle, seront admirés au XVIIIᵉ siècle par le grand ingénieur hydraulicien français Bélidor dans son ouvrage monumental sur l'hydraulique. Et lorsque la France voulut rattraper, pendant les premières décennies du XIXᵉ siècle, l'Angleterre dans la révolution industrielle de l'époque, elle eut l'idée de mettre en valeur ses ressources hydrauliques par l'amélioration des moulins horizontaux. En 1826, la Société d'encouragement pour l'industrie proposa de donner un prix de 6 000 francs, une forte somme à l'époque, à qui appliquerait à l'animation des usines et des ateliers, sur une grande échelle et de façon satisfaisante, les turbines ou roues hydrauliques à aubes incurvées de Bélidor.

C'est Fourneyron, ingénieur de l'École des mines de Saint-Étienne, qui remporta le prix en 1836. Sa turbine – le mot avait été inventé en 1822 par son professeur, l'ingénieur militaire Burdin – avait une puissance de 50 CV. Il devait en construire de 200 CV. Les turbines de Fourneyron seront exportées aux États-Unis en 1843, où elles inspireront la création de la turbine Francis. Le Moyen Age a donc été ici à l'origine du développement d'une technique de pointe qui joue encore dans le monde contemporain un rôle majeur.

La construction de modèles de moulins horizontaux

Quand Michel Peissel me parla la première fois des moulins à roue horizontale, je ne savais évidemment pas le rôle qu'ils avaient joué dans la naissance de la turbine. Mais Peissel avait vu le parti qu'on pourrait tirer de ces moulins. Il me confia que ce qui manquait présentement et dramatiquement au Népal était un moyen bon marché pour la population rurale de s'éclairer, depuis qu'en 1973 le kérosène était devenu hors de prix. Et il suggéra d'utiliser la force motrice de ces moulins à grain.

Je réfléchis à cette idée qui allait dans la voie du projet proposé par Aklilu Lemma, de greffer des techniques modernes sur des techniques traditionnelles. Travaillant avec des archéologues industriels qui sont des hommes d'une espèce rare – des ingénieurs qui connaissent et les industries de pointes et les industries traditionnelles –, je demandai à l'un d'entre eux, David Jones, d'étudier le problème suggéré par Peissel. Jones eut l'idée qu'une simple dynamo de bicyclette ferait l'affaire; celles-ci serait entraînée par l'arbre du moulin par l'intermédiaire d'une courroie de transmission.

Comme il n'existait, dans aucun ouvrage, de plan ou de photographie d'un moulin népalais pour permettre de construire à Londres un modèle réduit, Peissel se chargea

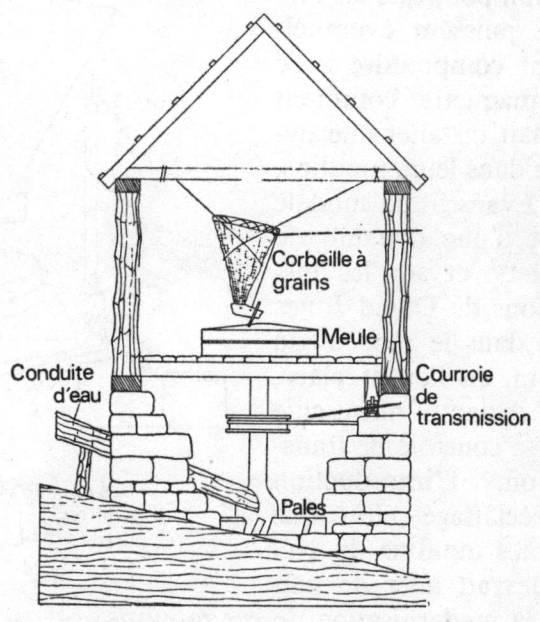

de photographier dans une vallée de l'Himalaya tous les éléments d'un tel moulin. Ces documents photographiques permirent alors à l'équipe de John Evans de construire un moulin népalais à roue horizontale.

Pour que les meuniers du Népal, de l'Inde et d'ailleurs puissent connaître les perfectionnements apportés aux moulins horizontaux par les ingénieurs européens depuis le Moyen Age, afin d'accroître la productivité de leur propre moulin, il fallait pouvoir leur montrer la maquette animée d'un moulin où auraient été incorporés ces perfectionnements. Kenneth Major, fondateur de The International Molinological Society et l'un des plus éminents spécialistes mondiaux des moulins anciens, avait dans ses archives un plan détaillé d'un moulin roumain du XIXe siècle où étaient incorporés ces perfectionnements : des canalisations fermées pour diriger l'eau sous pression sur des pales taillées en forme de cuiller. La maquette a été construite d'après ce plan.

Enfin, pour que les Népalais puissent éventuellement comprendre avec une maquette comment on allait installer une dynamo dans leurs moulins, John Evans fit un modèle réduit d'une dynamo de bicyclette et sur les instructions de David Jones plaça dans le modèle du moulin, en lieu et place, cette dynamo minuscule avec sa courroie de transmission. L'introduction de l'éclairage électrique dans les moulins du Népal devrait aller de pair avec la modernisation de ces moulins.

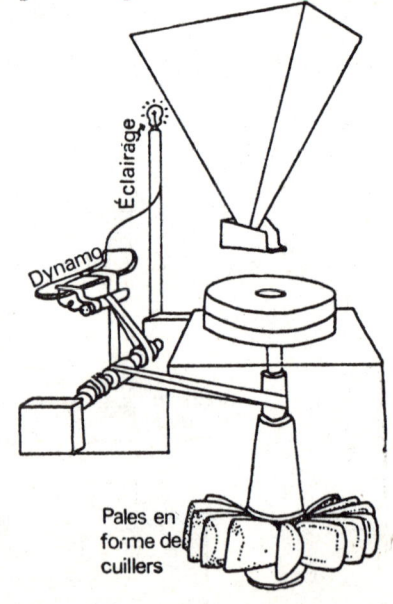

Pales en forme de cuillers

Dès que les maquettes des moulins népalais et roumains furent terminées, je voulus me rendre dans l'Himalaya népalais pour y moderniser et électrifier les moulins de ce pays, mais je dus patienter deux ans avant de trouver l'occasion d'y aller. Et entre-temps j'appris, dans des circonstances assez extraordinaires, que, s'il y avait beaucoup de moulins au Népal, il y en avait également un grand nombre en Inde. Au mois de mars 1978, je me trouvais à Washington pour rencontrer un représentant démocrate du Congrès, Clarence Long, préoccupé par les problèmes des régions rurales pauvres du Tiers Monde, et qui m'avait demandé de lui montrer mes maquettes. Ce jour-là je pris trois taxis. Le hasard a voulu que deux des conducteurs soient indiens.

A une heure d'intervalle, je leur montrai le moulin népalais en leur demandant s'ils savaient ce que c'était. Ils me donnèrent exactement la même réponse : « C'est un moulin du Pendjab. »

Les circonstances firent que je visitai l'Inde avant le Népal, car, au mois de novembre 1978, je fus invité au Forum international sur les techniques appropriées, organisé par l'O.N.U.D.I. (Organisation des Nations unies pour le développement industriel) à New Delhi. Je devais y rencontrer Arvind Kaul, directeur des Handicrafts et handlooms de l'État d'Himachal Pradesh qui faisait partie autrefois du Pendjab. Il me dit qu'autour de Solan, à une heure de Simla, je trouverais de nombreux moulins.

L'administration de Solan offrit de nous faire visiter le district. Le trajet de New Delhi à Solan prit huit heures. Nous fûmes reçus par des administrateurs fort compétents et en particulier par le fonctionnaire responsable du « projet de développement des petites exploitations ». Il connaissait fort bien son district qu'il avait souvent parcouru à pied, et estimait qu'il comptait entre 200 et 300 moulins. L'État d'Himachal Pradesh comprend douze districts. A son avis, il y aurait entre 2 000 et 3 000 moulins dans l'ensemble des douze districts. Mais Himachal Pradesh est un petit État. Il pourrait y avoir jusqu'à 50 000 moulins disséminés sur toute la longueur de l'Himalaya indien. La visite du premier moulin horizontal fut pour moi un événement, car je n'en avais jamais vu de ce type. Je fus vivement frappé par l'aspect archaïque, le niveau technique ayant dû se détériorer à travers les âges. A ma grande déception, le meunier de ce premier moulin n'était nullement intéressé à le moderniser. Il avait quatre-vingts ans, et l'eau dont il disposait lui était rationnée : il ne pouvait user de l'eau du ruisseau pour actionner sa mécanique que lorsque les agriculteurs, en aval, n'irriguaient pas leurs champs. Il n'était pas intéressé par l'idée d'éclairer son moulin par une dynamo de bicyclette, le village voisin étant électrifié. J'appris ainsi que 60 % des villages de cet État sont électrifiés, l'énergie hydraulique étant l'une des seules richesses de ce pays de montagne. Par contre, les collines du vaste État voisin d'Uttar Pradesh sont beaucoup moins électrifiées, car on y a construit beaucoup moins de centrales hydro-électriques.

Je demandai à visiter un autre moulin. A une heure de jeep, dans une vallée encaissée, près du village de Barkal, nous fîmes la connaissance d'un jeune meunier de trente-cinq ans, fort entreprenant, du nom de Gurdial Singh. Il avait remplacé ce qui semble avoir été l'une des rares roues verticales de la région par du courant électrique pour entraîner sa scierie mécanique et actionner une machine à décortiquer le riz.

Mais il avait conservé sa roue horizontale qui était aussi archaïque que celle du premier moulin. Notre jeune meunier fut passionné par la maquette du moulin roumain qu'il ne cessait de retourner en tous sens pour étudier ses perfectionnements techniques. Il fut particulièrement intéressé par les pales taillées en forme de cuiller. Mais aussi par la conduite d'eau fermée qui permet de diriger un jet relativement puissant sur les pales, et par le système assez complexe qui permettait de changer la hauteur des meules entre elles pour obtenir de la farine plus ou moins fine. Il étudia longuement la manière dont la pointe de l'arbre vertical, recouverte d'un morceau de fer, s'emmanchait et tournait dans une cupule métallique. On lui fit observer un perfectionnement qu'il n'avait pas remarqué : un moyen de récupérer au mieux la farine moulue, alors que dans son moulin elle tombait d'entre les deux meules directement sur une plate-forme où chaque courant d'air pouvait la disséminer aux quatre vents.

En construisant autour de ses meules une caisse en bois circulaire avec une petite ouverture, il pourrait à son tour récupérer directement la farine dans un sac. Je voulus alors rencontrer son menuisier pour qu'il étudie la maquette, mais ce dernier habitait à cinq kilomètres dans la montagne et on ne pouvait aller chez lui qu'à pied. Il était déjà 17 heures et la nuit allait tomber. Gurdial Singh se rappela heureusement qu'il connaissait un vieux menuisier, Devi Ram, qui travaillait dans la petite ville de Kandaghat; je montrai à Singh l'album où j'avais réuni les miniatures du Moyen Age représentant des scènes techniques, et des gravures de la Renaissance et des XVIIᵉ et XVIIIᵉ siècles où sont représentées les mécaniques de l'époque. Notre meunier était très intéressé et semblait rire à l'idée qu'il n'avait jamais pensé à introduire certaines de ces mécaniques simples dans sa menuiserie. Devi Ram était aussi passionné par le modèle réduit du moulin roumain, et les deux hommes s'assirent ensemble pour bien comprendre les perfectionnements qu'il devrait introduire dans la meunerie Singh. Je fis demander au menuisier si son ambition se limitait à seulement moderniser la meunerie de Singh.

Devi Ram répondit que dès qu'il avait vu la maquette, il avait décidé de tenter de moderniser tous les moulins de la vallée avoisinante. Nous quittâmes les deux hommes en leur promettant que nous reviendrions un an plus tard voir le résultat de leurs travaux de transformation. Lorsque je suis retourné en septembre de l'année suivante dans le district de Solan, Gurdial Singh n'avait pas achevé la modernisation de son moulin, mais Devi Ram avait taillé de nouvelles pales en forme de godets. La nouvelle responsable du district de Solan, Mme Mukherjee, à qui j'expliquai comment moderniser des moulins, réagit rapidement en se tournant vers le responsable de projet qui nous avait guidés jusqu'au moulin, et lui demanda comment, ayant vu la maquette du moulin roumain, il n'avait pas rédigé un rapport à ce sujet. Elle lui demanda d'écrire immédiatement un mémoire pour le 25 octobre, date de la prochaine réunion du comité. Elle suggéra qu'il serait opportun que les meuniers puissent recevoir une subvention – et non un prêt – correspondant au tiers des dépenses entraînées par la modernisation.

Comment éclairer l'Himalaya avec des roues horizontales

C'est vraiment grâce au Dr Kedar L. Shrestha, qui venait d'être nommé directeur du Centre de recherches de science et technique appliquée (RECAST) de l'université de Tribhuvan à Katmandou, que je pus enfin visiter le Népal à l'automne de 1979. A la conférence des Nations unies à Vienne, où j'avais exposé mes maquettes animées, le Dr Shrestha avait pu juger par lui-même du rôle que les maquettes pourraient jouer dans le développement de son pays et compris la valeur du projet d'électrification et de modernisation des moulins népalais.

Le Dr Shrestha me demanda d'assister au séminaire qui devait avoir lieu début septembre à Katmandou sur les petites génératrices hydro-électriques, organisé par l'O.N.U.D.I. et l'E.S.C.A.P. Le Dr Pack de l'O.N.U.D.I. comprit aussi l'intérêt du projet et m'invita à participer au séminaire avec ces maquettes. Dès le premier jour, à Katmandou, je compris que le projet aurait du succès. Les conditions psychologiques, sociales, économiques et politiques étaient réunies pour qu'il passe du stade de l'invention à celui de l'innovation. Nombreux étaient ceux qui avaient songé à moderniser et à électrifier les moulins. Il suffirait que quelqu'un vienne avec une idée neuve – que le modèle réduit symbolisait – pour que le processus de l'innovation se déclenchât. Le Dr Suresh Chalisé, doyen de la faculté des sciences, avait, quelques années auparavant, écrit un rapport sur la modernisation des moulins. Et l'idée d'utiliser l'eau de ceux-ci pour entraîner la dynamo d'une bicyclette était venue à plusieurs personnes dans la vallée de Katmandou. Le directeur général de la Banque du Népal pour le développement agricole (A.D.B.), M. S.K. Uppadhayaya, nous montra la photographie d'un moulin où le meunier avait dévié une partie de l'eau pour la diriger vers un système rotatif maison auquel il avait couplé une roue de bicyclette avec une dynamo appuyée sur la roue en mouvement, lui permettant ainsi d'éclairer sa maison à environ 45 mètres du moulin.

Lorsque je voulus acheter moi-même une dynamo de bicyclette en expliquant l'utilisation que je comptais en faire, le propriétaire du magasin, Sri Matna Manandha, me révéla que quelques mois plus tôt un jeune ingénieur avait acheté pour le compte du Pr B.N. Suwal, du RECAST, deux dynamos pour cette même raison. Mais ces dynamos n'avaient servi à aucune expérience et devaient se trouver encore dans les bureaux de l'université. La dynamo avec le phare, le cataphote et les différents petits composants revient à 130 roupies népalaises (environ 48 francs), mais il suffit d'acheter la dynamo et le phare. Ma femme observa que le nom du fabricant était très significatif : Miller-Meunier. Au prix du kérosène, le meunier peut amortir son achat en 18 mois.

Andréas Bachmann, un jeune Suisse fort intelligent et parlant népalais, me servit de guide sur les chemins de la vallée de Katmandou pour me faire rencontrer le père B.R. Saubolle, fondateur de la première école jésuite au Népal en 1953. Ils avaient écrit ensemble un livre intitulé *Mini-Technology* dont un court chapitre est consacré à l'éclairage d'un moulin népalais. Eux aussi avaient eu l'idée d'utiliser une dynamo de bicyclette, mais entraînée par la meule.

Toutes nos rencontres avec les personnalités népalaises et les meuniers à la campagne démontrèrent par la suite que la maquette était vraiment un moyen étonnant et rapide de communication. Après nous avoir écoutés développer notre projet d'électrification et de modernisation des moulins avec l'aide de la maquette du moulin roumain, M. Uppadhayaya nous déclara que sa banque pourrait tirer un grand profit de cette méthode de communication. Une fois le premier moulin modernisé, la banque agricole allait en faire faire une maquette qui devait être recopiée à cinquante exemplaires et envoyée à cinquante agences de la Banque dans le pays, là où se trouvaient des moulins. Les maquettes seraient ensuite confiées à des équipes qui iraient dans toutes les vallées reculées pour informer les meuniers des accroissements de productivité qu'ils obtiendraient en modernisant leurs moulins. Il serait offert des prêts à long terme aux meuniers qui leur apporteraient des transformations. Pour prouver que les maquettes pouvaient être facilement reproduites localement, nous avons confié la maquette du moulin roumain à une équipe d'artisans très habiles dans le travail du bois.

En moins d'une semaine ils fabriquèrent une réplique fidèle de notre maquette en bois de rose. Les pales incurvées en forme de godets taillées à Katmandou étaient même d'une facture plus précise que celles façonnées en Angleterre. Le Centre de recherches en fit l'acquisition pour 575 roupies, soit seulement 296 francs. La maquette fabriquée à Londres revenait sept ou huit fois plus cher.

Depuis un certain temps déjà, la banque s'intéressait aux moulins. Une délégation de banquiers m'emmena visiter un moulin traditionnel récemment construit grâce à des prêts qu'elle avait accordés. A la vue de ma maquette, le meunier voulut immédiatement modifier son moulin selon le modèle roumain et y adapter le système d'éclairage obtenu par la dynamo de bicyclette. Les banquiers avaient la preuve, si besoin était, de l'efficacité des maquettes. Le meunier se vit proposer un prêt à la modernisation.

Une expérience de modernisation d'un moulin

Le Dr Kedar Shrestha décida que son Centre de recherches prendrait en charge les frais de reconstruction d'un moulin népalais et nomma un jeune ingénieur de grande valeur, Chandra B. Joshi, responsable du projet.

Avant même que le Dr Shrestha ait officiellement décidé de mettre à exécution son projet de modernisation, je me suis mis à la recherche d'un moulin qui servirait de prototype. Je me promenais sur les chemins de la vallée de Katmandou avec les maquettes népalaises et roumaines sous le bras. Les maquettes animées ont un pouvoir de fascination sur les enfants, les adultes, les vieillards, les hommes comme les femmes. J'attirais la foule de ceux qui travaillaient ou passaient le long des chemins comme si j'étais un sadhu ou un saint homme, à cela près que la foule voulait toucher non pas mes habits, mais les maquettes que je portais. Je m'arrêtais parfois et les laissais circuler de main en main. Le respect presque religieux de la foule pour ces objets faisait qu'elles me revenaient intactes. Les maquettes ont été faites pour être manipulées. Et jamais, au cours de mes voyages dans les campagnes et les villes du Tiers Monde, elles n'ont été endommagées.

Je trouvai un moulin à Godavari dans le fond de la vallée, à quelque dix minutes de marche seulement d'une des rares routes goudronnées du Népal. On y accède par un sentier fréquenté. Les passants pourraient voir les améliorations qu'on ferait au moulin et colporter la nouvelle que quelque chose de nouveau et de révolutionnaire était en train de s'accomplir dans la vallée de Katmandou pour le plus grand profit des gens du pays.

Il ne fallut pas plus de cinq minutes à C.B. Joshi pour expliquer au jeune meunier Govinda Mahayan, avec l'aide des modèles réduits, les avantages que lui et son père pourraient retirer en transformant leur moulin suivant les normes du moulin roumain. On l'assura que la perte d'exploitation due à l'arrêt du moulin pendant les travaux serait prise en charge par le Centre de recherches. Le jeune meunier était si heureux qu'il sortit arrêter les passants et leur expliqua avec le modèle réduit toutes les transformations qui y seraient effectuées.

C.B. Joshi allait moderniser ce moulin de Godavari en remplaçant les pales droites par des pales en forme de godets, en fermant la canalisation d'arrivée d'eau, en remplaçant l'aiguille métallique fixée dans l'axe vertical par des roulements à billes et en couvrant les pierres meules pour éviter que la farine ne s'envole.

Et par un système de poulie, il entraînera une roue de bicyclette sur laquelle sera enclenchée une dynamo pour donner de l'électricité au meunier. Joshi rédigera un rapport qui mettra en relief les améliorations techniques du nouveau moulin, assez remarquables; en fait la vitesse de rotation des meules passera de 156 à 230 tr/mm, soit une augmentation de 48 %, la puissance du moulin passera de 1,20 CV à 2,02 CV, soit une augmentation de puissance de 81 %, le rendement s'accroîtra de 80 % et la productivité de 50 %. Le moulin avait été baptisé « le moulin électrique » par la population environnante qui se pressait pour le voir.

Un jour que je me trouvais dans le moulin, j'ai rencontré une vieille femme toute souriante, assise, attendant que son grain fût moulu. Sa joie avait plusieurs raisons : elle pensait que la lumière la faisait entrer en plein XXᵉ siècle et qu'elle allait perdre moins de temps pour faire moudre son grain, car les meules tournaient plus vite. Elle constatait avec plaisir l'encastrement des meules qui évitait la perte de 2 à 3 % de son grain, que le moindre coup de vent mélangeait à la poussière auparavant.

Mais il avait fallu pratiquer une ouverture dans la caisse métallique circulaire qui recouvrait les meules, car les clientes du meunier ne voyaient pas ce qui se passait autour des meules et soupçonnaient celui-ci de leur subtiliser une partie de leur farine. Nous avons appris depuis que, dans le cours des âges, le couvercle carré fut interdit, car la farine peut en effet s'accumuler dans les quatre coins au bénéfice du meunier seul.

Vie du meunier au Moyen Age et au Népal

Le meunier népalais, tout comme son homologue indien, ressemble sur beaucoup de points au meunier du Moyen Age. Le meunier himalayan reçoit comme son collègue du Moyen Age une rémunération sous forme d'un certain pourcentage de la farine moulue. La tradition au Moyen Age était de percevoir 1/16 de la production. Si le meunier himalayan a parfois mauvaise réputation, son collègue médiéval européen avait franchement le pire renom, car il prélevait généralement une quantité de farine plus importante que celle autorisée par la coutume.

Cette pratique a été immortalisée au XIVe siècle par Chaucer dans ses *Contes de Canterbury :*

A Trumpington, près de Cambridge,
Coule un ruisseau traversé par un pont.
Sur ce ruisseau large et profond
Existait un moulin. Dans ce moulin, vous dis-je,
Un meunier a vécu vraiment des jours nombreux.
Comme un paon, il était fier, ce maître orgueilleux.
... Le meunier percevait sur la drêche et le grain
De tout le voisinage un beau droit de mouture ;
Parmi ses bons clients, il avait d'aventure
Un grand collège, une source de gain

Nommée, je crois, le collège du roi.
Or, il advint qu'un jour de ce susdit collège
Le pourvoyeur, soudain, fut en danger de mort,
Et que notre meunier, par un adroit manège,
Vola farine et blé, de plus en plus fort.
C'était pour lui, de par saint Georges,
Le moment ou jamais de bien faire ses orges.
Le gardien grommela, mais lui, notre meunier,
L'envoya promener d'un ton fort cavalier [1].

Au Népal et en Inde, les femmes font la queue pour faire moudre le grain familial, tandis qu'au Moyen Age les hommes s'en chargeaient. Les moulins étaient alors un lieu de contact et de rencontre où les citadins et les campagnards se retrouvaient. Les rassemblements étaient importants, les files d'attente longues. Des prostituées circulaient dans la foule, recrutant leur clientèle. Au XIIe siècle, saint Bernard, scandalisé par l'activité des filles de joie, menaça de fermer les moulins. S'il avait pu mettre sa menace à exécution, il aurait pu freiner le développement économique de l'Europe. En quelque sorte sa décision aurait été comparable à celle des chefs d'État arabes qui, en 1973, augmentèrent le prix du pétrole brut et en imposèrent l'embargo à destination de certains pays de l'Occident. Au Moyen Age, l'énergie hydraulique avait l'importance du pétrole au XXe siècle.

La qualité de la farine

L'introduction de moteurs Diesel pour écraser le grain dans certains moulins de la vallée de Katmandou est la cause de longues queues devant les moulins hydrauliques. Les paysans préfèrent le goût de la farine moulue traditionnellement. C'est pour la même raison qu'en Occident aujourd'hui la mode est de faire son propre pain. La

1. CHAUCER : *Contes de Canterbury, Le Conte du bailli,* trad. Chevalier de Chatelain, t. Ier, Basil Montagu, Piekering, Londres, p. 132.

qualité de la farine est un problème essentiel pour le Tiers Monde; or ce problème semble presque complètement ignoré par les organisations internationales, qui ne s'inquiètent que de la quantité. Il est évident que la quantité de céréales doit avoir priorité sur la qualité de la farine qui résulte de la mouture des céréales; néanmoins la qualité de la farine devrait inquiéter ceux qui sont responsables de la faim et de la santé dans le Tiers Monde.

Depuis plus de deux siècles, on s'inquiète de la mouture en Occident; mais il ne semble pas que le problème de la mouture ait fait l'objet d'études approfondies dans le Tiers Monde. La solution dépend des meules utilisées.

Lorsque j'ai découvert ces moulins-turbines au Népal et en Inde, j'ai immédiatement été amené à m'intéresser au problème des meules et de la farine. Si ces moulins sont toujours en activité, c'est que la farine qui sort d'entre les deux pierres meules, comme je viens de le mentionner, a meilleur goût que celle des moulins Diesel ou électriques. C'est l'avis de tous et de toutes, que ce soit en Asie ou en Afrique. Et certaines vitamines qui sont détruites par la chaleur due à la plus grande vitesse de rotation des meules dans les moulins modernes ne le sont pas dans les moulins traditionnels.

Par contre, la farine de nombre de ces moulins du Tiers Monde recèle de la poudre de pierre, parce que les meuniers de ces pays ont oublié ou n'ont jamais su dresser correctement leurs pierres meules. Quand on soulève la pierre meule supérieure, on découvre avec étonnement que la surface des deux pierres est souvent piquée, c'est-à-dire semée d'une foule de petits trous. Alors que toutes les pierres meules que nous voyons en Europe adossées aux murs d'un vieux moulin sont creusées de sillons ou de canaux concentriques. C'est ce rayonnage des meules qui permet à la fois un bon écoulement de la mouture vers la périphérie et un écrasement rationnel du grain.

Le rayonnage était déjà connu des Romains. Le Moyen Age semble l'avoir utilisé, mais il n'est pas certain que toutes les pierres meules de cette époque étaient rayonnées, car on en trouve au milieu du XVIIIe siècle qui sont encore piquées. C'est seulement à partir du milieu du XVIIIe siècle qu'on a étudié systématiquement le rayonnage des meules. Les ingénieurs français, anglais et américains rivalisèrent au cours du XIXe siècle pour mettre au point des rayonnages de plus en plus efficaces. En rayonnant correctement les meules, la farine est plus fine, ce qui permet de faire mieux la cuisine, de cuire plus rapidement et de brûler moins de bois.

Ce qui est certain, c'est que la poussière de pierre qui se mélange à la farine des meules piquées doit donner des grincements de dents. J'ai connu à Katmandou une Européenne qui faisait elle-même son pain et qui me disait qu'elle passait tous les matins sa farine au tamis. Je voudrais un jour amener un dentiste à examiner les dents de ceux qui mangent du pain fait avec cette farine. Ils doivent avoir les dents limées. Probablement comme sont limées les dents des momies égyptiennes que les égyptologues ont étudiées. En Égypte, les grains étaient écrasés à la main par une pierre ou molette que l'on roulait dans un mouvement de va et vient sur une pierre plate ou légèrement incurvée. L'on connaît des statuettes égyptiennes du IIIe millénaire avant notre ère où l'on voit des personnages moudre ainsi le grain. Nous voudrions comparer les dents des Népalais du IIe millénaire après Jésus-Christ à celles des Égyptiens du IIIe millénaire avant Jésus-Christ.

Mieux que des barrages

Lorsque les travaux furent terminés à Godavari, la presse népalaise célébra la naissance de ce moulin rénové dans un article publié en première page du *Ghorakhapatra,* le principal quotidien népalais. Les meuniers des vallées népalaises les plus reculées savent maintenant qu'ils ont là une possibilité d'améliorer leur avenir. Ils ont pu voir une photographie du meunier de Godavari posant à côté de sa dynamo de bicyclette. Le *Rising Nepal*, édition anglaise du *Ghorakhapatra*, devait publier des extraits de mon mémoire : *Comment éclairer les vallées himalayennes avec des moulins à roue horizontale.*

Le moulin de Godavari était à peine rénové que la Commission de développement des petites exploitations agricoles décida d'inclure la modernisation des moulins dans son projet de valorisation des régions rurales. Un investissement de 2 297 000 roupies (1 183 000 F) étalé sur cinq ans est prévu pour moderniser les moulins. M. John Melford, résident général des Nations unies, du P.N.U.D., et son adjoint d'alors, M. Hasegawa, visitèrent le prototype de Godavari et revinrent enthousiasmés et convaincus qu'il était plus utile pour le pays d'avoir des milliers de microturbines que quelques grands barrages coûteux à construire et entretenir. Ils mirent immédiatement en marche le mécanisme des Nations unies pour obtenir des fonds pour ces microturbines. Il fut décidé que le RECAST recevrait ces fonds. Les fonds devaient aussi aider le RECAST à développer les séchoirs solaires, les fourneaux à bois et la fabrication de ciment mélangé à l'écorce de riz. Les fonds pour ce projet sont ceux de l'Interim Fund, votés lors de la conférence de Vienne sur la science et la technique d'août 1978.

Antenne 2 : des maquettes au village

Lorsque je parlai à Jean Lallier et Monique Tosello, producteurs et réalisateurs de la série scientifique d'Antenne 2 : « Portraits de l'Univers », de mon expérience au Népal avec les maquettes, les moulins et les techniques appropriées, ils ont voulu enregistrer les images de cette étrange aventure.

En 1973, Jean Lallier et Monique Tosello étaient venus en Angleterre tourner un film pour la télévision sur l'archéologie industrielle auquel j'avais participé, intitulé *Les Beaux Dimanches anglais.* L'idée qu'il fallait protéger les bâtiments industriels, les anciennes écluses, les premiers ponts suspendus, les premiers moteurs Diesel et les premières centrales électriques, comme on avait protégé au début du XIXe siècle les cathédrales, les monastères et les châteaux forts, était alors une idée neuve en France. Aujourd'hui, grâce à ce film et au livre de Maurice Daumas, *L'Archéologie industrielle en France,* cette idée a fait son chemin. Les autorités cinématographiques népalaises ont été quelque peu étonnées de voir que nous tournions un film sur les techniques appropriées au Népal, car les réalisateurs étrangers étaient généralement intéressés par la drogue, l'Annapurna et l'homme des Neiges. Le film *Des maquettes au village* fut programmé en juillet 1981 sur Antenne 2.

L'arrivée au Népal de l'équipe de « Portraits de l'Univers » coïncidait avec la mise en route d'une innovation remarquable, mise au point par un jeune mécanicien de très grand talent, Akkal Man Nakarmi. Son père, qui est forgeron, exerce son métier dans l'un des ateliers de son fils. Nakarmi en népalais veut d'ailleurs dire forgeron.

Le moulin-turbine de Nakarmi

Nakarmi ayant travaillé avec Joshi au moulin de Godavari eut ensuite l'idée, encouragée par Andreas Bachman, de créer un moulin en métal transportable par pièces détachées. Ce moulin révolutionnaire de Nakarmi est en vérité un bloc-moteur qui se décompose en trois parties principales :

1° La partie supérieure comprend la trémie, les deux pierres meules qui ont cette particularité que c'est la pierre supérieure qui est fixée, et un couvercle de métal.

2° La partie centrale est le véritable cœur de ce bloc-moteur, car il abrite les éléments de transmission de l'énergie. Un engrenage sur l'axe vertical entraîne la rotation d'un axe horizontal aux extrémités duquel se trouvent des poulies qui actionnent divers mécanismes.

3° La partie inférieure abrite la roue turbine en fonte.

L'un des grands mérites de ce bloc-moteur de Nakarmi est sa grande adaptabilité. Comme il se démonte, on peut facilement le déplacer. On a seulement besoin de 2,50 m de chute. Mais si on n'a pas d'eau disponible, on peut entraîner le bloc-moteur par un moteur électrique, un moteur Diesel, un moulin à vent ou par la force animale, par un système de poulies.

On peut l'utiliser pour alimenter plusieurs petites machines, scies, dégauchisseuses ou tours pour les travaux de menuiserie, les métiers à tisser la soie ou le coton; on peut même l'adapter au travail de la forge. Dans une maison il peut, grâce à une génératrice de 3 kilowatts, produire assez d'électricité pour l'éclairage, la radio et un petit réfrigérateur; en plus il peut charger des batteries.

La valeur de l'invention de Nakarmi fut immédiatement reconnue par tous. L'ambassade de France, par l'intermédiaire d'Yves Austin, le chargé d'affaires, en commanda un pour le village de Salmé dans le district de Nuwarkot, où réside en permanence une mission agricole française, pour faire marcher une décortiqueuse, mais aussi un pressoir à huile. Le directeur de la Banque agricole, M. Uppadhayaya, en commanda pour une coopérative du village de Tupche, et Peter Diemer qui dirige BORDA, l'Organisation de techniques appropriées de Brême, en commanda pour l'Inde avec l'intention de les construire en série dans ce pays.

L'un des grands mérites de cette invention, qui pénètre dans un nombre toujours croissant de fermes et d'ateliers d'artisans, c'est que son inventeur, dans la tradition même du milieu des techniques appropriées, n'a pas déposé de demande de brevet pour son invention. Et le Tiers Monde appréciera ce fait, car on sait que les pays en voie de développement ont des critiques amères à faire aux pays industriellement avancés qui exigent d'eux des redevances élevées sur leurs brevets.

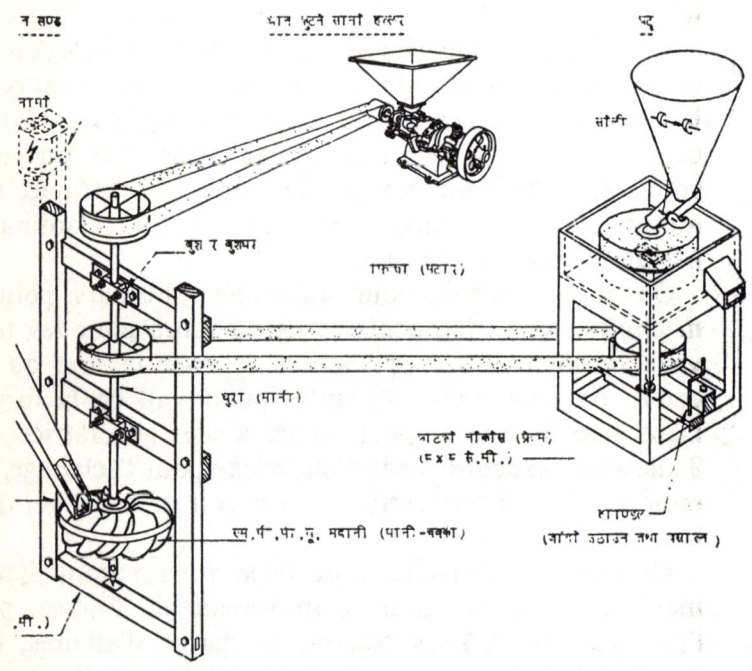

Brochure népalaise du moulin de Nakarmi

A la recherche des moulins au Kenya

Quelques semaines après mon retour de la deuxième mission au Népal, j'étais invité par les Nations unies pour exposer mes modèles à la Conférence des pays africains pour la coopération technique (mai 1981) à Nairobi (Kenya). Dès le premier jour où les maquettes furent exposées dans le grand hall du palais des Congrès Kenyatta, des délégués kenyans, après avoir manipulé le modèle du moulin népalais, me dirent qu'ils avaient dans leur village natal des moulins de ce type. Ils avaient en mémoire qu'ils accompagnaient leur mère au moulin pour y faire moudre le grain de la famille. Des délégués éthiopiens et ougandais me firent les mêmes remarques.

Je fus assez surpris par ces informations, car lorsque j'avais exposé mes modèles à une autre conférence des Nations unies en Afrique occidentale, à Lomé (Togo), au début de 1979, aucun délégué ne m'avait fait part de l'existence de ce type de moulin dans son village. J'en avais conclu qu'il n'y en avait pas en Afrique noire. Mais la majorité des délégués africains de Lomé devaient être de l'Afrique occidentale. Il y avait donc des moulins-turbines en Afrique orientale, mais pas en Afrique occidentale. D'ailleurs le relief de l'Afrique occidentale ne se prête pas comme le relief plus accidenté de l'Afrique orientale à ce type de moulins.

J'ai voulu retrouver la voie par laquelle ces moulins avaient pénétré en Afrique orientale. En partant de l'hypothèse qu'ils avaient été inventés quelque part dans le Croissant fertile et sachant qu'il y en avait 200 au début de ce siècle en Palestine, j'ai regardé la carte de cette partie du monde et me suis rendu compte qu'il y avait des chaînes de montagnes tout le long de la mer Rouge, en Arabie Saoudite et au Yémen. J'interrogeai alors tous ceux qui, à la conférence de Nairobi, connaissaient ces régions, et au bout de quelques jours j'appris qu'il y avait en effet de nombreux moulins au Yémen du Sud, là où la mer Rouge se rétrécit et où l'Asie touche pratiquement à l'Afrique. C'est par là que les moulins ont sans doute pénétré en Éthiopie.

Pendant quelque temps, j'ai cru que les moulins avaient tout naturellement pénétré d'Éthiopie au Kenya et en Ouganda. Mais je devais bientôt me rendre compte à l'évidence que cette technique n'existait pas dans ces pays antérieurement à l'arrivée des Européens. Ce sont les coolies indiens qui furent amenés de l'Inde tout au début de ce siècle pour construire le fameux chemin de fer de Mombassa en Ouganda qui installèrent les premiers moulins dans ces pays. Les moulins à l'origine furent la propriété exclusivement des Indiens. Progressivement la population indigène s'associa aux Indiens, puis construisit elle-même ses moulins. Le plus ancien moulin du Kenya daterait seulement de 1910. Pendant de longues années les pierres meules furent importées de l'Inde. C'est seulement dans les années 1950 qu'on trouva au Kenya une carrière où l'on pouvait en tailler.

Pour connaître l'emplacement des moulins kenyans, je demandai aux délégués kenyans et à leurs chauffeurs de cercler les lieux où ils en connaissaient sur une carte du Kenya étalée à côté de la maquette du moulin népalais que j'exposais dans le hall du centre Kenyatta. Il devint très vite évident que les moulins étaient particulièrement nombreux dans le pays kikuyu, dans la province centrale, entre Nairobi et le mont Kenya, et dans les provinces de Nyanza et de l'Ouest (Western Province) traversées par de nombreux cours d'eau qui se jettent dans le lac Victoria.

Il fallait trouver un moulin à moderniser destiné à devenir une magnifique pièce d'exposition pour la conférence de Nairobi sur les énergies renouvelables de 1981. Il devait se trouver dans un lieu d'accès facile pour les officiels kenyans et leurs invités étrangers, à moins d'une heure de voiture du centre de la capitale et à proximité d'une piste en excellent état. Le moulin devait être aussi en eau toute l'année. Je finis par trouver le moulin idéal remplissant toutes les conditions cherchées à Gatei, sur la rivière Ndarugu, près de la petite ville de Gatundu, dans la province centrale, à quelque 60 kilomètres au nord de Nairobi. Nous avions trouvé un site qui était sur le fief même de la famille de Jomo Kenyatta. Nous étions en plein pays kikuyu et donc en plein pays mau-mau.

La révolte des Mau-Mau et la révolte paysanne de 1381

La révolte mau-mau des années 1950 fut, on le sait, la plus violente manifestation anticolonialiste de l'Afrique noire. Ce que ce mouvement mau-mau a de particulier, c'est que ce fut une révolte paysanne et que certains des combattants furent comparés aux paysans de la célèbre révolte médiévale de Wat Tyler de 1381, en Angleterre, *The peasants revolt.* Je serais d'accord avec ce parallèle. L'un et l'autre ont été l'œuvre de paysans; il n'y a eu à l'origine aucun intellectuel pour lancer et organiser ces deux révoltes. Jomo Kenyatta est arrivé en quelque sorte après la bataille, ce qui n'enlève rien à sa valeur comme chef d'État. C'est ce côté spécifiquement paysan de la révolte qui a fait sa force. Contrairement à la plupart des autres tribus d'Afrique, les Kikuyus possédaient leur terre individuellement. Et ils se sentaient individuellement volés quand on la réquisitionnait, d'où la violence du mouvement.

Le meunier du moulin du Ndarugu, Githuki Chegé, avec lequel je me suis lié d'amitié, avait été un membre actif du mouvement mau-mau.

Le moulin de la famille Chegé a joué un rôle important en ravitaillant en farine les Mau-Mau de la région. Et à quelques mètres de la chute de 20 mètres, juste en amont du moulin, il y a une grotte où vivaient Chegé et ses camarades. Elle ne fut jamais découverte. Pour y accéder il fallait passer périlleusement sous la chute même. Je voulais y faire poser une plaque à la mémoire de tous ceux qui sont morts dans cette lutte armée. Mais on m'a fait comprendre que ce n'était peut-être pas le moment de faire graver cette plaque, pour des raisons d'unité nationale. Le gouvernement actuel ne veut pas qu'on rappelle trop le rôle presque exclusif joué par les Kikuyus dans la libération et l'indépendance du Kenya. Je me suis rangé à ce point de vue. On posera cette plaque à la prochaine génération.

Mais il y aura une plaque sur le moulin de Chegé,

signalant qu'il est classé monument historique. Dès que je visitai le site du Ndarugu, j'ai pensé qu'il fallait protéger le moulin, tout en le gardant en activité, et construire deux moulins modernisés sur l'emplacement des deux moulins abandonnés qui le jouxtent.

Ce sera le premier monument industriel classé de l'Afrique orientale. Il sera un jour l'unique témoin de cette technique ancienne du Kenya, après que tous les autres moulins auront été modernisés. Richard Leakey, le célèbre directeur du Musée national du Kenya et auteur d'un livre et d'une série d'émissions de la B.B.C. sur l'origine de l'homme, chargé par le gouvernement de juger de l'opportunité de classer le moulin, me fit remarquer qu'il ne datait que de 1950. Lui, Leakey, évidemment, classe des objets tels des os, qui ont plusieurs millions d'années. Il a fait des fouilles dans le nord du Kenya qui prouvent que l'homme remonte à plus de 3 000 000 d'années : pour lui les années de 1950 sont un peu proches de nous. Il connaissait un moulin de 1910, mais il accepta d'envoyer sur le Ndarugu son conservateur en chef. Celui-ci rédigea un rapport enthousiaste, recommandant de classer le moulin. Le gouvernement de Nairobi accepta la recommandation, et aujourd'hui le moulin du Ndarugu est officiellement un monument protégé.

Des chaises et des tables

Quand j'ai demandé à Githuki Chegé quelle industrie artisanale il aimerait voir installer sur le Ndarugu, il nous a promptement répondu : une scierie pour fabriquer des chaises et des tables. J'ai été surpris par cette réponse. Au premier abord, je ne voyais pas l'importance de construire du mobilier dans une région rurale. Je devais changer d'avis. Traditionnellement on fait la cuisine, on mange et on travaille accroupi en Afrique comme en Asie. Les classes aisées du Moyen Age avaient, elles, ce type de mobilier. Je m'apprêtai donc ici au Kenya à aider à la diffusion de techniques médiévales inconnues jusqu'à une époque récente en Afrique noire. J'ai progressivement compris que des chaises et des tables avaient une réelle utilité. Quand les enfants sortent de l'école, ils n'ont nul endroit pour s'asseoir et faire leurs devoirs. La fabrication de ce mobilier répondait donc à une véritable nécessité sociale.

Le projet d'installer une scie, pour cette fabrication, devait évidemment évoquer pour moi la scie hydraulique de Villard de Honnecourt. Il avait écrit sous son dessin :

« Par ce moyen fait-on une scie scier d'elle-même. »

Mais ce projet devait aussi évoquer pour moi la destruction des forêts au Moyen Age par les scies hydrauliques. En France, au XIIIe siècle, à Colmars en Haute-Provence, on devait les interdire. Certaines techniques du Moyen Age sont-elles encore trop d'avant-garde pour des régions rurales du Tiers Monde?

La télévision dans une hutte en terre

Si la communauté du Ndarugu était intéressée par l'idée d'avoir des tables et des chaises pour les enfants, elle était aussi intéressée par l'idée d'avoir pour eux des batteries chargées par le moulin pour éclairer leurs travaux scolaires. Grâce à l'ingéniosité d'un ingénieur de Nairobi, K. Sassodia, nous avons installé sur l'un des moulins reconstruits et modernisés un système de poulies et de courroies d'entraînement pour un alternateur de voiture. Cet alternateur permet de recharger les batteries de la communauté. Grâce à cette installation, j'ai pu réaliser un de mes rêves : offrir la télévision à une communauté rurale, fonctionnant sur une batterie rechargée régulièrement par un type de moulin en usage au

Moyen Age. La télévision a été installée dans une vieille hutte en terre de la famille Chegé, qui abrite encore l'unique chèvre de la famille. La chèvre se fait parfois entendre au milieu d'un programme. Les spectateurs sont assis sur des bancs posés sur la terre battue.

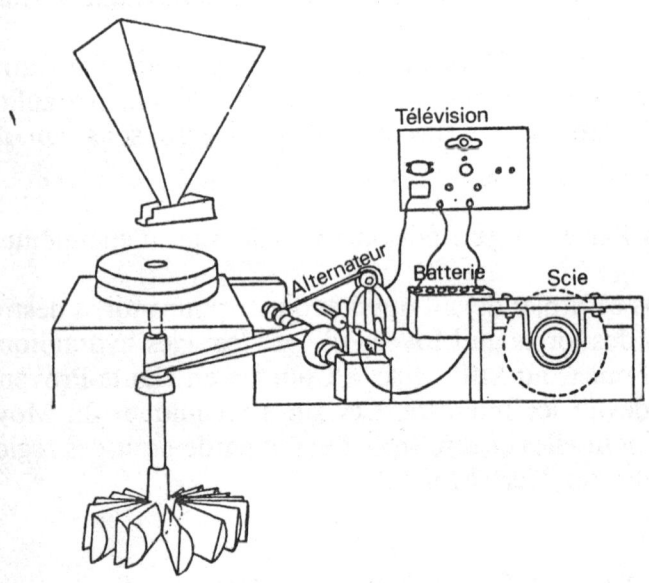

Ce projet a été créé primordialement pour les femmes de la communauté, qui s'échappent rarement de leur environnement immédiat; les hommes, eux, vont régulièrement à pied à la plus proche buvette. Les femmes, après avoir préparé le dîner et donné à manger à la famille, vont en groupe voir les programmes diffusés en direct de Nairobi. Nombre d'entre elles n'avaient jamais vu de télévision auparavant. La télévision est aussi une aubaine pour les mères parce qu'à partir de 17 heures – heure du début des émissions – les enfants se précipitent tous sur les bancs de la hutte TV, et les laissent faire la cuisine sans être importunées par eux à chaque instant. Cela est d'autant plus important que les femmes de ce pays font la cuisine sur trois pierres, sur un feu ouvert, et que les enfants risquent souvent de tomber dans le feu et de se brûler grièvement. Les programmes sont en swahili, la langue que parle la majorité des habitants de l'Afrique de l'Est, et en anglais. Il est intéressant et important pour les enfants de se familiariser avec l'anglais, une langue qui leur servira beaucoup quand ils seront grands. Les programmes ne comportent aucun film de violence, le gouvernement les ayant interdits. Par contre, ils auront, comme presque toutes les télévisions du monde, la série Dallas, mais aussi des documentaires, les nouvelles internationales et locales, les discours du président Moï et des matches de lutte.

La presse locale qui a interviewé les femmes a trouvé que celles-ci étaient enthousiasmées par l'introduction de cette technique de pointe dans leur vie de tous les jours. Technique rendue possible par la modernisation d'une technique médiévale.

Des articles avaient paru l'année précédente sur nos autres projets. L'un des journaux avait titré : « Des modes de vie médiévaux pour l'homme moderne. »

3

Des techniques appropriées
pour les femmes rurales

Lorsque je modernisai le moulin horizontal dans la vallée de Katmandou au Népal, je demandai aux femmes comment je pourrais le mieux soulager leur dur labeur quotidien. Elles furent unanimes à demander que le moulin entraîne une machine à décortiquer le riz. Les hommes n'auraient jamais fait cette demande, car ce ne sont pas eux qui décortiquent le riz. Sur le Ndarugu, au Kenya, j'ai posé la même question. Les femmes demandèrent que je leur installe un appareil à égrener le maïs. Les hommes n'auraient jamais réclamé cette machine, car ce ne sont pas eux qui égrènent le maïs séché.

La majorité des projets dans le Tiers Monde échouent parce que ce sont toujours les hommes qui parlent aux hommes. Or, on estime que seulement 25 % du travail global est fait par les hommes dans les régions rurales des pays en voie de développement. Les experts et les planificateurs ne prennent que rarement en considération le rôle spécifique des femmes dans l'économie de ces pays; près de 60 % de la production agricole mondiale dans le Tiers Monde est pourtant le fait des femmes. De nombreux projets de modernisation favorisent les hommes au détriment des femmes, enlevant à celles-ci le peu de revenus qu'elles perçoivent traditionnellement. Leur statut diminue actuellement dans certaines régions du Tiers Monde; on croit souvent que ce sont les structures sociales de ces pays qui en sont responsables. Or, en vérité, ce sont dans bien des cas, les agences internationales. Ces agences sont dominées par les hommes; les femmes n'ont pas voix au chapitre des décisions.

« Les femmes fonctionnaires... aux Nations unies... font remarquer qu'elles n'occupent que 5 % des postes à responsabilité (l'équivalent des chefs de service ou des chefs de division et au-delà). Aucune femme n'a obtenu le grade de sous-secrétaire générale, même s'il y a 3 femmes parmi les 25 assistants secrétaires généraux. Au niveau D.2. (approximativement, direction générale), il y a 3 femmes et 86 hommes [1]. »

La cheminée et les fours améliorés

Je me suis rendu compte de l'extraordinaire incompétence d'une organisation internationale en ce qui concerne des problèmes spécifiquement féminins, un jour où je me trouvais à Washington, à la Banque mondiale. La Banque avait découvert, à la suite d'un tremblement de terre au Guatemala, que les femmes y faisaient la cuisine sur trois pierres comme à l'époque préhistorique, et qu'elles consommaient de ce fait une vaste quantité de bois, provoquant ainsi la déforestation du pays. La Banque mondiale décida alors qu'il fallait financer une équipe locale pour construire un four amélioré qui consommerait moins de bois. Le four amélioré devait s'appeler le Lorena. On s'étonna que les femmes n'adoptent pas immédiatement le Lorena; ce n'était pas en vérité étonnant, car l'équipe locale avait été constituée uniquement d'hommes. Ce n'est que le jour où on demanda aux femmes de suggérer des améliorations au Lorena que celui-ci fut finalement adopté dans ce pays.

L'une des caractéristiques du Lorena était d'avoir une

1. *Femmes d'Europe*, n° 28, p. 20, Commission des communautés européennes. Direction générale de l'information. Information des associations et de la presse féminine, rue de la Loi 200, B – 1049, Bruxelles.

cheminée. C'était une idée révolutionnaire que d'installer une cheminée dans un four amélioré. Si étrange que cela puisse être, les deux millions de villages du Tiers Monde ne connaissent pas la cheminée, qui est une invention européenne du début du XIIᵉ siècle. L'antiquité ne la connaissait pas. La cheminée nous est devenue une technique tellement familière en Occident que nous avons du mal à imaginer des centaines de millions de femmes vivant et souffrant dans des huttes sans cette technique médiévale. Car faire la cuisine à longueur d'année dans une hutte enfumée est mauvais et pour les yeux et pour les poumons. La fumée a par contre un avantage, c'est de détruire les insectes qui se trouvent dans le chaume.

L'introduction de la cheminée en Europe aura une influence sur la manière de vivre de tous les jours; on ne vivra plus tellement en communauté dans un grand hall chauffé par un foyer au milieu de la pièce. On pourra se retirer pour la nuit dans des chambres à coucher où auront été installées des cheminées. On fera désormais l'amour en privé. La diffusion des fours du type Lorena avec cheminée en Afrique et en Asie va progressivement changer la vie des femmes dans ces régions rurales du Tiers Monde. En premier lieu elles n'auront plus à s'inquiéter à chaque instant du feu ouvert, la cuisine sur trois pierres étant un danger constant pour les jeunes enfants.

D'autre part, elles pourront cuire plusieurs plats en même temps sur les diverses ouvertures créées à cet effet dans ces fours en terre. Comme ces fours brûlent sensiblement moins de combustible, la corvée de bois s'en trouvera allégée pour les femmes. On sait qu'aujourd'hui, avec la déforestation qui s'accroît dramatiquement d'année en année, les femmes peuvent avoir à marcher une journée ou plus pour leur bois de feu.

Ces fours sont surélevés, c'est-à-dire que les femmes font maintenant la cuisine debout au lieu de la faire accroupies. Lorsque nous avons installé trois de ces fours appelés Karai dans la communauté de Gatei où nous avons travaillé, nous avons pensé que les femmes s'adapteraient difficilement à ce changement. Il n'en fut rien. Il est vrai que quand la grand-mère Chegé venait en visite, il fallait lui réinstaller ses trois pierres. Le Karai avait une amélioration remarquable : autour de la cheminée en tôle était installé un réservoir d'eau circulaire chauffé par l'air chaud de la conduite. Mmes Chegé appréciaient fort ce gadget, car il leur suffisait le matin de mettre quelques brindilles de bois dans le four pour que l'eau chauffe rapidement, suffisamment pour avoir de l'eau tiède, sinon chaude, pour laver les enfants avant qu'ils ne partent pour l'école. En vérité, ces fours posent plusieurs problèmes. Ils doivent être entretenus. Comme ils sont en terre et en bouse séchées, ils ont tendance à s'effriter; en particulier autour des ouvertures où l'on insère les marmites. Les femmes ont du mal à savoir à quel moment et comment les réparer. On en vient actuellement à faire des fours en terre cuite qui dureront plus longtemps. Un autre problème qui se pose est celui du diamètre des ouvertu-

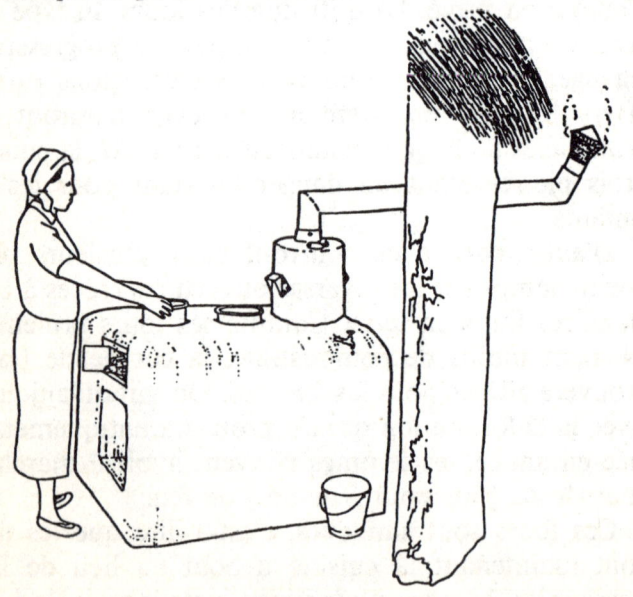

res. Elles doivent correspondre aux dimensions des marmites ou casseroles. Ce qui n'est pas toujours le cas. L'un des avantages des trois pierres, c'est qu'on peut déplacer les pierres les unes vis-à-vis des autres pour accommoder n'importe quel pot ou casserole.

Le bio-gaz

En Inde et dans l'Asie du Sud-Est, où les femmes ont appris depuis des millénaires à construire des fours en terre mais évidemment sans cheminée, où elles font la cuisine accroupies, elles utilisent comme combustible de la bouse de vache, puisque le bois manque. Des ingénieurs indiens, pour améliorer et moderniser l'usage de la bouse de vache, ont créé des installations de bio-gaz qui brûlent cette matière pour produire du gaz méthane. Mais le résultat de cette innovation a été catastrophique pour les petites gens en Inde, car seuls les riches fermiers ont pu s'offrir ces installations; ils font ramasser la bouse de vache dans les villages par leur nombreux personnel, privant les femmes pauvres de leur combustible traditionnel. Nous nous trouvons ici devant un des nombreux cas de modernisation qui accroissent la différence de niveau de vie entre les groupes sociaux dans le Tiers Monde. L'un des drames du Tiers Monde est l'abîme qui existe entre les classes dirigeantes et les classes laborieuses des campagnes.

En Inde, en particulier, il y a peu de contacts entre ceux qui prennent les décisions et ceux pour lesquels ces décisions sont prises. La nouvelle et puissante bourgeoisie indienne ne connaît pas les régions rurales de son pays; elle n'a même pas de résidence secondaire à la campagne. Régine Pernoud a souvent fait remarquer que le développement rural du Moyen Age a été favorisé par les féodaux, qui étaient proches des petites gens de la campagne vivant sur leurs terres. Il est certain que le Népal, qui est encore une des rares sociétés féodales dans le monde, accepte plus volontiers l'idée de moderniser les techniques traditionnelles locales plutôt que d'introduire des techniques de pointe occidentales.

L'échec d'une cuisinière solaire

Les chercheurs, qu'ils soient en Asie, en Afrique ou en Europe, sont trop souvent ignorants des problèmes locaux. On croit faire une découverte en laboratoire qui va résoudre tous les problèmes; le résultat est souvent désastreux. En Haute-Volta on distribua gratuitement quelque deux cents cuisinières solaires; elles furent rapidement abandonnées, car les femmes en milieu sahélien ne font pas la cuisine en plein soleil au milieu de la journée; comme les femmes de race blanche, elles prendraient des coups de soleil, et d'ailleurs souvent elles font la cuisine avec leurs enfants sur le dos. Dans ce milieu rural, le repas du soir est le seul repas que prennent de nombreuses familles. Or la cuisinière solaire ne peut permettre que la préparation du déjeuner, ce qui pose des problèmes de conservation, d'autant plus que nous sommes dans un pays du Sahel. La cuisinière ne peut préparer que pour six personnes, alors qu'une famille moyenne compte une dizaine de personnes; et l'appropriation individuelle de la cuisinière pose des problèmes dans les familles polygames.

L'échec des moulins à vent

On aurait cru que, comme l'énergie solaire, l'énergie éolienne serait une solution aux problèmes d'énergie du Tiers Monde. Des milliers de chercheurs en Occident se sont mis à proposer différents types d'éoliennes pour les pays en voie de développement. On en a construit; certains tournent encore, mais la majorité sont en ruine. Le Tiers Monde est devenu un cimetière de moulins à vent, comme il est devenu un cimetière de tracteurs qui, faute de pièces de rechange, gisent abandonnés dans les champs. L'erreur des chercheurs est de ne pas s'être renseigné sur la vitesse du vent dans les différentes régions du monde. Le vent ne souffle pas dans ces pays comme en Europe septentrionale. Il n'y a pas assez de vent en Inde pour faire tourner les éoliennes, sauf sur les côtes. Dans la vallée de Katmandou, le vent ne commence à souffler qu'à midi. Et il n'y a pas suffisamment de vent sur les hauts plateaux du Kenya pour faire tourner les ailes des moulins.

Mais il n'y a pas que dans le Tiers Monde que les éoliennes tombent en ruine. En France, il y a eu la ruine du moulin à vent d'Ouessant qu'Électricité de France avait fièrement installé face aux vents de l'Atlantique. Il n'aura vécu que l'espace d'une nuit. Les vents de l'Atlantique ont eu raison de celui d'Ouessant comme les vents du Sahara ont eu raison de celui, monumental, de Tombouctou.

C'est une des grandes réussites du Moyen Age que d'avoir domestiqué le vent. « Le moulin à pivot vertical semble bien être une invention de l'Occident qui ne doit rien aux moulins aux bras horizontaux dont l'existence était connue depuis le VIIe siècle sur les plateaux d'Iran et d'Afghanistan où le vent souffle toujours dans la même direction. C'est la troisième croisade (1189-1192) qui introduisit les moulins à pivot vertical au Moyen-Orient, comme le relate un témoin oculaire :

> Des soldats germaniques savants
> Construisirent ici
> Les premiers moulins à vent
> Connus en Syrie.

L'Europe commençait à exporter ses connaissances techniques [1].

1. Jean GIMPEL : *La Révolution industrielle du Moyen Age*, Paris, Seuil, p. 29-30.

Mais ce qui est paradoxal, c'est que les éoliennes installées là où il y a un vent assez fort pour les faire tourner peuvent être parfois trop efficaces. Dans le village de Malicounda au Sénégal, où nous avons séjourné, on avait construit l'année précédente sur le puits communal, profond de 18 mètres, une éolienne pour tirer l'eau afin d'éviter aux femmes ce dur labeur. On tirait assez d'eau pour leur permettre de prendre régulièrement des bains, ce qui ne s'était vu de mémoire de femmes. Mais rapidement le puits s'était asséché et on dut enlever le moulin à vent. C'est une preuve de plus qu'il faut réfléchir à deux fois et faire des études préalables avant d'installer une technique avancée dans un milieu rural traditionnel.

De la poulie et des gouttières

Il y avait tout de même dans la communauté une femme qui avait une technique pour tirer l'eau plus perfectionnée que celle qui consiste à jeter le seau au fonds du puits et à le remonter plein d'eau avec une corde : elle avait une poulie qu'elle installait au-dessus de la margelle et qu'elle enlevait et ramenait chez elle quand elle avait fait son plein d'eau. La poulie lui permettait quotidiennement d'économiser ses forces et d'obtenir un gain de temps appréciable.

La poulie est une technique qui est loin d'être connue dans toutes les contrées. Un jeune agronome et sa femme me racontaient qu'ils l'avaient introduite dans le désert au nord du Kenya, près de la frontière de Somalie, pour monter l'eau d'un puits et irriguer une parcelle du désert qu'ils avaient mise en exploitation. Contrairement à ce que l'on pourrait croire, la poulie ne remonte pas à la nuit des temps. On n'en connaît pas de représentation dans les peintures égyptiennes du temps des pharaons. La première connue date du IXe siècle avant notre ère et se trouve sur une sculpture du palais d'Assurbanipal à Nimrod. Elle est représentée au siècle suivant sur un bas-relief assyrien. Les Grecs vont hériter de la connaissance de la poulie. Elle est mentionnée pour la première fois dans les *Mechanica,* œuvre de l'école d'Aristote. Les miniatures du Moyen Age représentent de très nombreuses poulies dans les scènes des chantiers des cathédrales. Mais beaucoup de communautés médiévales ne l'utilisaient pas ou ne la connaissaient pas. Les margelles d'un puits du krak des Chevaliers, par exemple, témoignent de l'absence de poulies : la pierre de la margelle a été profondément creusée par les cordes employées pour remonter l'eau du puits.

Pour éviter les pénibles corvées d'eau et l'assèchement des puits, on a remplacé, dans certains villages, les toits de chaume par des toits de tôle ondulée afin de recueillir l'eau dans des réservoirs par l'intermédiaire de gouttières. Nous ignorons si les gouttières étaient connues de l'Antiquité : par contre, nous savons qu'elles apparaissent en Europe au XIIe siècle et qu'au XIIIe siècle les cathédrales ont des gargouilles qui rejettent loin des murs les eaux pluviales. « Nous voyons apparaître, écrit Viollet-le-Duc, les gargouilles vers 1220 sur certaines parties de la cathédrale de Laon... Elles affectent la forme d'animaux fantastiques... Ce sont des chefs-d'œuvre de sculpture [1]. »

A Malicounda et dans les villages des environs, seuls les notables semblent avoir pris l'initiative d'installer des gouttières, mais elles ne sont généralement pas assez longues pour recevoir l'eau de l'ensemble des toits de tôle, et les récipients qui recueillent cette eau pluviale sont d'une contenance trop faible. Les villageois moins aisés n'ont encore rien fait pour recueillir l'eau qui tombe sur les toits à la saison des pluies. Il faudrait que les autorités se rendent compte de l'importance des gouttières pour encourager leur installation chez les petites gens. Et de plus l'eau de pluie n'est pas contaminée comme l'est souvent l'eau des puits.

Dans la communauté de Gatei au Kenya, John Githuki

---

1. VIOLLET-LE-DUC : *Dictionnaire raisonné de l'architecture,* Paris, 1863, vol. VI, p. 21-22.

Chegé, le plus riche membre de la famille, a installé des gouttières sur sa maison de pierre au toit de tôle et un énorme réservoir en ciment qui lui permet d'avoir de l'eau pendant plusieurs mois après la saison des pluies, évitant ainsi à sa jolie femme Bénédicte de descendre trois ou quatre fois par jour la longue colline pour chercher l'eau de la rivière. Elle a dû être jalousée par ses belles-sœurs qui devaient, elles, faire la corvée de l'eau ; à leur tour les belles-sœurs ont installé des goùttières, mais les réservoirs étaient de taille beaucoup trop modeste. Pour qu'il n'y ait pas de jaloux, nous avons installé à Gatei un bélier – technique d'exhaure de l'eau inventée à la fin du XVIIIe siècle par l'un des frères Montgolfier –, afin qu'aucune belle-sœur ne soit plus obligée de descendre à la rivière...

Le charbon de bois : « bon pour un évêque »

Alors que dans les régions rurales du Tiers Monde le bois est la principale source d'énergie, dans les villes c'est le charbon de bois, qui, il est vrai, est aussi un dérivé du bois. Le charbon de bois est connu depuis la haute Antiquité. Au Moyen Age c'était un produit d'usage courant. Villard de Honnecourt, l'architecte-ingénieur du XIIIe siècle dont le Carnet de notes est à la Bibliothèque nationale, décrit avec minutie comment « un évêque peut hardiment assister à la grand-messe » avec un chauffe-main en cuivre en forme de pomme dans lequel se trouve un brasier rempli de braises ardentes ou de charbon de bois. « Cet engin est fait de telle sorte que, de quelque côté qu'on le tourne, le petit poêle est toujours droit... Les braises ardentes ne pourront jamais s'en échapper si vous suivez attentivement les instructions du dessin. Cet engin est bon pour un évêque... Tant qu'il le tiendra dans ses mains, il n'aura pas froid aussi longtemps que le feu pourra durer. » Ce mécanisme décrit par Villard a été adopté plus tard pour tenir les boussoles marines horizontales et les baromètres verticaux.

Si aujourd'hui la fabrication du charbon de bois est une des causes de la déforestation dans le Tiers Monde, il en était de même au Moyen Age. On l'employait alors pour réduire le minerai de fer. On aura une idée de l'étendue des dommages causés aux forêts par les fondeurs en sachant que pour obtenir 50 kilos de fer, il fallait traiter 200 kilos de minerai en brûlant au moins 25 stères (25 m³) de bois. On a estimé qu'en 40 jours une seule charbonnière pouvait déboiser une forêt sur un rayon de un kilomètre. Des voix s'élevèrent au Moyen Age pour protester contre la destruction des forêts d'Europe. Dans le Dauphiné, les représentants du dauphin accusaient officiellement ceux qui fondaient le fer d'être responsables de la destruction des bois.

Le déboisement intensif provoqua des recherches pour trouver un substitut au charbon de bois, et au XVIIIe siècle on trouva le coke. Aujourd'hui, c'est l'accroissement démesuré des métropoles du Tiers Monde qui est une des raisons principales du déboisement; le charbon de bois est le combustible préféré des taudis, car il se présente sous un faible volume et il ne produit ni fumée ni cendre. Comme la production de charbon de bois détruit les forêts, on cherche à améliorer son rendement et la qualité des fours sur lesquels des millions de femmes font quotidiennement leur cuisine. On a fait des études comparatives ces dernières années, et on a découvert que le four à charbon de bois de l'Asie du Sud-Est était le meilleur.

Il est en forme de seau, en métal, avec un revêtement en argile, matière qui retient la chaleur. On peut renforcer la qualité de ce fourneau en introduisant, entre l'argile et le métal, de la cendre qui est aussi un excellent isolant.

Nous avons eu l'idée de faire un modèle réduit de ce four de l'Asie du Sud-Est et de le proposer dans les taudis d'autres régions du monde. A Dakar (Sénégal), Jacques Bugnicourt, qui dirige E.N.D.A. (Environnement et développement du Tiers Monde), nous a emmenés dans le taudis de Foss Paillette où nous trouvâmes un personnage entreprenant, Seynou Faye, qui habite avec sa famille la parcelle n° 176. Seynou Faye accepta immédiatement de tenter l'expérience de fabriquer ce nouveau type de four à charbon de bois. A Dakar, on ne connaît que le four malgache en métal dont le rendement est très inefficace. Pour qu'il puisse commencer son expérience, nous lui avons acheté un seau métallique qu'il découpa selon le modèle qu'on lui confia. Il se procura ensuite de l'argile qu'il disposa soigneusement contre la paroi intérieure du seau. Il plaça ensuite de la braise pour sécher l'argile. Trois jours seulement après notre première visite, la femme de Seynou Faye pouvait cuire le couscous de la famille avec 4,500 kg de charbon de bois au lieu de 6 kilos. Et le couscous fut cuit en un temps beaucoup plus court qu'avec le four traditionnel malgache. Tous les voisins vinrent voir cette merveille qui permettait d'économiser tant de bois et tant de francs. Et les voisins demandèrent qu'on leur confie le nouveau four pour un prochain mariage.

Le rôle de la potière

Mais au bout de quelques jours, comme on le craignait, des failles apparurent dans l'argile. Nous nous rendîmes dans les fondations d'immeubles en construction pour découvrir une autre qualité d'argile, mais on devait nous apprendre que l'argile de Dakar se prête mal à la cuisson. Il fallait à présent demander conseil à une potière : celle-ci accepterait-elle de révéler ses secrets de métier? Le père de Seynou Faye connaissait une potière dans son pays serère. On décida d'y aller, mais comme je partais pour le Mali, je n'accompagnai pas l'équipe. La potière ne communiqua pas en effet ses secrets, car l'une des personnes présentes à l'interview eut le malheur de commencer à prendre des notes. A mon retour du Mali, nous retournâmes chez la potière, mais cette fois-ci sans bloc-notes. La potière nous révéla toutes ses recettes et trucs de métier. « Vous trouverez l'argile qu'il vous faut, nous confia-t-elle, dans un petit bois au nord de la ville de Rufisque, dans de petits étangs et à fleur d'eau. » Et en effet nous trouvâmes l'argile là où elle nous l'avait dit. « Et dans les environs immédiats de la ville, vous trouverez sur les chemins de terre du calcaire que vous mélangerez avec l'argile. » Elle nous donna les proportions. Et nous trouvâmes le calcaire là où elle nous l'avait dit. Seynou Faye pouvait maintenant faire des fours pour le thé, de dimensions réduites.

Il semblerait que dans de nombreux pays du Tiers Monde, les potiers soient des potières. En Inde, au sud de Bombay, nous avons rencontré une potière d'une famille où l'on se transmettait le métier de mère en fille depuis des temps immémoriaux. Ce qui était assez étonnant, c'est qu'elle fabriquait ses pots à la main; nous avons rapporté un pot qui a encore l'empreinte de ses doigts. Quand nous lui avons demandé si elle aimerait avoir un tour de potier, elle nous a dit qu'elle était trop vieille pour s'adapter à cette technique, mais qu'elle aimerait que ses enfants en aient un.

Dès le XIIIᵉ siècle, à Paris, les potiers ont des tours. Dans le *Livre des métiers* d'Étienne Boileau on lit au paragraphe 6 du statut des potiers :

« Nul ne peut œuvrer de nuit sur le tour, et s'il le fait, il a cinq sous d'amende à payer au roi : car la clarté de la nuit ne suffit pas à œuvrer sur le tour. »

Les forgerons du Mali

Lors de notre séjour à Bamako (Mali), nous décidâmes de construire un four d'Asie du Sud-Est. Avec un documentaliste d'une mission catholique, Gory Ibrahim Couliba, nous nous sommes rendus dans un bois où l'on nous avait signalé qu'il y avait des forgerons. Autour d'une montagne de ferraille s'affairaient une trentaine d'hommes. Nous devions apprendre par Salia Ballo, l'artisan qui fabriquait des fours malgaches et qui avait accepté de reproduire devant nous notre modèle, que seuls ceux qui travaillaient le fer pouvaient s'appeler des forgerons. Ballo était issu, comme son nom nous l'indiquait, d'une famille de forgerons. Mais il avait quitté sa famille avant d'avoir appris à travailler à la forge. Nous nous sommes demandé si cette distinction entre forgerons et ferrailleurs existait dans d'autres contrées et s'il y avait eu une telle distinction au Moyen Age.

Il semble que les familles de forgerons du Mali craignent pour l'avenir de leur métier à cause du mouvement des populations et des mariages entre les castes. Ces familles sont plus intéressées que jamais à ce que leurs enfants se marient dans des familles de forgerons pour que les traditions du métier se perpétuent. Quand des mariages mixtes ont lieu, ils peuvent provoquer des drames semblables à celui que me conta Fanta Keïta qui travaille pour les Amis de l'U.N.E.S.C.O. et qui est issue d'une des anciennes familles nobles du Mali.

Je disais un jour à Fanta Keïta combien je me réjouissais de me trouver dans un pays où les jeunes mariées ne doivent pas aller vivre avec leur belle-mère comme en Inde où tant de jeunes femmes se suicident au bout de quelques années de mariage et de vie en commun avec leurs belles-familles. « Détrompez-vous », me dit-elle, et elle me raconta sa propre histoire. A l'université, elle avait rencontré un jeune homme et ils s'étaient fiancés. Lorsque les fiançailles furent annoncées, la famille de son fiancé vint à Bamako dire qu'elle ne voulait à aucun prix du mariage; leur fils devait épouser la fille du forgeron. Le jeune homme lui avait caché qu'il était d'une famille de forgerons, en abrégeant son nom, car il avait honte à l'université de faire partie d'une famille de basse caste. La famille Keïta, famille de vieille souche, jugea que si les enfants s'aimaient, ils devaient se marier, et le mariage eut lieu. Et Fanta Keïta alla vivre chez sa belle-mère. Et ce fut fort pénible. La belle-mère reprit son fils en main et s'assurait que chaque jour, il battait sa femme jusqu'à ce qu'il tombe de fatigue. Au bout d'un an, Fanta Keïta s'enfuit; c'est ce que voulait la famille du forgeron. Fanta me dit qu'elle retourna dans sa propre famille qui l'accueillit les bras ouverts, mais elle ajouta que beaucoup de jeunes mariées maltraitées n'osent pas retourner dans leur famille et de désespoir se suicident. Mais les journaux de ce pays n'en parlent pas, comme en Inde.

Le statut de la femme bambara

Quelques jours après avoir écouté le récit tourmenté de Fanta Keïta, je me trouvais en pays bambara pour y étudier l'introduction d'une remarquable technique médiévale, le moulin flottant que je décrirai dans un chapitre ultérieur. Je devais bientôt découvrir que les femmes bambaras ont un statut que peu de femmes ont en Afrique et que les femmes françaises n'ont acquis que très récemment. Il y a un dicton bambara qui témoigne de la considération dans laquelle elles sont tenues en ces communautés : « Les femmes sont les fondations sur lesquelles est construit l'univers *(Dinye sijira musow kan)*. »

A Markala, à 30 kilomètres de Ségou, des femmes ont créé en 1975 une coopérative de teinturières. Cette coopérative est financièrement autonome. Ses membres ont recruté des teinturières expérimentées pour les former, ont conçu leur propre système d'organisation du temps et ont élu un conseil d'administration. Et elles ont ouvert leurs propres comptes en banque sans demander l'autorisation de leurs maris. Je leur ai confessé que lorsque je me suis marié en 1946, la législation française exigeait encore que ma femme me demande une autorisation écrite pour ouvrir un compte en banque en son propre nom. Elles ont souri.

Le lien matrimonial chez les Bambaras n'est pas défavorable à la femme :

« ... Il peut à tout moment être rompu par la volonté de l'une ou l'autre des parties : celui qui prend cette initiative perd simplement la dot, en ce sens que si c'est le mari, il ne peut prétendre se faire restituer ce qu'il en a déjà payé ; si c'est la femme (ou sa communauté), elle doit restituer ce qu'elle a reçu [1]. »

Le statut de la femme médiévale

Au Moyen Age les femmes ont des privilèges qui leur seront progressivement retirés au cours des siècles. C'est la réintroduction de la législation romaine à la fin du XIIIᵉ siècle qui va retirer aux femmes les avantages qu'elles avaient acquis sous le droit coutumier.

« L'organisation politique et sociale du monde féodal reposait entièrement sur la propriété foncière, et l'importance que donnait aux femmes le fait de posséder de la terre, dans cette société, tombe sous le sens. On sait qu'au regard de la loi coutumière anglaise, la femme célibataire ou veuve (*la femme sole*) était, pour autant que les droits privés et publics se distinguent, l'égale de l'homme. Elle pouvait posséder de la terre, même une tenure de chevalier et rendait hommage pour cela ; elle pouvait faire un testament ou signer un contrat, poursuivre en justice ou être poursuivie [2]. »

Dans les villes, même mariée, la femme paye des impôts sur ses propres revenus en son nom. Dans le registre de la taille (le registre des impôts) imposée sur les habitants de Paris, en 1292, on lit :

1. Charles MONTEIL : *Les Bambaras du Ségou et du Kaarta*, G.P. Maisonneuve et Larose, Paris, 1977. (Ce livre fut à l'origine publié en 1924 sur la base des informations recueillies pendant le séjour de l'auteur à Djenné de 1900 à 1903.)
2. Eileen POWER : *Les Femmes au Moyen Age*, Aubier-Montagne, Paris, 1949, p. 42.

« Roger, le tailleur de pierre, 16 sous. Sa dame, 5 sous. »

La femme est présente dans des contrats signés par son mari, et à la mort de celui-ci elle peut traiter d'affaires immobilières directement avec l'Église. Raingarde, la veuve de maître Arnoul, le tailleur de pierre de Reims, vend en 1225 une maison à l'église Saint-Symphorien et à Clarambard, chanoine de Reims. Elle s'engage en même temps à faire ratifier cette vente par son fils Raoulet, alors mineur, lorsqu'il aura atteint sa majorité, et elle donne en gage une autre maison, sise en la rue Saint-Étienne. Cette indépendance financière et commerciale des femmes n'aura qu'un temps :

« C'est en s'appuyant sur le droit romain que des juristes... contribuent... à restreindre la liberté de la femme et ses capacités d'action... C'est le droit monarchique, qui n'admet qu'un seul terme. C'est le droit du pater familias, père, propriétaire et chez lui grand prêtre, chef de famille au pouvoir sacré [1]. »

« La femme aux temps classiques est reléguée au second plan; elle n'exerce plus d'influence que clandestinement [2]... » « Le code Napoléon met la dernière main à ce dispositif et donne un sens impératif aux tendances qui ont commencé à s'affirmer dès la fin de l'époque médiévale [3]. »

L'introduction des législations européennes en Afrique a été néfaste aux femmes, « car souvent les réformes agraires, qui sont fondées sur des législations modernes, privent les femmes des droits sur la terre que leurs reconnaissent les coutumes [4] ».

Le régime foncier, par exemple, « en vigueur en Côte

---

1. Régine PERNOUD : *Pour en finir avec le Moyen Age*, Seuil, Paris, 1977, p. 90.
2. *Ibid.*, p. 88.
3. *Ibid.*, p. 91.
4. Fran HOSLEN : « L'amélioration de la situation alimentaire en Afrique suppose que les femmes aient les mêmes droits fonciers », *Ecoforum*, vol. X, n° 2, avril 1985, p. 13.

d'Ivoire (Adioukrai) avant la colonisation, était fondé surle principe selon lequel tout le monde devait disposer des terres dans la mesure où l'existence même des individus dépendait de cette ressource... Ce système garantissait aux hommes et aux femmes le droit d'exploiter la terre ainsi que d'autres ressources nécessaires [1]. »

Les femmes ne pouvant ni hériter ni posséder la terre se heurtent à d'énormes difficultés... « Cela a des effets particulièrement graves sur la production alimentaire dans la mesure où, dans la plupart des pays d'Afrique, l'agriculture de subsistance est aux mains des femmes. De ce fait, la production alimentaire par habitant a régulièrement fléchi au cours des dernières années, notamment au sud du Sahara, les femmes n'ayant cessé d'être refoulées des terres les plus productives par les hommes qui s'adonnent aux cultures marchandes [2]. »

En restreignant « la liberté de la femme et ses capacités d'action » à la fin du Moyen Age, l'Occident a aussi dramatiquement restreint le rôle de la femme dans nombre de sociétés africaines contemporaines.

---

1. Aminata TRAORE : « Les femmes et la terre en Côte d'Ivoire, *Ecoforum, op.cit.*, p. 18.
2. Fran HOSLEN, *op. cit.*, p. 5.

4

Le développement médiéval
et celui du Tiers Monde

Si les projets du Tiers Monde ont souffert de ce que les femmes n'ont pas eu voix au chapitre des décisions, ils ont aussi souffert de l'insuffisance des investissements agricoles. Les économistes occidentaux ont tous prôné l'industrialisation des pays en voie de développement au détriment de l'agriculture. Les nouvelles élites bourgeoises de ces pays ont adopté cette politique économique, convaincus qu'elle leur profiterait. Et, en effet, cette bourgeoisie a profité du cours des événements, mais au détriment du pays et de la campagne.

Les économistes ont ignoré l'histoire; le résultat est tragique. Aujourd'hui des milliards d'êtres humains souffrent par leur faute. Pour qu'une société décolle économiquement, il faut qu'une révolution agricole précède l'industrialisation. La révolution industrielle du Moyen Age a été précédée d'une révolution agricole comme la révolution industrielle en Grande-Bretagne a été précédée de profondes réformes agraires. « L'histoire économique nous montre, en effet, qu'en ce qui concerne l'Angleterre et la quasi-totalité des pays qui ont amorcé leur démarrage aux XVIIIe et XIXe siècles, l'accélération du secteur agricole a précédé celle des secteurs industriels [1]. »

1. Paul BAIROCH : *Le Tiers Monde dans l'impasse*, Gallimard, Paris, 1971, p. 27.

Mais le Japon s'est industrialisé sans avoir connu de réforme agraire. Paul Bairoch, que nous venons de citer, titre un de ses chapitres : « Le Japon, ou l'exception qui confirme la règle. » Il écrit :

« On peut même se demander si le Japon n'a pas passé inextremis par cette porte – entre les années 1860-1880 – avant que celle-ci ne se referme pour ne plus s'entrouvrir que moyennant des difficultés croissantes... A partir de 1890-1900, la technique a presque totalement perdu sa simplicité initiale; les liens de causalité qui lc caractérisent s'estompent, et l'initiation par simple information devient sinon impossible, du moins plus difficile [1]. »

François Quesnay et la physiocratie

Raymond Delatouche, fort judicieusement, attire notre attention sur François Quesnay, qui au XVIIIe siècle élabore une théorie économique, la physiocratie, laquelle met en avant la primauté de l'agriculture. Bien que Quesnay ait sous-estimé l'importance de l'industrie et du commerce dans l'accroissement de la richesse d'un pays, il est intéressant de lire ce qu'il a écrit dans l'*Encyclopédie* sur :

« ... les richesses des fermiers qui fertilisent les terres..., multiplient les bestiaux..., attirent..., fixent les habitants des campagnes et... font la force et la prospérité des nations (alors que)... les manufactures et le commerce entretenus par les désordres du luxe accumulent les hommes et les richesses dans les grandes villes..., dévastent les campagnes..., augmentent excessivement les dépenses des particuliers... et affaiblissent l'État [2]... »
Quesnay reproche aux autorités de son temps de favoriser « le bon marché du blé », ce qui « désole les

1. Paul BAIROCH, *op. cit.,* p. 151-152.
2. *Encyclopédie,* t. VI, « Fermiers » (Économie politique, p. 538).

campagnes ». Comme on peut reprocher aux gouvernements du Tiers Monde de sous-payer les produits de la
terre pour que le prolétariat des villes ne se révolte pas.
Fernand Braudel est amené tout naturellement à mettre
en parallèle « les économies et sociétés de l'Ancien
Régime » avec celles du Tiers Monde. Il évoque les :

«... économistes qui, dans l'actualité, se penchent sur le
cas des pays sous-développés. Ragnez Norkse est catégorique : c'est la ficelle de la demande qu'il faut tirer si l'on
veut faire repartir le le moteur. Penser seulement à
augmenter la production conduirait à des ratés. Je sais
bien que ce qui est valable pour le Tiers Monde
aujourd'hui ne l'est pas *ipso facto* pour les économies et
sociétés de l'Ancien Régime. La comparaison fait réfléchir et dans les deux sens [1]. »

Braudel souligne fort justement que Quesnay prône la
consommation de subsistance, « c'est-à-dire l'élargisse-
ment de la demande quotidienne de la classe productive». Il n'a pas tort; cette demande est essentielle parce
que désirable, volumineuse, capable de maintenir dans le
temps sa pression et ses exigences, donc de guider l'offre
sans erreur. « Tout gonflement de cette demande-là est
primordial pour la croissance [2]. »

Des cultures vivrières et d'exportation

La croissance de l'agriculture dans le Tiers Monde est
aussi freinée par les « élites » occidentalisées qui veulent
vivre notre société de consommation et qui importent
des produits manufacturés avec de précieuses devises
étrangères. Pour obtenir ces devises, ils incitent les
cultivateurs à planter des produits agricoles d'exportation

1. Fernand BRAUDEL : *Civilisation matérielle, Économie et Capitalisme XVᵉ-XVIIIᵉ siècle*, t. II, « Les jeux de l'échange », A. Colin, Paris, 1979, p. 150.
2. BRAUDEL, *op. cit.*, p. 150.

comme le thé, le café, le cacao, l'huile d'arachide ou l'huile de palme, et ce sur les meilleures terres. Les cultures vivrières sont délaissées avec comme résultat que les cultivateurs n'ont souvent plus de quoi nourrir leurs familles, d'où malnutrition et éventuellement famine.

Nous avons été témoin de ce drame de la sous-alimentation sur les lieux de notre projet du Ndarugu au Kenya; et pourtant la terre des hauts plateaux de ce pays est l'une des plus riches de l'Afrique orientale. La famille Chegé, depuis une génération, plante du café; le maïs, qui est leur aliment de base, a été relégué aux terres moins fertiles. La soudure se fait généralement, mais l'année où nous modernisions le moulin de Githuki Chegé, la récolte avait été mauvaise, et le maïs a manqué. Je m'en suis aperçu le jour où la famille Chegé n'a plus pu me donner de maïs pour démontrer la qualité de la farine écrasée entre les nouvelles meules que j'avais fait tailler. Les voisins n'ayant plus de maïs non plus, je dus me rendre à la petite ville voisine de Gatundu pour en acheter. Celui que je trouvai avait été évidemment importé avec des devises étrangères. Il était cher, et la famille Chegé n'avait pas les moyens de s'en procurer; pendant quelques mois, ils durent se priver de leur nourriture de base. A présent, la majorité des pays du Tiers Monde importe cette nourriture de base de l'Occident. En encourageant l'exportation de produits agricoles pour avoir des devises, ces pays se ruinent parce qu'ils doivent ensuite importer avec ces mêmes devises des aliments pour faire la soudure.

Le rendement des cultures vivrières dans l'ensemble de ces pays ne croît guère, car lorsque des spécialistes agricoles éduqués en Occident rencontrent des cultivateurs locaux, ils leur donnent des conseils pour améliorer les cultures d'exportation mais jamais pour améliorer les cultures traditionnelles. Et quand il y a des fonds disponibles, ils sont dirigés en priorité vers les cultures qui rapportent des devises.

Fumure et compost

Githuki Chegé est aujourd'hui meunier et il laisse à sa femme et à ses enfants le soin de cultiver ses terres. Ils travaillent tous avec la houe que le Moyen Age a bien connue et qui est encore aujourd'hui communément utilisée dans le jardinage. Raymond Delatouche écrit qu'avec la houe les paysans du Rwanda peuvent nourrir convenablement plusieurs centaines d'habitants au kilomètre carré. Il vante les mérites de la houe, « ... pour le fignolage du dernier labour, le sarclage, la moisson..., la productivité est toujours supérieure dans la culture à la main ».

Nous nous demandons quelles sont les autres techniques médiévales, inconnues encore de certaines régions d'Afrique, qui pourraient améliorer la productivité de la terre.

Ce qui nous paraît surprenant, par exemple, c'est qu'une technique médiévale aussi essentielle que la fumure et le compost ait été pratiquement inconnue en Afrique noire. (Il est vrai que pendant de longs siècles de vastes régions africaines ont vu leurs troupeaux décimés par la mouche tsé-tsé.) Au Moyen Age, de nombreux traités d'agronomie ont proposé des méthodes pour améliorer engrais et fumier. Raymond Delatouche cite un texte de Charlemagne consacré au compost. Au XIIIᵉ siècle, l'agronome Walter de Henley explique comment étendre le fumier sur la terre arable et comment l'intégrer au sol. L'auteur anonyme du traité d'agronomie, Seneschaucy, recommande :

« Qu'aucune exploitation agricole manoriale ne vende son chaume. Ne ramassez que la quantité absolument indispensable pour couvrir la toiture. Le reste devra être enfoui dans le sol[1]. » « Coupez le blé haut et laissez

---

1. *Walter of Henley and Other treatises on Estate Management and accounting*, éd. Dorothea Oschensky, Clarendon Press, Oxford, 1971, c. 23, p. 271.

mourir les éteules. S'il vous reste de la paille et du foin, disposez-les sur les terrains et les chemins boueux pour en faire du terreau [1]. »

Le problème de certains pays comme l'Inde, où l'on connaît depuis fort longtemps les vertus du fumier, est différent : la bouse de vache y est utilisée plutôt comme combustible que comme engrais. Nous avons vu précédemment les problèmes sociaux qu'a posés l'introduction des installations de bio-gaz. Notons au passage qu'en Chine, en revanche, où la structure sociale est différente, les installations de bio-gaz ont été un grand succès. Dans ce pays, même les excréments humains sont collectés journellement pour faire du gaz méthane et de l'engrais.

En Occident, depuis que les tracteurs ont supplanté la traction animale, les jardiniers et les maraîchers font du compost sans fumier. A la différence des engrais chimiques, c'est un engrais qui ne coûte rien, puisqu'il est fabriqué à partir de déchets végétaux et d'ordures ménagères dans des « tombes » creusées à cet effet dans le sol. Nicolette Burford, qui est aujourd'hui responsable du projet du Ndarugu, a appris à Mme Chegé et à ses voisines cette technique. Ces dames kikuyus sont enthousiasmées par les résultats obtenus.

De la traction animale

Ce qui a retardé aussi le développement agricole du Tiers Monde, c'est le mauvais harnachement des animaux, des bœufs, des chevaux et des ânes, pour le travail des champs et le transport des matériaux et des personnes. Le Moyen Age a remarquablement réussi en ce domaine où l'Antiquité avait échoué. Ce qu'il faut préciser, c'est que l'Europe médiévale s'est en partie développée grâce à l'importation de techniques relatives à l'accroissement de la force motrice du cheval.

---

1. Henley..., *op. cit.*, c. 23, p. 275.

On sait que dans l'Antiquité, le cheval n'était utilisé ni pour travailler les champs ni pour transporter des matériaux lourds. Son harnachement l'étranglait et lui interdisait de gros efforts; et ses sabots n'étaient pas protégés. Le Moyen Age harnachera le cheval avec un collier d'épaules rigide, technique qui aurait été inventée dans les steppes séparant la Chine de la forêt sibérienne; il protégera les sabots des chevaux avec des fers, technique sibérienne de la région du Yenessee. La puissance du cheval sera quintuplée.

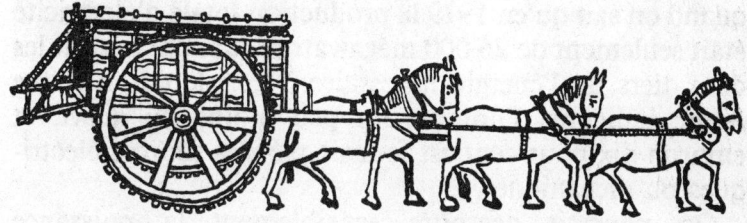

A l'heure actuelle, ces techniques sont encore relativement inconnues dans nombre des pays en voie de développement. On cherche à les introduire. Au Mali, on a récemment harnaché avec grand succès les ânes locaux avec des colliers d'épaules rigides; et on leur a construit de petites charrettes adaptées aux circonstances locales et à leur nouvelle puissance de traction.

En Inde, parce qu'on n'a pas réussi à résoudre des problèmes techniques et aussi peut-être parce que les conditions climatiques ne sont pas favorables à leur nourriture, il n'y a que 1 million de chevaux alors qu'il y a 80 millions d'animaux de labour ou de trait : 72 millions de bœufs et 8 millions de buffles. Nous pouvons ouvrir une parenthèse pour signaler que les buffles furent introduits d'Inde en Europe au Moyen Age. Encore une importation médiévale. A. Dimier, dans *Ménagerie cistercienne,* écrit : « Un frère convers nommé Laurent fut envoyé de Clairvaux en Italie... pour ramener par la route, de si loin, sains et saufs, six buffles immenses et féroces, beaucoup plus gros et plus forts que des bœufs.

On n'en avait jamais vu de pareils de ce côté des Alpes; et l'étonnement fut grand à Clairvaux quand on les vit arriver. On ne manqua pas de les faire reproduire; et la nouvelle race se répandit bientôt dans toute la région [1]. »

L'importance de l'animal comme source d'énergie dans les pays en voie de développement est généralement sous-estimée par les agences internationales. En Inde, les bœufs et les buffles représentent 40 000 000 de CV, l'équivalent de 30 000 mégawatts; ce qui est remarquable quand on sait qu'en 1979 la production totale d'électricité était seulement de 26 000 mégawatts. L'animal fournit les deux tiers de l'énergie nécessaire à l'exploitation d'une ferme indienne, l'homme un peu moins du quart, et environ dix pour cent est fournie par des sources électriques ou mécaniques.

On pourrait accroître sensiblement la puissance motrice de ces animaux si on améliorait le joug qui les blesse et abrège leur vie. Il semblerait que le joug utilisé au Moyen Age ait été plus efficace que celui de l'Inde aujourd'hui et que la charrette médiévale était moins lourde, mais aussi solide. On estime qu'une charrette médiévale transportait une tonne de pierre de la carrière au chantier de la cathédrale; la charrette indienne transporte aussi environ une tonne de marchandises, mais l'effort fourni par les bêtes en Inde doit être considérablement supérieur, étant donné le poids de la charrette et le mauvais harnachement. Nous suggérons que tous ceux qui visitent l'Inde rurale se donnent la peine de jeter un regard sur les charrettes à bœufs, pour avoir une idée de la souffrance et des blessures infligées à ces animaux. C'est N. S. Ramaswamy, le directeur de l'Indian Institute of Management de Bangalore (Karnataka), où l'on cherche à améliorer le joug et la charrette, qui a attiré mon attention sur la grande misère de ces bêtes. Cet institut a

---

1. *Exordium Magnum, sive narratio de initio cisterciensis ordinis*, Dist. IV, cap. XXIV, éd. B. Griesser, dans *Series scriptorum ord. cist.*, t. II, Rome, 1961, p. 270.

créé de nouveaux jougs et des charrettes doublant la puissance motrice des bœufs. Il est financé par le ministère des Transports de New Delhi qui cherche à ce que les charrettes dont les grandes roues sont cerclées de fer fassent moins de dégâts aux routes indiennes. Si cet organisme réussit à diffuser les chars à bœufs améliorés, on verra s'accroître la productivité des fermes indiennes et s'élever le niveau de vie des petits fermiers.

Les chaquis

L'amélioration de la santé des bœufs permettra aussi d'accroître la productivité d'une technique d'exhaure de l'eau connue sous le nom de chaqui, saqija ou noria à manège, inventée dans le Proche-Orient vers le IIe ou IIIe siècle avant notre ère et introduite en Europe médiévale par les Arabes.

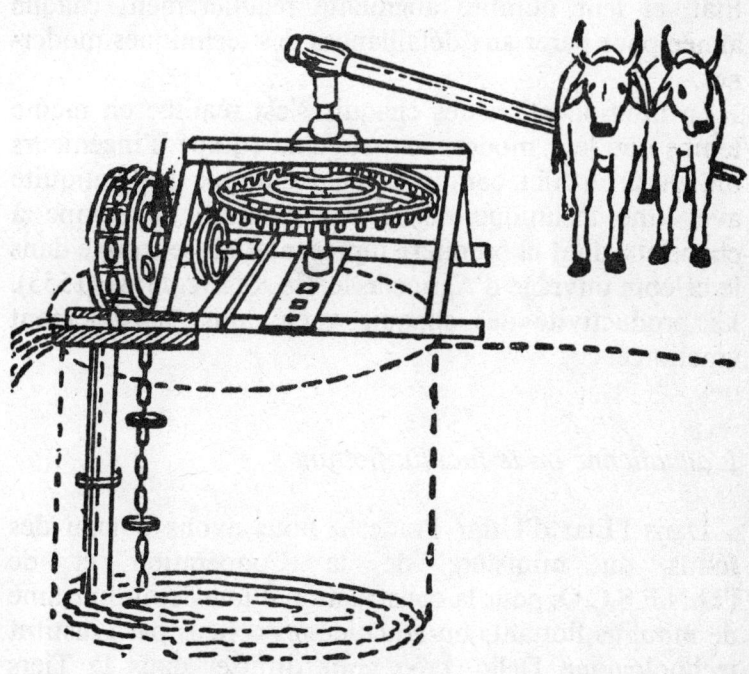

Ces norias à manège sont actionnées par des bœufs qui font tourner une roue horizontale, laquelle met en mouvement une roue verticale munie d'un chapelet de godets ou de jarres d'eau. L'eau est déversée dans un canal pour l'irrigation. Ces norias, qui peuvent irriguer jusqu'à 3 000 mètres carrés en douze heures de travail si l'eau à puiser est à 2 mètres et 1 900 mètres carrés si l'eau est à 6 ou 8 mètres, ont un rôle encore très important à jouer dans le développement agricole de certaines régions du Tiers Monde. Dans l'État d'Uttar Pradesh (Inde), peuplé de 100 millions d'habitants et où nous avons travaillé, les cultivateurs ont eu la sagesse de maintenir en état de marche ces norias appelés chaquis en Inde. Lorsque les coupures de courant quotidiennes immobilisent les pompes électriques, les cultivateurs attellent leurs bœufs au chaqui et l'irrigation se poursuit presque sans interruption. Il y a près d'un demi-million de chaquis dans cet État, et leur nombre augmente régulièrement chaque année pour parer aux défaillances des techniques modernes.

La multiplication des chaquis s'est réalisée en même temps que leur modernisation. Une équipe d'ingénieurs indiens a, en effet, combiné cette technique de l'Antiquité avec une technique de la Renaissance, la pompe à chapelets, dont la première représentation se trouve dans le célèbre ouvrage d'Agricola, le *De Re Metallica* (1555). La productivité des chaquis a été ainsi sensiblement améliorée.

L'aqualienne ou le moulin flottant

Dans l'État d'Uttar Pradesh, nous avons obtenu des fonds du ministère de la Coopération et de l'U.N.E.S.C.O. pour la construction d'une demi-douzaine de moulins flottants ou aqualiennes conçus par l'institut technologique Dello, créé pour diffuser dans le Tiers Monde des techniques utilisant des énergies renouvelables. L'aqualienne est installée au fil de l'eau et amarrée à la berge; une roue à aubes à pales droites d'un diamètre de 2 mètres et large de 2 mètres est entraînée par le courant du cours d'eau et actionne deux pompes à pistons placées en opposition pour irriguer les champs des bords du fleuve.

Un courant de 0,60 m par seconde est suffisant pour actionner les pompes. Le débit par jour est de 140 mètres cubes si la hauteur de refoulement est de 2 mètres, 56 mètres cubes pour une hauteur de refoulement de 5 mètres et de 18 mètres cubes pour 15 mètres. Le tirant d'eau est seulement de 0,50 m. L'aqualienne est conçue pour être construite localement par des artisans avec comme flotteurs des vieux fûts ou des bidons.

Le comité du Plan indien auquel nous avions montré nos modèles réduits avait été particulièrement intéressé par notre maquette d'un moulin européen traditionnel, et convaincu qu'on devait exploiter l'énergie des fleuves indiens. C'est un domaine que notre civilisation contemporaine n'a pas su utiliser : le courant fluvial. En France, E.D.F., dans son ambition de construire d'immenses barrages et de centraliser ainsi l'énergie, a délaissé les recherches sur le courant des rivières. « Quand vous passez le pont qui enjambe la rivière », écrit Joseph Cavaloc, spécialiste d'hydraulique appliquée, « pensez qu'un mètre cube d'eau utilisée n'est pas consommée, donc réutilisable en aval des centaines de fois; elle n'est pas polluée; au contraire, elle est brassée, oxygénée [1]... »

Par contre, l'Europe médiévale a eu la sagesse et l'intelligence d'exploiter à fond cette énergie fluviale, dont le rôle joué dans le développement économique de l'Europe vient seulement d'être mis en lumière par un mémoire de troisième cycle présenté par Alain Peyronnel

---

1. Préface de Joseph Cavaloc à l'ouvrage d'Andrew MACKIOLOP : *Utilisation de l'énergie hydraulique*, numéro hors série de la revue *Le Pont*, publ. en février 1978 aux Éd. de la Lanterne.

en octobre 1979, *Moulins-bateaux* [1]. Aucun livre n'avait jamais traité de ce sujet. Peyronnel nous apprend que ces moulins-bateaux, qui sont entraînés par de grandes roues à aubes, ont existé par dizaines de milliers sur tous les grands fleuves d'Europe : la Garonne, le Rhône, la Seine, le Rhin, le Danube, l'Elbe, l'Adige, la Meuse. Ce type de moulin a contribué à l'industrialisation de l'Europe. Ces moulins ont actionné sur le Rhin des arbres à cames pour fabriquer le papier, sur l'Elbe et le haut Danube des scieries mécaniques, sur l'Adige des mortiers pour la fabrication de la poudre à canon, sur le bas Rhône des pressoirs à huile et sur la Seine des mécanismes pour « servir à pollir dyamans, aimeraudes, agathes et autres espèces de pierres ». A Paris, au début du XIVe siècle, il n'y avait pas moins de 68 moulins flottants sur la Seine.

1. Alain PEYRONNEL : *Moulins-bateaux*, publié par *Les Moulins de France* (revue des associations protectrices des moulins, numéro spécial 7 et 8).

Traditionnellement, on attribue cette « invention » au VIᵉ siècle de notre ère. D'après l'historien de Byzance Procope, l'origine de ces moulins daterait de 537, l'année où le général de Byzance Bélisaire était assiégé dans Rome par une armée d'Ostrogoths. Pour affamer les assiégeants, les Ostrogoths coupèrent les aqueducs qui alimentaient l'eau actionnant les moulins à farine de Rome. Les ingénieurs de Bélisaire eurent l'idée de transporter les engrenages et les meules sur des péniches amarrées dans le Tibre et de construire des grandes roues à aubes pour entraîner les mécanismes de ce nouveau type de moulin, indispensable au ravitaillement. Les Ostrogoths cherchèrent à détruire ces nouveaux moulins en laissant flotter sur le Tibre des soldats byzantins tués au combat et des troncs d'arbres; Bélisaire fit tendre de grandes chaînes à travers la rivière pour arrêter les corps et les arbres. Ces chaînes jouèrent le rôle qui leur était assigné, et le ravitaillement de l'armée byzantine fut assuré. Les Ostrogoths levèrent le siège. Au XVIIᵉ siècle, il y avait encore des moulins flottants sur le Tibre. La majorité disparurent au XIXᵉ siècle car ils gênaient la navigation. Mais pendant la dernière guerre, les Allemands écrasaient du grain sur des moulins amarrés sur le Danube. Il y a encore des moulins flottants en activité en Yougoslavie.

Il semble que le moulin flottant ait été encore une invention importée. Bélisaire, qui avait fait deux campagnes en Orient, avait dû voir ce type de moulin sur des rivières au Proche-Orient, et l'idée lui est venue d'en faire construire sur le Tibre quand il a vu son armée privée de farine et de pain. On découvre aujourd'hui que ce type de moulin existait en Arménie, en Géorgie, en Iran et en Mésopotamie.

Nos amis du Tiers Monde sont quelquefois soulagés d'apprendre que nombre des techniques que nous construisons chez eux ne sont pas occidentales à l'origine. Ils ont trop souvent l'impression qu'ils ne pourront jamais atteindre à notre excellence industrielle, mais je leur explique que le développement technique est cyclique et qu'aujourd'hui les Américains se demandent avec quelque inquiétude comment rattraper le Japon.

Notre Moyen Age s'est remarquablement développé sans invasion étrangère, mais sur un millénaire.

Le Tiers Monde n'a eu qu'un ou deux siècles pour adopter et assimiler notre culture technique : trop de techniques lui ont été imposées et trop vite. Le Moyen Age, lui, a eu le temps d'assimiler les inventions mais aussi de rejeter celles qui ne lui convenaient pas. Comme ces dernières n'ont pas été exploitées, il n'y a pas de documents pour appuyer notre thèse de ce rejet. A une exception près, car nous connaissons une remarquable invention de l'Antiquité qui a été refusée par le Moyen Age : la vis d'Archimède. C'est une vis hélicoïdale qui permet de monter l'eau par rotation. Elle est traditionnellement attribuée à Archimède lors de l'un de ses voyages en Égypte dans la deuxième moitié du IIIe siècle avant Jésus-Christ.

De la vis d'Archimède

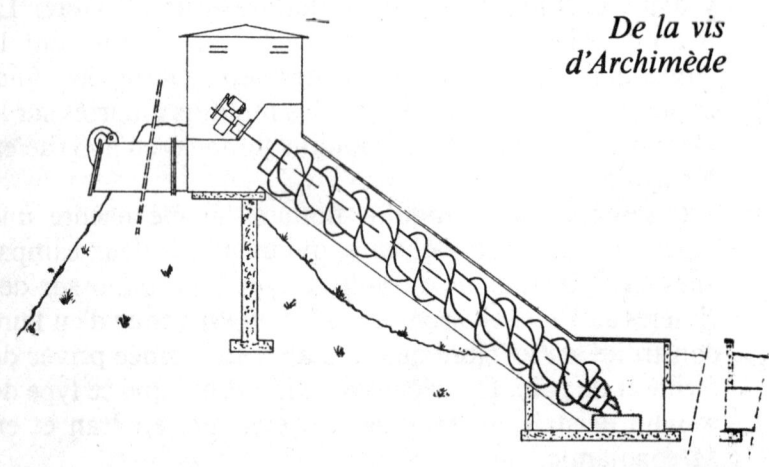

Le Moyen Age connaissait la vis d'Archimède par l'ouvrage de Vitruve, *Les Dix Livres d'architecture*. De très nombreux exemplaires de Vitruve étaient alors accessibles. Au XXe siècle, il en en reste 55 qui s'échelonnent du Xe au XVe siècle. La vis d'Archimède était utilisée dans l'Antiquité principalement pour l'irrigation des terres basses et pour remonter l'eau des mines. Il est probable que le relief et les conditions climatiques de l'Europe occidentale n'exigeaient pas l'utilisation de ce type de pompe pour l'agriculture, et les mines médiévales n'étaient en général pas assez profondes pour nécessiter l'emploi de la vis d'Archimède. Elle réapparaît en Occident à la Renaissance.

Léonard de Vinci en dessine une. En 1567, Giuseppe Cerdi publiait le premier ouvrage donnant son mode d'emploi pour l'irrigation et l'assèchement des marais. En 1588, le grand ingénieur italien Ramelli, au service des rois de France, en dessina dans son ouvrage, situées à des paliers différents. On connaît au XVIIe siècle une gravure japonaise qui montre des mineurs utilisant des vis à des paliers différents comme dans l'Antiquité. Les Hollandais vont employer cette technique pour assécher leur pays, et l'emploient encore au XXe siècle. Aux États-Unis, depuis le XIXe siècle, ce mécanisme est exploité pour monter les grains dans les silos du Far West. Il est aussi utilisé dans de nombreux ports pour décharger les grains des navires. Dans les années 1970, les urbanistes de la nouvelle ville de Thames Mead, dans l'estuaire de la Tamise, ont installé quatre vis d'Archimède monumentales pour assécher les marais. Elles mesurent 14 mètres de long pour un diamètre de 2,90 m. Le grand avantage des vis sur les pompes traditionnelles, c'est qu'elles ne s'encrassent jamais. Nous avons construit un modèle réduit très spectaculaire de cette vis, en Plexiglas, pour montrer comment l'eau monte par rotation.

Cette maquette démontre le rôle que la vis d'Archimède peut jouer dans l'agriculture des pays du Tiers Monde pour irriguer les terres basses et développer l'économie agricole. Elle est encore évidemment utilisée par les paysans de la vallée du Nil et dans certains pays d'Afrique du Nord et de l'Asie. Comme il arrive pour beaucoup d'inventions, on ne sait pas au juste pourquoi elle a pénétré dans certaines régions d'Asie et d'Afrique et pas dans d'autres. On la connaît par exemple en Inde dans un périmètre limité de la côte de l'État d'Andhra Pradesh, mais non dans l'État d'Uttar Pradesh où les terres sont basses et où l'on irrigue avec un système d'exhaure de l'eau traditionnel, mais inefficace : on accroche un panier circulaire à quatre cordes, deux de chaque côté, que deux hommes laissent tomber dans l'eau. Par un mouvement de balançoire, ils jettent l'eau au niveau supérieur. Le volume d'eau projeté est faible et il nécessite l'activité de deux hommes. Quatre organisations de l'Uttar Pradesh nous ont demandé les plans pour construire des vis d'Archimède afin de venir en aide aux petits fermiers.

Une preuve éclatante du rôle que peut jouer aujourd'hui ce système dans le Tiers Monde est l'irrigation du désert autour de Tombouctou grâce à cette technique antique. C'est lors d'une table ronde à Dakar où j'exposais ma maquette en Plexiglas qu'une représentante de l'U.N.I.C.E.F. me révéla l'existence depuis 1979 d'un projet d'irrigation du désert avec des vis d'Archimède, réalisé par l'organisation les « Iles de Paix ». Je décidai sur-le-champ que j'irais voir le projet de Tombouctou.

Les « Iles de Paix » sont une merveilleuse organisation belge, fondée par un père dominicain, le père Pire, prix Nobel de la paix en 1958. Dans le but d'aider la population de Tombouctou à élever son niveau de vie cette organisation décida d'irriguer le désert autour de la ville avec des vis d'Archimède. A l'origine, on reprocha aux promoteurs de ce projet d'installer un système d'exhaure de l'eau remontant à l'Antiquité, mais ils eurent raison de prendre cette décision. Des pompes centrifuges classiques se seraient rapidement ensablées avec le sable des tempêtes sahariennes. Dans cent ans ces vis seront encore en place et toujours prêtes à fonctionner. Il y en a trois, de 12 mètres de long et de 2 mètres de diamètre et pesant chacune 6 tonnes. Elles ont fait un long périple de plusieurs milliers de kilomètres depuis Dixmude en Belgique où elles furent construites, à travers la mer du Nord, l'Atlantique et le Sahara.

Le shadouf

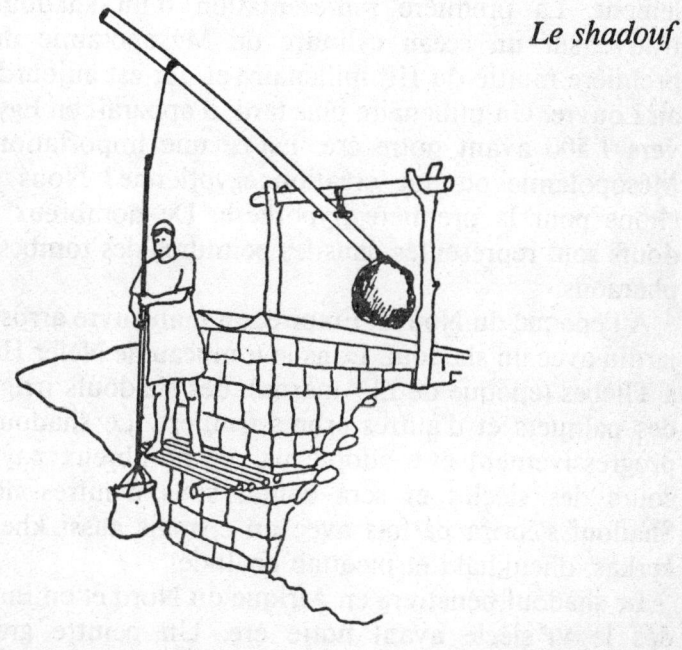

Il est formé d'une longue perche, munie à une extrémité d'une corde où est attaché un seau et à l'autre d'un contrepoids; la perche repose sur un pivot fait de deux montants verticaux de la hauteur d'un homme, et d'une barre transversale. Grâce à la longueur de la perche qui fait levier, le contrepoids est facilement soulevé; il s'équilibre avec le seau plein d'eau qui se remonte ainsi sans fatigue. Le shadouf permet de monter l'eau jusqu'à une hauteur de 3 mètres : des batteries de shadoufs superposés peuvent monter l'eau jusqu'à 6 et 9 mètres.

Le principe du shadouf a été communément utilisé en Europe sur les lignes de chemin de fer pour faire monter et descendre les barrières des passages à niveau. Ces barrières sont aujourd'hui commandées électriquement sur les grandes lignes, mais il en existe encore sur les lignes secondaires d'Europe qui sont actionnées manuellement. La première représentation d'un shadouf se trouve sur un sceau cylindre de Mésopotamie de la première moitié du IIIe millénaire et qui est aujourd'hui au Louvre. Un millénaire plus tard, il apparaît en Égypte, vers 1 500 avant notre ère. Est-ce une importation de Mésopotamie ou une création égyptienne? Nous penchons pour la première hypothèse. De nombreux shadoufs sont représentés dans les peintures des tombes des pharaons.

A l'époque du Nouvel Empire, un manœuvre arrose un jardin avec un shadouf. Dans le tombeau de Nefer Hotep à Thèbes (époque de El-Amarna), des shadoufs irriguent des palmiers et d'autres arbres fruitiers. Le shadouf va progressivement être adopté par de nombreux pays au cours des siècles et sera connu sous d'autres noms. Shadouf s'écrira parfois avec un *c*, mais aussi khetara, kerkas, dhenkhaki et picottah en Inde.

Le shadouf pénétrera en Afrique du Nord et en Europe dès le VIe siècle avant notre ère. Un peintre grec le représentera sur un vase attique de la deuxième moitié du VIe siècle. Le Moyen Age va évidemment adopter le shadouf. On en voit représentés dans les miniatures. Dans les enluminures de la Bible du roi Venceslas (1389-1400), des bergers abreuvent leurs moutons auprès d'un puits : l'enlumineur a représenté l'un des bergers manœuvrant un shadouf pour remplir l'auge d'eau destinée aux moutons qui se pressent pour boire.

Pierre Breughel peindra un shadouf dans une ferme flamande (vers 1550). On en trouve encore en Flandre. J'ai la photographie d'une vieille fermière manœuvrant son shadouf dans sa ferme de la Campine, près d'Anvers. Les shadoufs sont en activité encore dans bien des pays, en Europe centrale, en Hongrie, et au-delà de l'Atlantique dans des fermes au Canada et aux États-Unis. A partir de l'Afrique du Nord, le shadouf pénétrera au Sahel. On en trouve en Mauritanie, au Mali et au Niger; c'est évidemment dans les oasis qu'on les trouve surtout. Les Touaregs les auraient disséminés à travers le Sahara. Sur certains shadoufs d'oasis, on voit des enfants ramper sur la longue tige pour mieux faire tomber le seau dans l'eau du puits. Mais il n'y a pas de shadoufs au Sénégal, et pourtant la région maraîchère de ce pays, les Niayes, qui longent l'Atlantique non loin de Dakar, serait idéale pour l'installation de ce système. L'eau est à une profondeur de 3 à 6 mètres. Les maraîchers creusent de grands trous d'un diamètre de 5 mètres environ et tracent un chemin pour y accéder : le matin et le soir, ils descendent et remontent sans cesse avec deux arrosoirs pleins d'eau pour arroser leurs légumes qu'ils vendent à Dakar et pour l'exportation. Des shadoufs devraient leur permettre de peiner moins et de doubler la surface de culture maraîchère. A Dakar, Jacques Bugnicourt d'ENDA m'ayant demandé d'installer un shadouf dans les Niayes, je m'adressai à un menuisier de la ville. Je lui montrai le modèle réduit que j'avais apporté d'Europe, convaincu qu'il n'en avait jamais vu. Je me trompais. Notre menuisier en avait vu dans le film *Les Dix Commandements*. Et le concierge de l'hôtel me dit que son livre de catéchisme avait une image représentant un shadouf. J'emmenai avec moi une équipe d'ENDA pour chercher un site approprié.

Nous n'eûmes aucune peine à convaincre le premier jeune maraîcher que nous rencontrâmes sur la route des Niayes, Libase Ba, du village de Malika, à nous autoriser à construire sur son terrain un shadouf. Notre modèle réduit lui permettait de comprendre immédiatement ce que nous voulions réaliser. Il était enthousiaste à l'idée que nous allions alléger son travail et que son revenu à la fin de l'année serait sensiblement supérieur à celui de l'année précédente. Le dessinateur d'ENDA fit un relevé du terrain avec les mesures du shadouf pour le menuisier. La perche devait avoir 4 mètres de long. L'eau était à cette époque de l'année à 1,60 m du niveau du sol, mais il fallait prévoir qu'elle baisserait de quelque 50 centimètres à l'époque de la sécheresse. A partir de ces mesures, le menuisier construisit le shadouf qui fut testé dans son atelier et donna toute satisfaction. Puis il fut transporté et installé avec succès dans les Niayes. Le shadouf aura mis quelque dix siècles pour passer de la Mésopotamie à l'Égypte et quelque trente-cinq siècles pour traverser le Sahara et atteindre l'Atlantique. Mais l'inauguration du shadouf sénégalais a failli être remis en cause, car notre jeune maraîcher Libasse Ba s'était, pour des raisons que nous ne comprenions pas, progressivement désintéressé du projet. Il venait de moins en moins sur le site. Et un beau jour il resta au village. Pour comprendre ce qui se passait dans l'esprit de Libasse Ba, nous rendîmes visite à sa famille. Très vite la vérité apparut. Notre maraîcher croyait que nous allions lui voler son terrain. Il s'était peu à peu persuadé que nous avions des arrière-pensées sur le projet : comment admettre que des gens de l'extérieur viennent lui apporter une technique aussi « avancée » sans contrepartie? Nous expliquâmes à la famille ce que nous espérions en construisant ce shadouf : qu'il soit copié par d'autres maraîchers. La famille fut rapidement convaincue et la mère, pour excuser son fils, nous dit qu'il avait toujours été un peu le « demeuré » de la famille. Elle parla à Libasse Ba, et celui-ci, enfin convaincu de notre bonne foi, revint au chantier, si bien que l'inauguration put avoir lieu. L'attitude de ce jeune maraîcher n'est pas aussi étonnante que cela peut paraître à première vue : il est en effet assez déconcertant que des étrangers viennent apporter à un paysan individuel une aide sans contrepartie.

Si l'aide était venue par l'intermédiaire d'une association locale professionnelle, Libasse Ba n'aurait pas été aussi soupçonneux. Mais une aide gratuite, qui lui venait à lui seul, et qui lui tombait en quelque sorte du ciel, lui paraissait suspecte. J'aurais dû prévoir la réaction de ce jeune paysan, car l'année précédente il m'avait fallu faire face à une réaction quelque peu semblable de la part de l'un des importants personnages du Kenya qui ne comprenait pas que le matériel que j'installais pour réaliser mon projet du Ndarugu allait rester l'entière propriété de la famille Chegé, sans contrepartie. Ce personnage était Ngenge Muigai, le neveu du fondateur de l'État kenyan, Jomo Kenyatta, et aujourd'hui le leader de la puissante tribu des Kikuyus. Nous étions assis dans les luxueux bureaux de l'une des grandes banques du Kenya dont Ngenge Muigai est le président-directeur. Par trois fois en l'espace d'une demi-heure, mais chaque fois d'une manière un peu différente, Ngenge Muigai m'interrogea à ce sujet.

Et chaque fois je lui fis la même réponse. Réaction d'homme d'affaires; il lui paraissait étrange que l'on puisse donner quelque chose gratuitement, et c'est la même réaction qu'avait eue ce jeune paysan du Sénégal.

Le bélier hydraulique

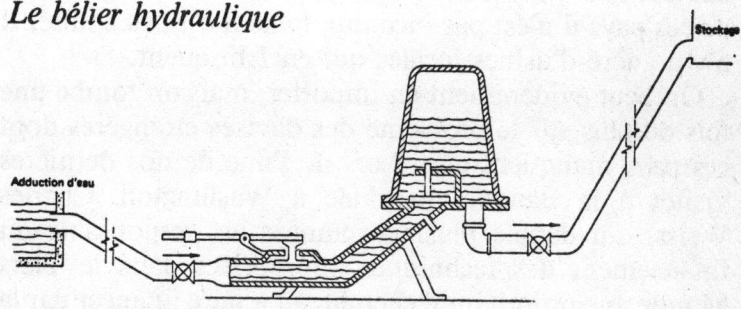

Si l'Antiquité a inventé le shadouf et la vis d'Archimède, techniques d'exhaure de l'eau qui ne nécessitent pratiquement aucun entretien, le XVIIIe siècle français a inventé le bélier hydraulique qui, lui non plus, n'a guère besoin d'entretien. Le bélier est une invention du passé qu'admirent encore les ingénieurs de nos jours, car il fonctionne avec seulement deux parties mobiles et peut monter l'eau à plus de 100 mètres. Le principe est simple, il utilise le phénomène du « coup de bélier ». L'eau tombe dans une canalisation sur une valve d'impulsion qui renvoie environ 10 % du volume d'eau dans une autre canalisation vers des réservoirs où elle est recueillie pour être distribuée. La hauteur minimum de la chute est d'un peu plus de 1 mètre seulement. L'inventeur de génie du bélier hydraulique fut Joseph Montgolfier.

Pendant la Seconde Guerre mondiale où l'électricité était souvent coupée et où le fuel était rare, de nombreux Français ont réintroduit des béliers dans leurs propriétés. Mon beau-père en avait installé un dans sa propriété de Ploujean en Bretagne, qui a donné toute satisfaction pendant la durée des hostilités. Dans l'avenir, il pourrait arriver que nous ayons de nouveau besoin du bélier et peut-être même du shadouf. Et de nombreuses techniques médiévales que nous avons peut-être eu tort d'abandonner. Le bélier peut jouer un rôle économique important dans le Tiers Monde en irriguant les terres situées sur des hauteurs où il n'y a pas d'eau ou pas assez. Dans nombre de ces pays il n'est pas inconnu, mais il est peu utilisé. Il n'y a guère d'usines locales qui en fabriquent.

On peut évidemment en importer, mais on tombe une fois de plus sur le problème des devises étrangères dont ces pays manquent tant. Lors de l'une de nos dernières visites à la Banque mondiale à Washington, Charles Weiss, qui depuis plusieurs années est responsable du financement des techniques appropriées dans le Tiers Monde, me promit qu'il chercherait à faire financer par la Banque des sociétés qui fabriqueraient industriellement ces béliers dans les pays en voie de développement. Et que la Banque commencerait par le Kenya. Espérons qu'il a pu convaincre ses collègues de l'importance qu'il y avait à financer ce merveilleux système ancien d'exhaure de l'eau.

Lorsque M. Naigsy Gebremedhin, du P.N.U.E. (Programme des Nations unies pour le développement), visita à l'origine le projet du Ndarugu, il étudia attentivement un bélier importé de Grande-Bretagne avant l'indépendance et qui se trouvait situé à quelques mètres en contrebas des moulins horizontaux de Githuki Chegé que nous allions moderniser. Ce bélier permettait de fournir en eau potable un village situé sur le haut d'une colline, mais de l'autre côté du torrent. Naigsy Gebremedhin suggéra que nous fassions construire localement des béliers pour fournir en eau potable la ferme des Chegé et les quelque 60 fermes avoisinantes.

Nous fûmes évidemment d'accord, car la mise en place de béliers soulagerait les femmes de la terrible corvée d'eau quotidienne. Trois ou quatre fois par jour, elles devaient descendre chercher l'eau à la rivière et remonter la colline escarpée de près de 45° avec de lourds bidons d'un *gallon* (environ 18 litres) sur leur dos, parfois accompagnées de leurs enfants qui portaient de plus petits bidons. Jamais les hommes ne leur venaient en aide.

Marguerite Mwangola, qui dirige avec une grande efficacité une organisation féminine pour amener l'eau potable aux villageois en creusant des puits et en construisant des réservoirs pour conserver l'eau de pluie, accepta de financer l'opération. Avec l'aide technique de l'U.N.I.C.E.F., deux béliers furent construits dans une ville voisine. Ils devaient pomper quelque 22 000 litres d'eau par 24 heures jusqu'à des réservoirs situés sur la crête de la colline. Les femmes eurent le temps désormais de vaquer à des travaux moins pénibles, et surtout de se reposer.

Les femmes aux postes de responsabilité

Bien que le bélier n'ait besoin que d'un minimum d'entretien, des problèmes de réglage sont évidemment nécessaires au bout d'une année ou de deux, et il est

indispensable que quelqu'un soit habilité à s'en occuper;
les réservoirs ont besoin d'être entretenus, ainsi que les
robinets qui s'usent à force de les ouvrir et de les fermer.
Le comité de l'eau qui avait hérité du projet ne s'inquiétait guère de ces problèmes d'entretien, car il était
constitué uniquement d'hommes. Si les béliers tombent
en panne, ce ne sont pas les hommes qui en souffrent
mais les femmes qui auront à recommencer à monter
quotidiennement les lourds bidons d'eau.

Le comité de l'eau, qui était aussi responsable de la
télévision parce que les batteries étaient rechargées par les
moulins, ne s'inquiétait guère non plus de la bonne
marche du poste. C'étaient les femmes et les enfants qui
en profitaient surtout. Et quand il tomba en panne, les
hommes ne s'en soucièrent pas. Le réparateur de TV de
Gatundu devait garder le poste par devers lui, car le
comité ne voulait pas le défrayer pour son travail. Lors de
la Conférence internationale des femmes qui eut lieu en
juillet 1985 à Nairobi et où je fis une communication :
« *Should men be downgraded?* (Faut-il faire descendre les
hommes de leur piédestal?) », je demandai à mon ami
Githuki Chegé s'il ne pouvait pas faire quelque chose
pour améliorer la situation du projet. Ne pouvait-on pas
déplacer le président qui ne réunissait jamais le comité
pour discuter du Ndarugu? Chegé, à qui j'avais toujours
affirmé que les femmes avaient plus de qualités que les
hommes, prit l'initiative de réunir la communauté pour
qu'elle vote que la direction du comité passe entre les
mains des femmes. Comme c'était une idée véritable-
ment non traditionnelle, il fit courir le bruit que c'était
moi qui l'avais suggérée!

La communauté se réunit et désigna un comité de six
femmes et de trois hommes. Les postes de responsabilité
étaient attribués à des femmes : Salomé Wachera prési-
dente, Anne Njoké secrétaire et Mary Mujure trésoriè-
re.

Le *Kenya Times* du 31 juillet 1985 parut avec une
grande photo du bélier et il titra son article sur le vote de

Gatundu : « Quand les femmes de Gatundu disent non à l'administration des hommes. »

Et le journaliste Mike Njeru commente : « Une semaine seulement après la prise de pouvoir des femmes, le projet est de nouveau sur les rails. Le bélier est en train d'être réparé, et des plans sont faits pour restaurer les moulins. La télévision a déjà été récupérée, et bientôt les enfants pourront voir les programmes pendant que les hommes vont boire dans les bars. C'est un nouveau départ pour ce projet qui avait failli être complètement démantelé entre les mains des hommes. Et les hommes de la région ne discutent pas le fait. »

Priorité à la maintenance

Souvent les problèmes d'entretien ne se résolvent pas aussi bien qu'à Gatundu. On sait que nombre de machines que l'Occident a importées à grands frais tombent définitivement en panne. Dans certains pays, on trouve plus expédient d'importer de nouvelles Mercedes que de réparer celles qui sont en panne. Le Tiers Monde ne sait généralement pas qu'il faut entretenir le matériel, quel qu'il soit.

Nicolette Burford, dans une lettre où elle me décrivait les difficultés qu'elle avait à faire entretenir certains matériels importés, me faisait remarquer que les enfants en Occident doivent apprendre à se brosser les dents pour les conserver. La maintenance, semble-t-il, ne vient pas si naturellement à l'homme... Ce n'est que ces toutes dernières années que les organisations internationales ont découvert qu'il y avait un problème de ce côté-là.

Même aujourd'hui, dans notre société de consommation, nous devons attendre parfois plusieurs jours le spécialiste appelé à réparer la cuisinière électrique dont une pièce est fêlée; il n'avait peut-être pas de pièce en stock. Et que faire quand une série est interrompue et que le fabricant ne manufacture plus les pièces détachées? Il n'y a pas si longtemps, de nombreux ordinateurs se sont immobilisés parce qu'une pièce n'était plus disponible sur le marché international...

Quel était le problème de la maintenance au Moyen Age? Il ne devait pas se poser d'une façon aussi aiguë que dans le Tiers Monde aujourd'hui. Les villes et les villages étaient relativement indépendants les uns des autres. Néanmoins, certains produits du commerce international devaient poser quelques problèmes, comme le textile. Pouvait-on trouver du fil pour réparer éventuellement des draps achetés en Flandre ou en Toscane? Il faudrait peut-être faire une étude sur ce point.

Dans le domaine médiéval que nous connaissons le mieux, la construction des cathédrales, il ne semble pas y avoir eu de problèmes de ce genre. L'Église les avait résolus dès le haut Moyen Age en créant le chapitre, assemblée composée de chanoines qui jouissait de grands privilèges et qui échappait souvent à la juridiction épiscopale. Le chapitre était, entre autres choses, chargé de contrôler la fabrique ou œuvre, organisation responsable de la construction, mais aussi de l'entretien. Les chanoines ont remarquablement veillé à travers les siècles à la maintenance des cathédrales. Nous devons leur en être éternellement reconnaissants.

5

De l'avenir médiéval

Si le Tiers Monde avait eu des cisterciens

S'il faut rendre hommage aux chanoines pour le rôle qu'ils ont joué dans la croisade des cathédrales, il faut être reconnaissant aux cisterciens pour leur action dans la diffusion des techniques de pointe au Moyen Age. Ils ont en quelque sorte joué (à cette époque) le rôle des multinationales aujourd'hui, du moins dans ce qu'elles ont eu de positif, dans les pays en voie de développement.

Avec la différence fondamentale que les cisterciens ont introduit leurs techniques de pointe dans les régions rurales les plus reculées de l'Europe médiévale, alors que les multinationales dans leur ensemble ont introduit leurs techniques d'avant-garde dans les grandes agglomérations du Tiers Monde. Les multinationales, en délaissant les régions rurales des pays en voie de développement, ont dramatiquement creusé un fossé entre les villes et les campagnes et provoqué ainsi un déséquilibre économique et social qui est à la base des problèmes du Tiers Monde aujourd'hui.

L'ordre de Cîteaux, au XIIe siècle, s'est inspiré de la règle de saint Benoît du VIe siècle. C'est cette règle qui va façonner la manière de penser et d'agir de la chrétienté et lui donner un de ses caractères propres, en ce qui concerne, en particulier, le travail manuel. Saint Benoît prescrit que le travail manuel est une des obligations à laquelle doivent se plier les moines. Cette attitude vis-à-vis de la main et de la technique est différente de celle de l'Antiquité et des autres civilisations. Le développement de l'Occident a été grandement facilité par ce comportement de l'homme occidental vis-à-vis de la technique. Le difficile décollage de nombre de pays du Tiers Monde est en partie dû à l'absence d'une tradition de respect du travail manuel.

Les cisterciens ont créé des fermes modèles dans leurs 742 monastères implantés aux quatre coins de l'Europe. Dans des pays aussi éloignés que le Portugal, la Suède, l'Écosse et la Hongrie. Grâce aux moines, mais surtout aux frères convers qui ont fait vœu de pauvreté, de chasteté et d'obéissance mais qui ne sont jamais ordonnés prêtres, des centaines de milliers d'hectares de forêts, de broussailles et de marécages seront mis en exploitation, accroissant la richesse agricole de l'Europe. Les cisterciens, par des croisements, amélioreront la race des moutons et exporteront la laine vers les grands centres textiles de l'Europe. Un monastère comme celui de Fountains dans le Yorkshire en Angleterre aura jusqu'à 18 000 moutons.

Ces cisterciens créèrent aussi des usines modèles dans leurs monastères. Certains des bâtiments ont survécu, comme à Fontenay ou à Royaumont. Implantés en régions rurales on y écrasait le grain, foulait les draps et martelait le fer. Ces usines ont progressivement diffusé dans les campagnes le savoir technique. Dans le Tiers Monde, elles sont malheureusement seulement implantées dans les villes.

Et nombre de celles qui ont été vendues clefs en main sont aujourd'hui en ruine, faute de pièces détachées ou de main-d'œuvre spécialisée pour les faire tourner. D'autres usines « travaillent en dessous de leur capacité, écrit René Dumont, et ne peuvent plus fournir les produits essentiels, qui font défaut partout. Bref, la machine se déglin-

gue, le développement que l'on avait rêvé a échoué...
Certains commencent à s'interroger, les gens ne savent
plus où ils en sont; ceux des villes comme ceux des
campagnes sont désorientés [1] ».

Le Tiers Monde reconnaît l'échec de l'industrialisation

Lors de la réunion organisée en 1975 à Lima (Pérou)
par l'Organisation des Nations unies pour le développement industriel (O.N.U.D.I.), les pays en voie de développement, qui représentaient 10 % de la production
industrielle mondiale, passèrent une résolution comme
quoi en l'an 2000 leur production industrielle devrait
atteindre 25 % de la production industrielle globale du
monde. Lorsqu'ils se réunirent en 1984 à Genève, ils
durent reconnaître que la déclaration de Lima ne se
réaliserait jamais. Ils étaient loin du but. Les projets
d'industrialisation de la très forte majorité de ces pays
avaient complètement échoué.

A cette réunion de l'O.N.U.D.I., les délégués recom-
mandèrent donc que dans l'avenir les quelque 80 millions
de dollars affectés par les Nations unies au développement industriel soient dirigés en priorité vers les régions
rurales. Et que par conséquent les techniques que nous
prônons depuis plusieurs années auraient désormais l'appui (en quelque sorte) officiel des pays du Tiers Monde et
des Nations unies.

J'ai rencontré en août 1979 certains des dirigeants de
l'O.N.U.D.I., comme le Dr Pack et M. Victor Richardson,
à Vienne où se trouve le siège de cette organisation, à
l'occasion de la Conférence sur la science et la technique
pour le développement, où j'exposai mes maquettes. Le
Dr Pack, intéressé par celles qui concernaient les problèmes de l'énergie, m'invita à exposer celles-ci à un sémi-

---

1. René DUMONT, Marie-France MOTTIN : *L'Afrique étranglée,* Paris, Seuil,
1980, p. 87.

naire qui devait avoir lieu le mois suivant à Katmandou
sur les microcentrales hydrauliques.

Quelques mois plus tard, j'écrivis au D\u02b3 Pack pour
l'informer qu'il était possible de moderniser et d'accroître
la puissance des centaines de milliers de moulins à roue
horizontale, implantés dans les régions vallonnées de la
Méditerranée à la mer de Chine, pour l'essor d'innombrables métiers artisanaux. L'O.N.U.D.I. n'était pas alors
malheureusement en mesure de financer des projets qui
n'étaient pas à l'échelle industrielle. Et il n'y eut pas de
suite à mon rapport.

Des maquettes de moulins pour la Chine et ailleurs

Ce n'est qu'à l'automne de 1985 que M. Richardson,
qui m'avait accompagné en 1979 à la frontière austro-
hongroise à la recherche de moulins fluviaux, reprit
contact pour m'informer que maintenant l'O.N.U.D.I.
était intéressé par mes projets minihydrauliques. Le chef
de son département (Negociations Branch) M. Latortue,
devait m'écrire :

« J'ai appris avec un grand intérêt que vous avez eu
des contacts avec mon collègue, M. Richardson. J'ai su
que vous continuez à développer certaines des idées qui
se trouvaient dans votre livre *La Révolution industrielle
du Moyen Age,* l'installation de divers types de moulins
dans les pays en voie de développement. Je suis impressionné en particulier par l'idée de construire des maquettes de moulins fixes et de moulins fluviaux avec l'objectif
d'utiliser ces maquettes comme outil pédagogique pour
des artisans habiles mais peu sophistiqués dans les
régions rurales des pays en voie de développement. »

A la suite de cette lettre, je rédigeai un rapport pour
l'O.N.U.D.I. proposant de faire construire deux types de
maquettes pour son projet :

1. Au Népal, une maquette de moulins en métal
transportable par pièces détachées, le moulin-turbine de
Nakarmi.

2. En France, une maquette du moulin fluvial de Dello, l'aqualienne.

Dans sa proposition de projet, l'O.N.U.D.I. recommande qu'on crée en priorité des machines hydrauliques qui puissent d'un côté produire de l'électricité pour les régions isolées du Tiers Monde non branchées sur le réseau électrique national, et d'un autre côté contribuer à améliorer l'irrigation de ces pays. Nos moulins répondent à ces deux impératifs. La turbine de Nakarmi est conçue pour entraîner des générateurs, et l'aqualienne pour irriguer les terres.

Une conférence internationale est prévue en Chine dans la région de Hangzhou où ces maquettes seront exposées pour être reproduites en grande série dans les régions rurales de Chine et d'ailleurs. On peut espérer que grâce à ces maquettes de techniques médiévales et à d'autres que nous avons décrites tout le long de ces chapitres, la Chine et les autres pays en voie de développement pourront prendre un essor harmonieux.

Jean GIMPEL.

Pour conclure

On pourra hausser les épaules : des médiévistes qui entreprennent de dispenser leur science et leurs observations à cette moitié du monde menacée de mourir de faim! Quelle ingénuité! A qui fera-t-on croire qu'en se promenant avec une maquette sous le bras il sera possible de mieux nourrir les populations! Pure utopie!

Le mot sera certainement prononcé, mais ne provoquera pas la moindre émotion parmi les historiens dignes de ce nom, car l'histoire enseigne qu'il n'y a guère d'utopie qui ne soit plus ou moins devenue réalité. Un utopiste qui se nommait Philippe Lebon prétendait éclairer les rues de Paris avec du gaz véhiculé dans des tuyaux, au début du XIXe siècle; mais quand son invention nous est revenue d'Angleterre où l'on avait su l'accueillir, elle avait cessé de paraître utopique. Nous croyons, quant à nous, qu'il s'agit surtout de faire évoluer les mentalités, au nord comme au sud, et que de telles évolutions ne sont pas seulement l'affaire des congrès internationaux, des ministères et des réunions de commissions.

Au XVIe siècle, c'est tout un mouvement de pensée qui a amené l'Europe à copier l'Antiquité classique : dans les arts, dans les lettres, en architecture, en sculpture. Rien n'était valable, rien n'était digne d'attention, si l'on ne se réclamait d'un modèle antique, grec ou latin. Une pièce de théâtre devait se conformer à la règle des trois unités (de temps, de lieu, d'action) et comporter cinq actes en alexandrins, une façade devait aligner des colonnes avec chapiteaux dûment corinthiens, etc. Et c'est probablement par fidélité à l'antique que l'on en venait à faire revivre l'esclavage, avec des conséquences dont l'humanité se serait bien passée, – l'histoire de l'Afrique en témoigne [1]!

Mais si l'on allait conclure des pages qui précèdent que pour résoudre les problèmes du monde, y compris ceux du Tiers Monde, il serait bon de copier le Moyen Âge, nous aurions évidemment perdu notre temps.

Parce que ce n'est jamais la copie qui peut fournir une solution valable. Dans la vie comme en art, imiter ne peut être qu'un exercice d'école. On le comprend mieux qu'autrefois en notre XXe siècle : il n'y a œuvre d'art que de création. Et cela, l'étude du Moyen Âge peut nous l'apprendre, justement : qu'on cherche donc deux chapiteaux exactement identiques à travers nos églises romanes; en puisant toujours à une même source d'inspiration, on savait alors que chaque œuvre se devait d'être création nouvelle, reprise, repensée, ressentie par son auteur; et qui dira la variété infinie des modulations grégoriennes sur des thèmes toujours semblables et toujours nouveaux!

Qu'on ne nous fasse donc pas dire que nous nous appliquons à faire connaître notre passé pour qu'il soit *imité;* à moins qu'il ne s'agisse d'imiter comme l'art imite la nature selon la définition scolastique, c'est-à-dire *dans son opération*, dans sa façon de recréer sans cesse, de se renouveler continuellement.

Mais qu'il y ait un enseignement – que dis-je? une multitude d'enseignements! – à tirer du passé, c'est indiscutable. Et l'histoire, qui est la mémoire des peuples, peut jouer auprès de chaque génération le rôle de l'expérience, laquelle manque par définition à la jeunesse; cela,

---

1. Renvoyons à l'ouvrage d'Edem KODJO : *...Et demain l'Afrique,* Éd. Stock, 1985.

pourvu qu'elle soit en prise avec le réel et non dictée par une quelconque idéologie. L'histoire n'est pas construction de l'esprit; elle est regard, étude, observation suscitant la réflexion. Elle ne fournit pas de solution toute faite. Mais elle peut inciter à trouver la solution du moment; et surtout elle nous apporte la preuve, incessamment renouvelée, de ce qu'il y a toujours une solution, une réponse positive à l'événement, pourvu qu'on puisse faire appel aux initiatives personnelles, aux ressources locales, plutôt qu'aux circulaires administratives ou à ces instances supérieures qu'on ne voit jamais, sinon par fonctionnaires ou militaires interposés. Constatons que dans le monde d'aujourd'hui il est difficile, voire impossible, de n'avoir pas affaire aux uns ou aux autres, mais ce serait un précieux legs de l'époque féodale justement que d'avoir appris à s'en méfier.

Un fait peut retenir l'attention, lorsqu'on étudie cette époque féodale : on n'y trouve pas de suicides mentionnés. A peine pourrait-on en citer un ou deux, à travers ce millénaire qu'on appelle Moyen Âge. N'est-il pas pathétique, en revanche, de penser que peut-être, aux yeux des générations futures, notre fin du XXe siècle sera caractérisée par le grand nombre de suicides, et de suicides d'êtres jeunes. Soit peur, soit manque d'intérêt et de ressort, ils n'auront pas eu le courage de vivre jusqu'au bout l'aventure quotidienne; ils se sont crus devant un mur, une impasse, alors que la plupart du temps un seul pas énergique eût suffi à faire s'écrouler l'obstacle, à ouvrir la voie inattendue. Or, s'il y a une conclusion à tirer du passé, c'est bien qu'il n'existe pas de situation sans remède. Et c'est vrai pour les peuples comme pour les personnes. « La misère humaine a des teintes multiples », disait la tragédie grecque; mais l'ingéniosité humaine a des ressources insoupçonnables, dont les exemples à travers l'histoire ne cessent de nous étonner. Il y a toujours une solution d'espérance.

Régine PERNOUD.

Table

DEUXIÈME PARTIE :

LE MOYEN AGE, UN MODÈLE DE DÉVELOPPEMENT

Table 313

TROISIÈME PARTIE :

LE MOYEN AGE
AU SERVICE DU TIERS MONDE

Table 315

Régine Pernoud

La femme au temps des
Cathédrales

La femme a-t-elle toujours été cette perpétuelle mineure qu'elle fut au XIXᵉ siècle? A-t-elle toujours été écartée de la vie politique comme elle le fut dans la France de Louis XIV? N'a-t-elle jamais eu plus d'indépendance économique que celle que lui concédait l'autorisation maritale?

Régine Pernoud, avec son expérience de médiéviste et de quelque trente années de vie d'archiviste, s'est attachée depuis longtemps à l'étude de ces questions. Ses ouvrages consacrés à Héloïse, à Aliénor d'Aquitaine, à la Reine Blanche y donnaient partiellement réponse. *Pour en finir avec le Moyen Age* contenait, sur le statut de la femme, un raccourci qui a frappé bien des lecteurs et attiré l'attention des critiques, leur faisant souhaiter un plus long développement sur le sujet.

C'est ce développement qu'on trouvera dans *La femme au temps des Cathédrales* : on y apprendra que le plus ancien traité d'éducation est dû en France à une femme, que la médecine était exercée couramment par des femmes au XIIIᵉ siècle, qu'au XIIᵉ siècle l'Ordre de Fontevraud réunissait aussi bien les moines que les moniales sous l'autorité d'une abbesse. Sait-on qu'aux temps féodaux, les filles étaient majeures à douze ans, deux ans avant les garçons? Et sait-on que ce n'est qu'au XVIIᵉ siècle que la femme a dû prendre obligatoirement le nom de son époux?

Étude systématique menée à travers une multitude d'exemples concrets, elle ne laisse échapper aucun aspect des activités féminines au cours de la période féodale et médiévale : administration des biens, métiers et commerce; domaine de la pensée, de la littérature, de la politique même; femmes écrivains, éducatrices, suzeraines, celles qui animèrent les cours d'amour et celles qui ont inspiré les romans de chevalerie.

Plus encore, l'auteur, puisant aussi bien dans l'histoire du droit que dans celle des événements et des faits sociaux, dessine ce qui n'avait pas encore été tenté, un schéma de l'évolution du pouvoir de la femme : depuis les origines – les libertés et l'autonomie par elle conquises – la période d'apogée, puis le déclin sous diverses influences – celle de l'Université notamment – jusqu'au moment où en 1593 un édit du Parlement de Paris lui interdit toute fonction dans l'État.

Beaucoup d'autres traits de société sont ainsi à découvrir dans l'étude de Régine Pernoud, très approfondie, mais comme toujours alerte et d'une lecture captivante. Un maître-livre, hors duquel désormais toute vision de la question ici abordée restera incomplète.

Georges et Régine Pernoud

Le tour de France médiéval

Avec l'étudiant et le marchand, avec les seigneurs, les rois et leur suite, le pèlerin parcourt l'Europe. Sous ses pas naissent les routes, les églises et les villes qui portent les noms des saints dont il vénère les reliques : Saint-Nectaire, Sainte-Foy-la-Grande, Saint-Germain-en-Laye. Le Moyen Age est une époque où l'on voyage beaucoup.

C'est aussi par la route que Georges et Régine Pernoud sont partis pour raconter ces quatre siècles qui séparent Guillaume le Conquérant de Jeanne d'Arc, et pour faire revivre la France féodale et médiévale, vraie mosaïque de régions avec chacune ses monuments et ses traditions, sa manière de vivre et ses spécialités, ses héros et ses légendes.

Ainsi voyons-nous, en douze chapitres abondamment illustrés, défiler devant nous, la Normandie de Guillaume le Conquérant; la Bourgogne des moines; l'Ile-de-France du roi et sa cour; l'Auvergne et ses pèlerins; la Touraine, l'Anjou et la vie seigneuriale; le Poitou, la Guyenne et la littérature, les arts et la danse; le Languedoc des bourgeois; la Champagne et la Lorraine des marchands et des poètes; le Nord et ses métiers; les Bretons et leurs « mystères »; la Provence des papes et du roi René; les grands sites de la Guerre de Cent Ans.

Et l'historien devenu touriste emprunte son style aux récits de voyages et nous raconte au gré des étapes, les aventures du Grand-Ferré, la cérémonie de l'adoubement, l'histoire véridique du serf Constantin Leroux devenu gros exploitant agricole, la naissance des communes, pourquoi la chevalerie française fut défaite à Crécy, la vie du seigneur et celle du paysan; il donne les menus de fastueux banquets et, au passage, quelques recettes gastronomiques; il raconte l'histoire du blason et comment on s'habillait au XIIᵉ siècle; il évoque, passant en Languedoc, l'aventure cathare, traversant la Bretagne le souvenir du Du Guesclin, et fait aussi découvrir des personnages peu connus comme la cavalière de Montfort. Le récit foisonne de vie comme ces grandes foules du Moyen Age.

Ce livre est aussi une invitation au voyage : les merveilles d'architecture et d'art provenant des temps féodaux restent plus nombreuses que celles de toutes les autres époques de notre pays, les auteurs y font étape pour raconter leur histoire et en expliquer la conception.

Et grâce aux seize cartes détaillées et inédites, qu'il met à sa disposition, indiquant châteaux, forteresses, églises, calvaires et jusqu'aux arbres du Moyen Age, ce livre propose au lecteur de partir pour son propre tour de la France médiévale.

L'Histoire buissonnière : une nouvelle manière de raconter, de lire et d'apprécier l'Histoire.

Régine Pernoud

Le Moyen Age raconté à mes neveux

« L'histoire n'est plus enseignée. » Cri d'alarme jeté il y a quelques années, qui aujourd'hui est repris par les voix les plus diverses, de tous côtés, de tous milieux. On prend conscience de la gravité d'une telle lacune : l'Histoire qui éclaire le présent par le passé, qui rend vivant et parlant notre environnement...

Voici une série de récits qui peuvent donner aux jeunes lecteurs quelque lumière sur notre passé : trois pour les temps féodaux (Xe-XIIIe siècles), trois pour les temps médiévaux (XIVe-XVe siècles). Mais d'abord, comme il était normal, un chapitre pour la Gaule celtique, dans laquelle nous puisons nos racines.

Chaque histoire se déroule sous nos yeux telle que ses héros l'ont vécue : nous suivons un groupe de Gaulois qui, du fond des forêts, résiste à l'envahisseur romain ; l'enfance mouvementée du jeune duc de Normandie, Richard Sans Peur ; le vaillant fils d'Aliénor d'Aquitaine, Richard Cœur de Lion, à l'assaut des Sarrasins ; le départ de Saint Louis pour la croisade et ses pérégrinations en Terre Sainte ; l'épopée du mystérieux Prince Noir, fin stratège auquel seul Du Guesclin pourra se mesurer ; les exploits du Grand Ferré tenant tête à l'armée anglaise, avec sa hache ; enfin le destin exceptionnel qui conduit une paysanne de dix-sept ans nommée Jeanne à « bouter les Anglais hors de France ».

Qu'on évoque l'art de la guerre chez les Romains, l'éducation d'un prince, l'animation d'un port à la veille d'une croisade, le feu grégeois et le passage du Nil par les Francs, les archers gallois et les premiers canons, la fête de la Saint-Jean dans un village ou le sacre d'un roi à Reims, c'est toujours avec un scrupuleux souci d'exactitude qui parfois malmène les idées reçues : on verra des Gaulois sans moustache et plus disciplinés qu'on ne le dit, et des paysans heureux.

Et l'illustration nombreuse qui accompagne le texte a respecté la même règle d'authenticité : tous les documents présentés sont d'époque.

« Raconte-moi une histoire... » Quels parents n'ont pas entendu cette demande parfois embarrassante venant de leur enfant ? Avec *Le Moyen Age raconté à mes neveux*, Régine Pernoud leur vient en aide, soit qu'ils l'offrent à leurs enfants, soit qu'ils y trouvent des histoires à raconter. Et à chaque page ils pourront dire : « cela s'est vraiment passé comme ça ».

Le Moyen Age raconté à mes neveux : un recueil d'histoires qui reste un livre d'Histoire.

Cet ouvrage a été réalisé sur
Système Cameron
par la SOCIÉTÉ NOUVELLE FIRMIN-DIDOT
Mesnil-sur-l'Estrée
pour le compte des Éditions Stock
le 7 mars 1986

Imprimé en France
Dépôt légal : mars 1986
N° d'édition : 14 – N° d'impression : 4034
54-20-3580-01
ISBN 2-234-01940-0